prépabrevet

Réussir l'examen

Histoire-Géographie
Éducation civique
3e

Christophe Clavel
Professeur certifié d'Histoire-Géographie,
collège Léonard de Vinci (Bois-Guillaume)
chargé de cours en Géographie à l'Université de Rouen

Florence Holstein
Professeur agrégée d'Histoire-Géographie,
lycée Richelieu (Rueil-Malmaison)

Daniel Mendola
Professeur agrégé d'Histoire-Géographie,
lycée Albert Camus (Firminy)

Hatier

Le mot des auteurs

Pourquoi ce Prépabrevet ?

Pour vous aider à vous préparer à l'épreuve d'Histoire-Géographie-Éducation civique, tout au long de l'année et lors de la phase de révision finale.

Sur chaque thème du programme, vous sont proposés des **fiches** de synthèse, un quiz pour faire un **bilan** rapide de vos connaissances et des **sujets de type brevet corrigés** pas à pas.

FICHES **BILAN** **SUJETS CORRIGÉS**

Christophe Clavel

Florence Holstein

Daniel Mendola

Quel a été notre objectif ?

Tous enseignants d'Histoire et de Géographie, nous avons travaillé avec le même objectif : vous proposer un **outil de travail complet et efficace**.

Et le site annabac.com, quels compléments offre-t-il ?

L'achat de cet ouvrage vous permet de bénéficier d'un **accès GRATUIT** aux **ressources d'annabac.com** : fiches de cours, podcasts, quiz, sujets et exercices corrigés...

Pour profiter de cette offre, rendez-vous sur www.annabac.com, dans la rubrique « Vous avez acheté un ouvrage Hatier ? »

ISBN 978-2-218-96241-7

SOMMAIRE

HISTOIRE

Les transformations du xxe siècle

La Première Guerre mondiale : vers une guerre totale

Les régimes totalitaires dans les années 1930

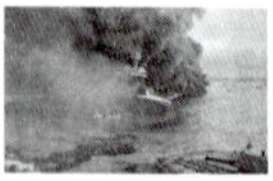

La Seconde Guerre mondiale, une guerre d'anéantissement

La guerre froide et la décolonisation

La construction européenne jusqu'au début des années 2000

Le monde depuis le début des années 1990

La République française dans l'Entre-deux-guerres (1918-1939)

Effondrement et refondation républicaine (1940-1946)

La Ve République (de 1958 à nos jours)

GÉOGRAPHIE

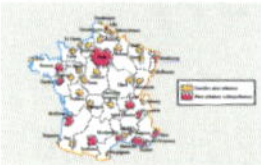

Habiter la France : de la ville à l'espace rural

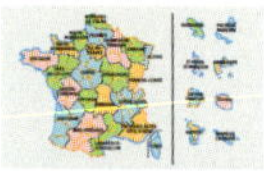

Les régions en France

Le territoire français et sa population

Les espaces productifs en France

L'organisation du territoire français

La France et l'Union européenne

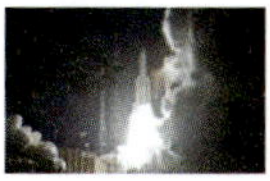

Le rôle mondial de la France et de l'Union européenne

ÉDUCATION CIVIQUE

La République et la citoyenneté

La vie démocratique

La Défense et la paix

ANNEXES

HISTOIRE

Les transformations du XXe siècle

Marie Curie dans son laboratoire à Paris en 1925

FICHES

BILAN

SUJETS CORRIGÉS

1 L'évolution des sciences et des technologies

Au XXe siècle, les sciences et technologies connaissent d'importantes avancées qui transforment les sociétés. Quelles en sont les répercussions sur le quotidien des populations ?

I Les progrès de la médecine depuis 1914

■ Au XXe siècle, la thérapie – les moyens qui doivent conduire à la guérison – bénéficie d'importants progrès liés à l'avancée d'autres sciences (chimie, physique). **La radioscopie** se développe grâce aux travaux du **physicien allemand Röntgen** sur les rayons X.

Ils permettent de connaître l'étendue des lésions. C'est le début de **l'imagerie médicale.**

Domaine	Année	Découverte/progrès	Application	Chercheur/ scientifique
Bactériologie	1928	Pénicilline (1944, 1re réutilisation)	Antibiotiques contre les infections	Alexander Fleming (R.-U.)
Chirurgie	1940	Méthode de Küntscher : ostéosynthèse	Guérison des fractures complexes	Gerhardt Küntscher (Allemagne)
Biologie moléculaire	1954	Découverte de la structure de l'ADN	Compréhension des processus d'hérédité	James D. Watson. (États-Unis) et H.C. Crick (R.-U.)
Chirurgie	1967	Transplantation cardiaque chez l'homme	Opération ou remplacement d'organes vitaux	Christiaan Barnard (Afrique du Sud)

D'importants progrès médicaux au XXe siècle

■ Au tournant des années 1980, la médecine n'est plus seulement une parade à la maladie mais permet de créer le vivant. Une réflexion bioéthique s'impose alors aux sociétés.

Règles morales associées aux nouvelles avancées (débat sur les mères porteuses, usage thérapeutique ou non du clonage...).

■ Cependant, ces progrès n'effacent pas tous les dangers. Des maladies tropicales (le **paludisme**) restent sans vaccin. Face au **sida** qui touche le monde depuis 1985, il n'existe que des traitements stabilisant au mieux l'état du patient.

■ Les sociétés des pays riches doivent faire face au risque **d'obésité** de leur population et au développement des **maladies cardiovasculaires** liées à une alimentation trop riche. Le vieillissement des populations explique l'essor des **maladies de Parkinson et d'Alzheimer** sans que l'on sache encore bien les traiter. La **santé publique** est un enjeu pour tous les États qui promeuvent la prévention.

II Des avancées technologiques majeures

- La mise au point de moteurs capables de transformer **l'énergie électrique en énergie mécanique** trouve de multiples applications : automobile, aéronautique, machine, robotisation…
- Dans le **domaine des transports**, la vitesse (trains et avions), la forte croissance des parcs automobiles et le gigantisme (bateaux) sont les principales évolutions au XXe siècle. La conquête spatiale permet à l'homme de marcher sur la Lune en juillet 1969.
- La **société de plus en plus alphabétisée**, au niveau de vie en hausse, peut accéder à des produits technologiques toujours **plus performants**. L'informatique se développe dans les années 1950, d'abord aux États-Unis. La micro-informatique entre dans les foyers dans les années 1980, le réseau Internet dans les années 1990.
- Cependant, la télévision est toujours le **média de masse**. Les téléviseurs d'aujourd'hui permettent de recevoir des centaines de chaînes et de se connecter à Internet.
- **Le XXe siècle voit l'accélération et la convergence des technologies**. La radio a 120 ans, la télévision 70, l'ordinateur 50, le mobile 20 ; les progrès d'une branche sont appliqués ou adaptés aux autres.

> Dès 1965, 40 % des foyers français possèdent une **télévision**. En 1980, 97 % des ménages français en ont une.

> Chevrolet invente le **1er autoradio en 1924**. Les derniers téléphones mobiles font aussi radio, télévision, ordinateur.

III Quelles conséquences pour les sociétés ?

- Les avancées de la médecine ont amélioré le sort des populations dans les pays riches comme dans les pays pauvres. De 1900 à 2000, **l'espérance de vie** des Français est passée de 48 à 79 ans. Dans les pays d'Afrique du Nord, elle a augmenté de plus de 10 ans depuis 1990. Il reste toutefois des inégalités, même dans les pays riches, malgré la mise en place de systèmes d'assurance maladie (**Sécurité sociale** en France en 1945).
- La population mondiale est **majoritairement urbaine** (52 % en 2011). Le processus d'urbanisation est très rapide dans les pays du Sud : les villes offrent de meilleurs soins et sont davantage ouvertes sur le monde et le progrès.
- L'essor et la démocratisation des transports accroissent la **mobilité des populations** alors que se développent des réseaux d'informations qui promeuvent la **simultanéité**.

2 Les mutations des formes de la production industrielle

Au cours du siècle passé, le secteur industriel s'est considérablement modifié. Quelles sont les évolutions majeures de l'industrie entre le début du xxᵉ siècle et aujourd'hui ?

I De l'entreprise à la transnationale

1. Des sociétés qui s'internationalisent

- Dès la fin du xixᵉ siècle, le coût élevé des innovations pousse les entreprises à se regrouper. Elles deviennent des cartels puis des trusts, comme US Steel (acier) aux États-Unis.

- Dans les années 1920, les recherches de matières premières et le contournement des barrières douanières favorisent leur internationalisation. Les premières transnationales sont liées à l'activité pétrolière (Royal Dutch/Shell, Pays-Bas et Grande-Bretagne).

Cartel : entente pour limiter la concurrence. Le cartel devient **trust** lorsqu'une des sociétés du cartel est en position de monopole dans un secteur.

Ou **multinationale**. Entreprise implantée dans plusieurs pays par le biais de filiales dont elle contrôle le capital.

2. Les mutations du système productif

- La machine remplace l'homme dès le début du xxᵉ siècle. Le **taylorisme** organise scientifiquement le travail des ouvriers en limitant tout geste inutile. Le **fordisme** y ajoute la hausse des salaires pour accroître la consommation. Celle-ci est favorisée par la baisse du prix grâce à une meilleure **productivité** (rapport temps/quantité).

- La **robotisation** apparaît dès les années 1960 aux États-Unis puis en Europe, surtout dans l'industrie automobile. À partir des années 1980, les procédés de fabrication prennent en compte la raréfaction des matières premières et se veulent moins polluants dans le cadre du **développement durable**.

II L'évolution de la société Michelin depuis le début du xxᵉ siècle

1. De la petite entreprise de Clermont-Ferrand…

- En 1889, André et Édouard Michelin prennent la direction d'une **entreprise familiale**. Les deux frères veulent développer le pneumatique en caoutchouc dans les transports (sur le vélo puis très rapidement sur l'automobile).

▮ Convaincus des vertus de la « **réclame** », ils font connaître la marque à travers des slogans publicitaires et un personnage, **Bibendum**, créé en 1898. En 1908, l'entreprise se lance également dans l'édition de guides et de cartes.

Affiche réalisée par O'Galop (vers 1900)
Le nom de Bibendum vient d'une citation latine *Nunc est bibendum* : « C'est maintenant qu'il faut boire ».

2. ...au géant mondial du pneumatique

▮ Le succès du **pneu radial** – carcasse en fils d'acier assurant une grande longévité – au début des années 1950 fait la notoriété de la société. Une trentaine de sites sont créés entre 1960 et 1970 en Europe, en Amérique latine et en Asie. La firme s'implante au Canada en 1971 et aux États-Unis en 1975.

▮ En 2010, la **transnationale Michelin** brasse près de 18 milliards d'euros de chiffre d'affaires. Elle emploie 124 000 personnes dont 30 000 en France.

▮ Michelin détient entre autres les marques Kleber et Uniroyal. L'entreprise est aussi n° 1 européen de l'édition de cartes et de guides touristiques présents désormais sur Internet.

Respectivement depuis 1985 et 1989. En gardant le nom des sociétés rachetées, Michelin en conserve la clientèle.

III La finance au cœur des entreprises

▮ Le dernier quart du XXe siècle voit l'avènement du **capitalisme financier**. Les acteurs privés (les entreprises) et public (l'État) passent sous l'emprise des marchés financiers caractérisés par des placements spéculatifs.

Sur les monnaies, les matières premières... Pour une entreprise, c'est le moyen, risqué, de trouver en bourse de nouvelles recettes : on achète des titres (actions) pour les revendre plus cher.

▮ La valeur du titre ne dépend plus des fondamentaux économiques (bénéfices, investissements, recherches ...) mais de spéculations s'éloignant toujours plus de sa valeur réelle.

▮ Ces « bulles spéculatives » finissent par éclater : krach de 1987 lié aux fluctuations du dollar, crise sur les valeurs technologiques en 2000 puis sur le marché immobilier mondial en 2008.

3 L'évolution de la population active en France

En France, les mutations des activités économiques transforment la répartition de la population active. Quelles grandes tendances faut-il retenir ?

I Les mutations des secteurs d'activité

- La population française est majoritairement rurale jusqu'en 1931. La disparition progressive des paysans est liée à l'exode rural qui remonte au XIXe siècle et à l'essor du machinisme.

> Le développement du machinisme dans l'agriculture se situe dans l'entre-deux-guerres et s'accélère dans les années 1950.

- La primauté du secteur industriel dans les années trente entraîne l'urbanisation de la société française. Alors que le nombre d'ouvriers augmente, celui des paysans diminue : sur 100 actifs en 1954, 15 sont paysans, 35 sont ouvriers.
- La **désindustrialisation** amorcée dès les années 1960 s'aggrave avec les chocs pétroliers de 1973 et 1979. Les entreprises en crise **délocalisent** ou ferment. Le chômage augmente en France.
- La **société se tertiarise** sous l'effet de ces mutations économiques, mais aussi de la croissance de l'administration et de l'essor de la **société de communication**. Le développement des loisirs, lié à la réduction progressive du temps de travail, profite au tertiaire qui crée le plus d'emplois : tourisme, transports, services à la personne...

> L'ensemble des personnes qui travaillent ou en recherche d'emplois.

L'évolution de la population active par secteur en France

En %	1911	1931	1954	1980	2006
Secteur primaire (agriculture, mines, pêche)	41	36	26,8	9	4
Secteur secondaire (industrie)	32	37,5	35,3	33	24,6
Secteur tertiaire (services : administration, transports, tourisme...)	26	26,5	37,9	58	71

Source : INED, 2008.

II La féminisation de la population active

- Avant 1914, des femmes trouvent du travail dans les régions industrielles mais conservent rarement leur emploi une fois mariées. L'activité professionnelle féminine demeure **jusqu'en 1950 inférieure de moitié** à celle des hommes : 35 % contre 70 %.

- Un **processus de rattrapage** apparaît à la fin des années 1960. Entre 1968 et 2000, sur les 5 millions d'actifs supplémentaires en France (25 millions en 2000), 4,5 millions sont des femmes. **L'évolution des mentalités, la diversification des emplois féminins et les mutations familiales** expliquent l'entrée des femmes sur le marché du travail.

III L'immigration en France

1. Une immigration d'origine européenne jusqu'en 1945

- Cette immigration se fixe logiquement près des lieux de départ : Belges et Allemands dans le Nord et le Nord-Est, Italiens dans le Sud et le Sud-Est. Les **grandes villes** attirent des communautés qui peuvent venir de loin : Paris, mais aussi Lille qui accueille beaucoup de Polonais venant s'employer dans les mines.

- Avec la crise économique de 1929, la **xénophobie** s'accroît. Les étrangers qui « mangent le pain des Français » sont dénoncés par l'extrême droite. Alors que le nombre d'immigrés a doublé entre 1919 et 1939, le gouvernement organise dès 1935 des retours forcés vers le pays d'origine.

2. Une immigration diversifiée et contrôlée après 1945

- À partir des années 1960, avec la croissance économique, l'industrie intègre des immigrés en provenance **d'abord du Maghreb**. Ce processus est stoppé en 1973 à cause de la crise.

- Entre 1945 et 2000, le nombre d'immigrés a doublé en France, mais leur part dans la population totale a baissé de moitié. En 2007, il y avait en France 5 148 000 immigrés et 3 571 000 étrangers. Leur origine s'est diversifiée (Afrique subsaharienne à partir des années 1980, Asie à partir des années 2000).

- Le chômage touche d'abord ces populations. En 2009, 22,3 % des hommes actifs étrangers hors UE étaient chômeurs contre 8,3 % de Français.

> Un **immigré** est né à l'étranger. Vivant en France, il ne possède pas obligatoirement la nationalité française. Il est alors un **étranger**. L'émigré part de son pays, l'immigré arrive pour s'installer.

Quiz express

Vérifiez que vous avez bien retenu les points importants **des fiches 1 à 3**.

L'évolution des sciences et des technologies

1 Alexander Fleming est un biologiste qui a découvert :
- ☐ **a.** la structure moléculaire.
- ☐ **b.** l'ADN.
- ☐ **c.** la pénicilline.

2 Les progrès de la médecine sont liés aux avancées d'autres sciences comme :
- ☐ **a.** la chimie.
- ☐ **b.** la physique.
- ☐ **c.** la géographie.

3 Dans les avancées technologiques majeures, les secteurs concernés sont :
- ☐ **a.** la gastronomie.
- ☐ **b.** les transports.
- ☐ **c.** la médecine.
- ☐ **d.** le prêt-à-porter.

4 La population mondiale est aujourd'hui encore majoritairement rurale.
- ☐ **a.** Vrai
- ☐ **b.** Faux

Les mutations des formes de la production industrielle

5 Les premières transnationales apparaissent dans les années 1920 :
- ☐ **a.** parce qu'il s'agit de mieux s'implanter sur les marchés étrangers en s'y installant.
- ☐ **b.** parce qu'elles sont encouragées par leurs clients à le faire.
- ☐ **c.** pour augmenter leurs bénéfices.

6 Michelin est une entreprise familiale basée à :
- ☐ **a.** Saint-Étienne.
- ☐ **b.** Grenoble.
- ☐ **c.** Clermont-Ferrand.

7 Michelin est une transnationale qui réalise l'essentiel de son chiffre d'affaires avec :

- ☐ **a.** la production de pneumatiques.
- ☐ **b.** la production de voitures.
- ☐ **c.** la production de vélos.

8 Le capitalisme financier privilégie les placements :

- ☐ **a.** sur les monnaies.
- ☐ **b.** sur les entreprises.
- ☐ **c.** sur les machines.

L'évolution de la population active en France

9 La population active, c'est :

- ☐ **a.** la population qui travaille.
- ☐ **b.** la population qui travaille ou qui est à la recherche d'un emploi.
- ☐ **c.** tous les adultes à partir de 18 ans.

10 La progression du secteur tertiaire peut s'expliquer par :

- ☐ **a.** la désindustrialisation.
- ☐ **b.** la féminisation de la population active.
- ☐ **c.** la crise de 1973.

11 L'immigré qui arrive en France avant 1945 est le plus souvent :

- ☐ **a.** d'origine européenne.
- ☐ **b.** d'origine asiatique.
- ☐ **c.** d'origine africaine.

12 Un immigré, c'est la même chose que :

- ☐ **a.** un immigrant.
- ☐ **b.** un étranger.
- ☐ **c.** un émigré.

RÉPONSES

1. c • **2.** a et b • **3.** b • **4.** b (urbaine à 52%, cette tendance se poursuit) • **5.** a et c • **6.** c • **7.** a (même si Michelin fut un temps propriétaire de Citroën) • **8.** a • **9.** b • **10.** a et b (le choc pétrolier de 1973 a entraîné des difficultés dans tous les secteurs de l'économie) • **11.** a • **12.** a (un immigré peut être français, il n'est donc pas obligatoirement un étranger. Pour ses compatriotes restés au pays, c'est un émigré)

SUJET 1 | Les transformations du XXe siècle

QUESTIONS DE COURS

1. La convergence des technologies désigne un processus qui montre que :
❒ **a.** les technologies sont de plus en plus modernes et performantes.
❒ **b.** les technologies sont liées, elles bénéficient des progrès des unes et des autres.
❒ **c.** les technologies poursuivent toutes le même but : allonger l'espérance de vie.

2. Citez deux scientifiques qui ont contribué par leurs découvertes ou réalisations à faire considérablement avancer la médecine.

3. Expliquez ce qu'est une transnationale et donnez un exemple.

4. Expliquez le processus de tertiarisation de la population active en France au XXe siècle.

DÉMARRONS ENSEMBLE

Vous devez toujours bien identifier les termes principaux de la question posée. La réflexion doit démarrer par une explication des notions (tertiairisation, population active) et par une présentation chronologique qui montre ce processus.

CORRIGÉ

1. Réponse b.

2. Le physicien allemand Röntgen permet grâce à ses travaux sur les rayons X d'importantes avancées dans le domaine de l'imagerie médicale. Le docteur Christiaan Barnard réalise en Afrique du Sud en 1967 la première transplantation cardiaque.

3. Une transnationale est une entreprise qui est présente dans plusieurs endroits dans le monde par l'intermédiaire de filiales, c'est-à-dire de sociétés dont elle possède en majorité le capital. L'entreprise française Michelin, basée à Clermont-Ferrand, est une transnationale. Elle emploie 124 000 personnes à travers le monde.

4. La **population active** se compose des personnes qui occupent un emploi ou qui en recherchent un. Elle se répartit en trois secteurs d'activité : primaire, secondaire et tertiaire. La **tertiarisation** est un processus qui donne au secteur tertiaire une place de plus en plus grande dans l'économie.

Jusqu'en 1931 la population active est majoritairement rurale. Entre les deux guerres, le secteur industriel connaît une forte croissance et occupe 37,5% des actifs.

La population active industrialisée se tertiarise progressivement. **Dès 1954**, le tertiaire comprend 38 % de personnes qui ont un travail ne relevant ni de l'agriculture ni de l'industrie. **En 2006** ils sont près de 75 % des actifs.

Cette tertiarisation s'explique par la **féminisation** de la population active : à partir des années 1980, les femmes entrent massivement sur le marché du travail dans le **secteur des services** qui **crée le plus d'emplois.**

SUJET 2 | Les avancées technologiques et leur impact sur la société

ÉTUDE DE DOCUMENT

> Les années 1950 sont l'âge d'or de la radio. La télévision n'est pas encore un concurrent de poids. En 1953, seuls 9 % des foyers français ont un récepteur et ne sont diffusés que 25 heures d'émission par semaine. En 1965, 42 % des foyers sont équipés, en 1984 91 % des foyers [...]. C'est dans les années 1960 que la radio est détrônée par la télévision mais la radio garde cependant une grande importance, surtout avec l'apparition du « transistor » qui la rend portable et bon marché [...]. La télévision en couleurs apparaît vers 1967. Le son et l'image ont élargi aux dimensions du monde l'univers du Français moyen qui se limitait en 1900 à son canton et même à sa commune. Ils sont devenus à travers la radio, la télévision et le cinéma, les supports essentiels d'une uniformisation des goûts et des représentations.
>
> René Rémond (historien), *Notre Siècle*, tome 6, 1918-1991, Fayard, 1991.

Prêtez toujours attention à la source des documents. Les titres des ouvrages sont en italiques.

1. Identifiez la nature du document.
2. Donnez un titre au document qui permettra d'en saisir le thème principal.
3. Quelles conséquences positives l'auteur présente-t-il dans son texte ?
4. Précisez les conditions qui ont pu favoriser l'expansion des médias dont parle René Rémond.

DÉMARRONS ENSEMBLE

La question vous invite à présenter le « cadre » dans lequel se déroule l'évolution dont parle l'auteur. Il faut, en faisant appel à vos connaissances, insister sur tous les aspects qui ont permis cette « expansion » et permettent donc de la comprendre.

CORRIGÉ

1. Il s'agit d'un texte d'un ouvrage intitulé *Notre Siècle*. Il porte sur une période qui va de 1918 à 1991. L'auteur, René Rémond, est un historien.

2. L'ère de la radio et de la télévision

3. René Rémond rappelle que grâce à la radio puis à la télévision, les Français ont pu élargir leur « univers » en accédant à des informations, des images qui demeuraient jusque-là très limitées. Outre l'information, l'avènement de ces médias permettaient de se cultiver et de se distraire.

4. La société française connaît entre 1945 et 1973 une période de forte croissance économique appelée les Trente Glorieuses. Cette prospérité favorise l'essor d'une consommation de masse y compris vers de nouveaux produits : les médias. Les Français, très majoritairement des **auditeurs**, grâce à l'invention du transistor en 1947, deviennent progressivement des **téléspectateurs**.

La technologie plus performante améliore la qualité de l'image, en couleur dès 1967. L'amélioration des techniques favorise aussi une baisse des prix des téléviseurs incitant encore davantage de ménages à s'équiper.

Dans les années 1990, la radio comme la télévision sont des **médias de masse**. Durant cette période, d'autres moyens d'information et de communication entrent aussi dans les foyers : Internet et les téléphones mobiles.

Placez si possible des **notions** qui valorisent votre propos.

Vous pouvez vous appuyer sur le texte non pour le paraphraser mais pour argumenter ou préciser ce que dit l'auteur.

HISTOIRE

La Première Guerre mondiale : vers une guerre totale

Poilus dans une tranchée à Verdun, 1916

FICHES

BILAN

SUJETS CORRIGÉS

4 Le déroulement de la Première Guerre mondiale

La disparition en 2008 de Lazare Ponticelli, le dernier poilu français, nous renvoie à ce conflit d'une exceptionnelle ampleur que fut la Première Guerre mondiale. Pourquoi l'Europe s'embrase-t-elle en 1914 avec une telle violence ? Quelles sont les différentes phases du conflit ?

I Les forces en présence

1. L'entrée en guerre

Au début du XXe siècle, les nations européennes sont souvent rivales, comme le montrent les systèmes d'alliance qu'elles ont mis en place. Ils s'enclenchent après **l'assassinat à Sarajevo le 28 juin 1914 de l'archiduc d'Autriche-Hongrie**.

Association de plusieurs États dans un but militaire.

L'Autriche-Hongrie accuse la Serbie d'avoir organisé l'attentat. Elle lui déclare la guerre le 28 juillet 1914. Le 1er août, l'Allemagne fait la même déclaration contre la Russie qui veut protéger la Serbie, puis le 3 août contre la France alliée des Russes. Le lendemain, le Royaume-Uni entre en guerre contre l'Allemagne.

2. L'évolution des systèmes d'alliance durant le conflit

L'Entente et ses alliés

1914 **France + Royaume-Uni + Russie**
1915 **L'Italie** rejoint l'Entente contre la promesse de terres de l'autre côté de l'Adriatique après la victoire.
1917 Les **États-Unis** sont à ses côtés mais la Russie est sortie du conflit.

La Triplice

1914 **Empire allemand + Empire d'Autriche-Hongrie + Italie**
L'Empire ottoman la rejoint en novembre.
1915 L'Italie abandonne la Triplice. On parle désormais d'**empires centraux** pour l'Allemagne et l'Autriche-Hongrie.

II Les phases de la guerre

1. De la guerre de mouvement à la guerre de position

À l'été 1914, la guerre prend la forme de vastes offensives, mais sans résultat décisif. Les Allemands sont stoppés sur la Marne par **Joffre** début septembre. La **guerre de mouvement** s'arrête à la fin de l'année 1914.

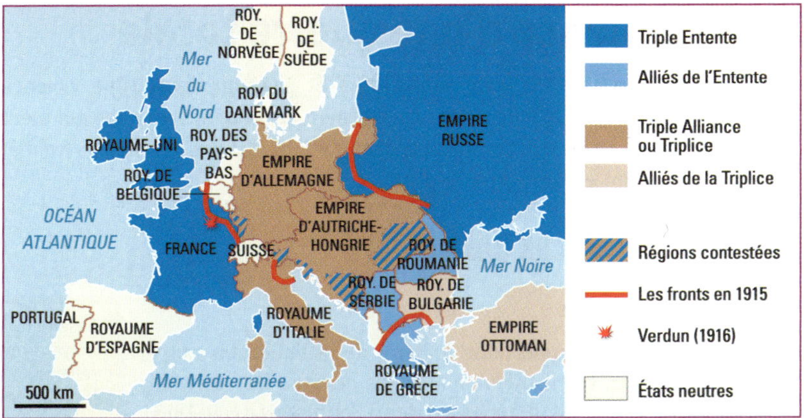

Les systèmes d'alliance et les fronts en 1915
Bien que la guerre soit mondiale, l'Europe est le principal théâtre des opérations.

- Les troupes françaises et allemandes tiennent leurs positions. La guerre de tranchées dure de fin 1914 à mars 1918, avec des phases d'assauts très meurtriers (Verdun → fiche 5) qui visent à prendre la position ennemie, le plus souvent en vain.

> Ou **guerre de position**. Les armées sont dans des positions enterrées ou fortifiées.

2. Le tournant de 1917 et la fin des combats

- En 1917, **les États-Unis entrent dans le conflit**. La guerre sous-marine menée par l'Allemagne pousse le président américain Wilson à intervenir au nom de la liberté de commercer.
- Mais, **au front comme à l'arrière**, la lassitude gagne : les soldats se mutinent, les ouvriers se mettent en grève.
- Emportée par deux **révolutions** successives en février et octobre 1917, la Russie s'effondre et signe en décembre un armistice séparé avec l'Allemagne. Il est confirmé par le **traité de Brest-Litovsk** en mars 1918.
- Les Allemands, profitant du retrait de la Russie, relancent une guerre de mouvement, mais la contre-offensive des Alliés les force à reculer dès août 1918. Le renfort américain et l'arrivée de matériel donne à l'Entente un avantage décisif. Les lignes allemandes sont enfoncées durant l'été 1918. **L'armistice** signé avec la France le **11 novembre 1918** marque l'arrêt des combats.

5 La violence d'une guerre totale

La guerre, qui devait être courte, dure et s'accompagne d'une violence inouïe. Les sociétés industrielles produisent des millions d'armes qui tuent les hommes en masse. Comment les populations, soldats et civils, au front et à l'arrière, ont-elles traversé le conflit ?

I Les souffrances des soldats

1. Dans les tranchées

- Le **quotidien est insupportable** à cause de la boue, des rats et du danger lors des bombardements et des assauts. Des écrivains témoignent de ces conditions terribles (Henri Barbusse, *Le Feu*, 1915).
- Solidaires, les soldats tiennent, malgré la violence de masse qu'infligent les armes modernes de l'industrie : mitrailleuses, obus, grenades, lance-flammes, gaz de combat…

Ensemble des moyens mis en œuvre pour tuer les hommes en grand nombre. Les soldats sont d'abord touchés, mais les civils aussi.

2. La bataille de Verdun en 1916

- Verdun dans la Meuse est un **objectif stratégique** pour les Allemands, près d'un nœud ferroviaire et d'usines d'armements. **60 millions d'obus** sont tirés en 300 jours de février à novembre 1916. Le site est parsemé de cadavres, il y règne une puanteur morbide. L'espérance de vie est de 72 heures.
- L'attaque allemande est un nouvel échec : les pertes sont colossales des deux côtés (162 400 Français, 143 000 Allemands).

II Les violences contre les populations civiles

1. Les souffrances au quotidien

- Même loin du front, les civils souffrent : dégradation des conditions de vie, angoisse, douleur liée à la perte d'un proche.
- En Belgique et dans le nord de la France, l'armée allemande commet de graves **exactions** entre août et septembre 1914 (exécutions sommaires, viols, incendies et pillages…). Des milliers de civils sont déportés comme main-d'œuvre ou otages en Allemagne.

2. Le génocide des Arméniens

- En décembre 1914, les troupes turques sont défaites ; l'état-major dénonce des désertions de soldats turcs d'origine arménienne au profit des Russes.

Arguant de ces accusations, le pouvoir turc décide, en février 1915, de **déporter les « rebelles » arméniens**. Ces déplacements sont conduits par l'armée qui perpètre des massacres entre mai et août 1915.

- Sur les 1,5 million d'Arméniens que comptait l'Empire ottoman en 1915, les historiens s'accordent sur au moins 800 000 victimes : on parle de génocide.

Massacre de masse contre un groupe national, religieux ou politique, avec l'objectif de le faire disparaître.

III Vers une guerre totale

1. L'effort de guerre

- Les États mettent en place une **économie dirigée** en fixant les prix et les salaires. Les dépenses de guerre sont financées par l'impôt et l'emprunt.
- Les partis politiques font taire leurs désaccords le temps du conflit : c'est l'**Union sacrée**. **Clemenceau**, à la tête du gouvernement français à partir de 1917, veut mener la guerre jusqu'au bout.

2. Une mobilisation totale

- De 1914 à 1918, 8 millions de Français et 13 millions d'Allemands combattent. L'Entente fait appel à ses colonies ; elles apportent à la France 500 000 hommes.
- **À l'arrière**, les femmes remplacent les hommes dans les champs et dans les usines (les « **munitionnettes** »).

Affiche d'Auguste Leroux, 1917

3. Une culture de guerre ?

- Dans tous les États, les populations doivent adhérer à l'idée d'un conflit juste. C'est le rôle de la **propagande** qui prend de multiples formes : affiches, journaux, livres... La **censure** contrôle les nouvelles.
- Nombreux sont ceux qui dénoncent le « **bourrage de crâne** », c'est-à-dire une propagande grossière qui laisse croire que la guerre est une « belle aventure ».

Tous les moyens mis en œuvre pour accroître le consentement de tous et la haine de l'ennemi.

6 Les conséquences de la guerre

Le conflit terminé l'heure est au bilan. Le désastre apparaît dans toute son ampleur. Quelles sont les principales conséquences de la guerre ?

I De la guerre à la paix

Une Europe en deuil et considérablement affaiblie : la Grande Guerre a tué **9 millions de personnes** et fait 17 millions de blessés. Toutes les familles pleurent un ou plusieurs parents. En France, le nombre de morts et de disparus s'élève à 1,4 million ; à 1,8 million en Allemagne. Le déficit des naissances fait apparaître des classes creuses en Europe. Endettée et affaiblie commercialement, elle **perd sa suprématie économique au profit des États-Unis**.

Une paix fragile : le **traité de Versailles** fait porter l'entière responsabilité de la guerre à l'Allemagne (art. 232), ainsi que le souhaitait Clemenceau. Les Allemands le qualifient de **Diktat**. Il leur impose de lourdes réparations et leur fait perdre 88 000 km² de territoires. Les Italiens parlent quant à eux de **victoire « mutilée »**, car ils n'ont pas obtenu les terres qu'ils convoitaient. Les États-Unis ne ratifient pas les traités et n'entrent pas à la SDN. Cet organisme qui ne dispose d'aucune force armée est ainsi affaibli dès sa création.

La **Société des Nations** créée en 1919 est incluse dans le traité de Versailles. Elle a pour objectif de défendre la paix.

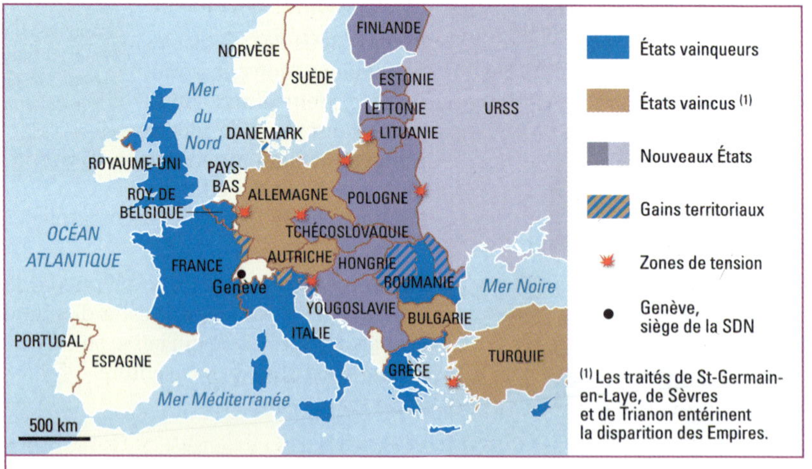

L'Europe en 1922 à l'issue des traités de paix

II Les révolutions en Russie et en Europe

1. La révolution de Février 1917

- Du 23 au 28 février 1917, un mouvement populaire emporte le régime de Nicolas II. Les manifestations sans précédent à Petrograd poussent le **tsar à abdiquer** le 2 mars.
- Deux pouvoirs se mettent en place :

- un **gouvernement provisoire** à majorité libérale et favorable à une démocratie parlementaire qui dirige officiellement le pays ;
- les soviets, dont le peuple est plus proche, présents surtout dans les grandes villes, Moscou et Petrograd.

> **Soviets** : Assemblées de soldats et d'ouvriers.

- Parmi les soviets, **Lénine** et les bolcheviks rejettent le gouvernement provisoire et proposent l'arrêt immédiat des combats. Jeune révolutionnaire contraint à l'exil par le pouvoir tsariste, Lénine (1870-1924) est rentré de Suisse en avril 1917 pensant que les circonstances liées à la guerre étaient idéales pour faire la révolution dans son pays.

> **Bolcheviks** : Fraction du parti ouvrier social russe, les bolcheviks deviennent un parti en 1912.

2. La révolution d'Octobre 1917

- Le coup d'État du 24 au 25 octobre organisé par Trotski est un succès. Les bolcheviks chassent les représentants du gouvernement provisoire et mettent en place un nouveau pouvoir. Lénine est nommé Président, Trotski est aux Affaires étrangères. Ils signent le 15 décembre 1917 un armistice séparé avec les Allemands à Brest-Litovsk.

> **Léon Trotski (1879-1940)**
> Principal artisan de la révolution avec Lénine, il est aussi le fondateur de l'Armée rouge.

- Lénine met rapidement en pratique son programme d'avril 1917. La grande propriété est abolie, les entreprises sont contrôlées par les ouvriers : le communisme est ainsi instauré, les biens de production sont mis en commun (→ fiche 7).

3. D'autres révolutions en Europe

- La vague révolutionnaire s'inspirant des bolcheviks déferle en Allemagne dès novembre 1918. Les spartakistes, mouvement d'extrême gauche rassemblé autour de **Rosa Luxembourg** et de **Karl Liebknecht**, sont écrasés en janvier 1919 par les troupes de la République de Weimar qui a succédé à l'Empire allemand.

> **Spartakistes** : Leur nom vient de Spartacus qui mena les esclaves de Rome à la révolte.

- Partout, **les tentatives révolutionnaires échouent** (Bela Kun en Hongrie en 1919, Bulgarie et Estonie en 1920).

Quiz express

Vérifiez que vous avez bien retenu les points importants **des fiches 4 à 6**.

Le déroulement de la Première Guerre mondiale

1 Les pays qui sont regroupés dans l'Entente sont :

- ☐ **a.** la France et le Royaume-Uni.
- ☐ **b.** la Russie, la France et le Royaume-Uni.
- ☐ **c.** l'Allemagne, l'Italie et la France.

2 L'Italie entre en guerre en 1914.

- ☐ **a.** Vrai
- ☐ **b.** Faux

3 La guerre des tranchées commence :

- ☐ **a.** dès le début de la guerre.
- ☐ **b.** à la fin de l'année 1915.
- ☐ **c.** à la fin de l'année 1914.

4 Les pays de la Triplice comprennent :

- ☐ **a.** l'Italie, l'Allemagne et la Turquie.
- ☐ **b.** l'Italie, l'Allemagne et l'Autriche-Hongrie.
- ☐ **c.** l'Italie, la France et le Royaume-Uni.

La violence d'une guerre totale

5 La bataille de Verdun se déroule :

- ☐ **a.** en 1916, en pleine guerre de position.
- ☐ **b.** en 1917, en pleine guerre de mouvement.
- ☐ **c.** en 1916, en pleine guerre des tranchées.

6 Dans quel pays les victimes civiles sont-elles les plus nombreuses ?

- ☐ **a.** en France.
- ☐ **b.** en Allemagne.
- ☐ **c.** en Turquie du fait du génocide des Arméniens.

7 Le quotidien des soldats est très difficile à cause :

- ☐ **a.** des conditions d'hygiène déplorables dans les tranchées.
- ☐ **b.** de la forte mortalité liée aux armes terriblement meurtrières.
- ☐ **c.** de l'angoisse permanente liée à la mort omniprésente.

8 À l'arrière, le moral des populations est maintenu par :

- ☐ **a.** des troupes de spectacle qui se produisent dans les théâtres.
- ☐ **b.** une intense propagande qui veut éviter le défaitisme.
- ☐ **c.** une censure très sévère qui filtre toutes les mauvaises nouvelles.

Les conséquences de la guerre

9 La Première Guerre mondiale a causé environ :

- ☐ **a.** 6 millions de morts.
- ☐ **b.** 7 millions de morts.
- ☐ **c.** 9 millions de morts.

10 Lequel de ces traités est considéré comme un « diktat » par les Allemands ?

- ☐ **a.** Le traité de Saint-Germain
- ☐ **b.** Le traité de Paris
- ☐ **c.** Le traité de Versailles

11 Quels sont les vainqueurs de la guerre ?

- ☐ **a.** La France, l'Italie, l'Allemagne et les États-Unis
- ☐ **b.** L'Italie, la France, le Royaume-Uni et les États-Unis
- ☐ **c.** La Russie, l'Italie, la France et le Royaume-Uni

12 La Russie est sortie de la guerre en 1917 :

- ☐ **a.** à cause de la révolution de Février.
- ☐ **b.** à cause de la révolution d'Octobre.
- ☐ **c.** à cause de la mort du tsar.

RÉPONSES

1. b • **2.** b (c'est en 1915) • **3.** c • **4.** b • **5.** a et c • **6.** c • **7.** a, b et c (pour les soldats, la boue et la terre qui se retrouvent partout rendent le quotidien très difficile) • **8.** b et c • **9.** c • **10.** c • **11.** b (la Russie s'est retirée en 1917 en étant vaincue) • **12.** b

SUJET 3 | La Première Guerre mondiale : vers une guerre totale

QUESTIONS DE COURS

1. L'événement déclencheur de la guerre de 1914-1918 est :

❒ **a.** l'agression de la France par l'Empire allemand.

❒ **b.** l'assassinat de François-Ferdinand à Sarajevo en Bosnie-Herzégovine, le 28 juin 1914.

❒ **c.** le retrait de l'Italie de la Triplice à partir de 1914.

2. Pourquoi peut-on parler de « violence de masse » à propos de Verdun ?

3. Montrez avec deux exemples que les traités de paix signés après la guerre dessinent une nouvelle carte de l'Europe.

4. Présentez la révolution d'Octobre 1917 et ses conséquences politiques immédiates.

DÉMARRONS ENSEMBLE

■ Pensez toujours à analyser tous les termes d'un sujet. Ce travail préalable est nécessaire afin de cerner les contours de la question posée et vous évite ainsi le hors-sujet.

■ Posez-vous la question de savoir quels espaces et quels personnages sont à mentionner ici. Les conséquences « politiques » incitent à préciser les décisions du nouveau pouvoir en place. L'adjectif « immédiates » interdit tout développement qui s'éloignerait trop de l'année 1917.

CORRIGÉ

1. Réponse b.

2. Verdun est une bataille de la guerre des tranchées qui se déroule entre février et novembre 1916. Le bilan total s'élève à plus de 300 000 morts et quelque 400 000 blessés.

La violence de masse est caractérisée par l'utilisation d'**armes très meurtrières** : l'artillerie lourde allemande, avec plus de 1 000 canons, tire 8 millions d'obus entre février et avril.

Les **forces engagées** sont à l'image des pertes, colossales : 525 000 poilus au plus fort de la bataille sont sur le front.

3. Le **traité de Versailles**, signé le 28 juin 1919 entre la France et l'Allemagne, impose à cette dernière la perte d'une partie de son territoire au profit de la Pologne et de la France qui récupère l'Alsace-Moselle.

Le **traité du Trianon**, signé le 4 juin 1920, démantèle l'Empire austro-hongrois et donne naissance à de nouveaux États comme la Yougoslavie et la Tchécoslovaquie.

4. La Russie du tsar Nicolas II est renversée par une première révolution en février 1917. Le Gouvernement provisoire mis en place et dirigé par les libéraux n'a pas la confiance du peuple qui lui préfère les bolcheviks.

Allez à la ligne chaque fois que vous présentez une nouvelle idée.

Commandés par Lénine, les bolcheviks prennent le pouvoir par la force dans la nuit du 24 au 25 octobre 1917. Ils prévoient l'abolition de la grande propriété terrienne et le contrôle des moyens de productions par les conseils ouvriers : c'est le **communisme**.

Les bolcheviks sortent la Russie de la guerre en signant un traité de paix avec l'Allemagne en mars 1918.

Ne confondez pas un armistice (l'arrêt des combats) et un traité de paix (la fin de l'état de guerre).

Cette révolution inspire d'autres tentatives en Europe, en Allemagne en 1918, en Hongrie en 1919. Elles échouent partout.

SUJET 4 | Le génocide des Arméniens

ÉTUDE DE DOCUMENT

Rapports de consuls sur la situation dans l'Empire ottoman en juin 1915

614 Arméniens (hommes, femmes, enfants) expulsés de Diyabarkir et acheminés sur Mossoul[1] ont tous été abattus pendant le voyage en radeau [sur le Tigre]. *Les kelek* [radeaux] sont arrivés vides hier. Depuis quelques jours, le fleuve charrie des cadavres et des membres humains.

Rapport du consul allemand de Mossoul, Holstein, à son ambassadeur, 10 juin 1915.

Des voyageurs rapportent qu'ils ont rencontré des milliers d'Arméniens dans des villes comme Anah, sur le fleuve Euphrate, à 5 ou 6 jours de voyage de Bagdad, où ceux-ci ont été éparpillés dans le désert, voués à la famine ou à la mort par maladie dans cette chaleur accablante, alors qu'ils sont accoutumés à vivre en altitude.

Rapport du consul américain d'Alep[2], Jesse B. Jackson, 5 juin 1915.

1. Villes situées en Irak. 2. Alep est aujourd'hui en Syrie

1. Précisez le contexte historique dans lequel se déroulent ces événements.

2. Qu'est-ce qui rend crédibles les faits rapportés ici ?

3. D'après le document, de quelles façons sont tués les Arméniens ?

Votre réponse doit comprendre plusieurs éléments.

4. À l'aide de vos connaissances et du document, racontez dans quelles circonstances s'est déroulé le génocide des Arméniens.

DÉMARRONS ENSEMBLE

La consigne demande de raconter, ce qui signifie rendre compte de façon claire de ce qu'il s'est passé. La question invite à préciser les « circonstances ». C'est une manière de vous inciter à vous poser des questions qui, en histoire, sont souvent les mêmes : quand ? qui ? pourquoi ? comment ? quelles conséquences ? Vous ne pourrez pas toujours répondre à toutes ces questions, mais vous devrez toujours interroger votre sujet.

CORRIGÉ

1. Ces événements se déroulent lors de la Première Guerre mondiale. L'Empire ottoman est en guerre depuis novembre 1914 aux côtés de la Triplice.

2. Les consuls semblent avoir été témoins eux-mêmes des massacres qu'ils rapportent ou qu'ils tiennent de « voyageurs ». Ils décrivent à 5 jours d'intervalle des faits similaires en différents lieux : à Mossoul, sur le Tigre, et dans le désert. Les diplomates travaillent pour des gouvernements différents qui n'entretiennent pas de mauvaises relations avec la Turquie. En 1915, l'Allemagne est alliée à l'Empire ottoman et les États-Unis n'entrent en guerre qu'en 1917.

3. Les Arméniens sont tués aux cours de **longues marches** qui constituent des « **déportations** ». Elles s'effectuent dans des conditions extrêmement dures qui expliquent le grand nombre de décès par la chaleur, la faim et les maladies. Le diplomate allemand Holstein fait également état d'**exécutions** et de **mutilations**, le fleuve charriant « des cadavres et des membres humains ».

4. Un **génocide** est un massacre systématique des populations pour ce qu'elles sont sur un plan national, religieux ou même politique. Le but est de les exterminer, de les faire disparaître.

Les Arméniens qui vivaient dans l'Empire ottoman en sont les victimes entre 1915 et 1916. Dans un empire majoritairement musulman, cette minorité chrétienne est méprisée par le pouvoir. De plus, cette communauté est unie par la langue et la religion avec les Arméniens de Russie.

Or la Turquie, qui se bat aux côtés de la Triplice, est en guerre contre la Russie. Des soldats arméniens sont dès les premières défaites accusés de trahison.

Se saisissant de ce prétexte, le gouvernement décide en 1915 de **déporter** et d'**exterminer** les Arméniens : les populations civiles arméniennes sont déplacées par la force, certaines sont exécutées sommairement. Ce génocide fait plus de 800 000 victimes.

Notion-clé de la question sur laquelle vous pouvez conclure.

SUJET 5 | 1914-1918 : la guerre totale

ÉTUDE DE DOCUMENT

Affiche pour l'emprunt d'État
Publiée par *L'Agenda financier* en 1915.

1. À qui s'adresse cette affiche et quel est son message ?

2. De quand date-t-elle ? En quoi ce message peut-il paraître optimiste ?

3. Quelles personnes de l'arrière sont représentées ici et que font-elles ? Quelle autre catégorie de la population a aussi participé à l'effort de guerre et comment ?

4. Montrez que la Première Guerre mondiale, par l'implication de l'arrière dans le conflit, est une guerre totale.

DÉMARRONS ENSEMBLE

La question vous invite à développer un des aspects de la guerre totale : le rôle des populations à l'arrière. La guerre ne se déroule pas uniquement sur le front : elle peut prendre d'autres formes qui touchent les populations civiles.
Vous ne devez pas aborder la guerre totale, mais bien un aspect de celle-ci.

CORRIGÉ

1. Cette affiche s'adresse aux populations de l'arrière. Afin de financer la poursuite de la guerre, l'État fait appel à l'épargne des Français, leur or ou leurs économies, contre un titre de créances qui sera remboursé avec un intérêt de 3 à 4 % après la guerre.

2. L'affiche date de 1915. La France est en pleine guerre des tranchées : les fronts sont figés et aucun des deux camps n'est proche de la victoire. Le titre de l'affiche laisse penser qu'il s'agit de la fin du conflit, ou veut le faire croire, puisque c'est « l'emprunt des dernières cartouches ». En réalité, les Français vont devoir fournir encore bien des efforts avant la fin de la guerre en 1918.

3. Un vieux monsieur et une petite fille représentent ici l'**arrière**. Ils font passer des munitions : la petite fille tend une grenade avec sa main gauche. À l'arrière, les femmes ont joué un rôle majeur dans l'effort de guerre, notamment les « munitionnettes » dans les usines d'armement.

4. À l'arrière, les **femmes** participent à l'effort de guerre : elles remplacent les hommes qui travaillaient aux champs ou en ville, dans les transports, les administrations, les usines. Quand elles produisent des armes, on les appelle les « munitionnettes ». Elles jouent aussi un rôle important comme infirmières et parfois « marraines de guerre » des soldats à qui elles écrivent régulièrement.

Toute l'**économie** est transformée. Les entreprises produisent désormais pour les besoins de l'armée. Afin de financer la poursuite du conflit, le pouvoir fait appel à l'épargne des civils en insistant sur leur sentiment patriotique.

La guerre est donc aussi dans les **esprits** et les populations de l'arrière font l'objet d'une intense **propagande**. Qu'importe si la réalité est transformée – les petites filles ne font pas passer de grenades aux soldats comme dans cette affiche de 1915 – l'important est que tous, au front comme à l'arrière, participent au conflit en évitant tout défaitisme.

Vous démontrez ainsi le caractère de propagande du document.

HISTOIRE

Les régimes totalitaires dans les années 1930

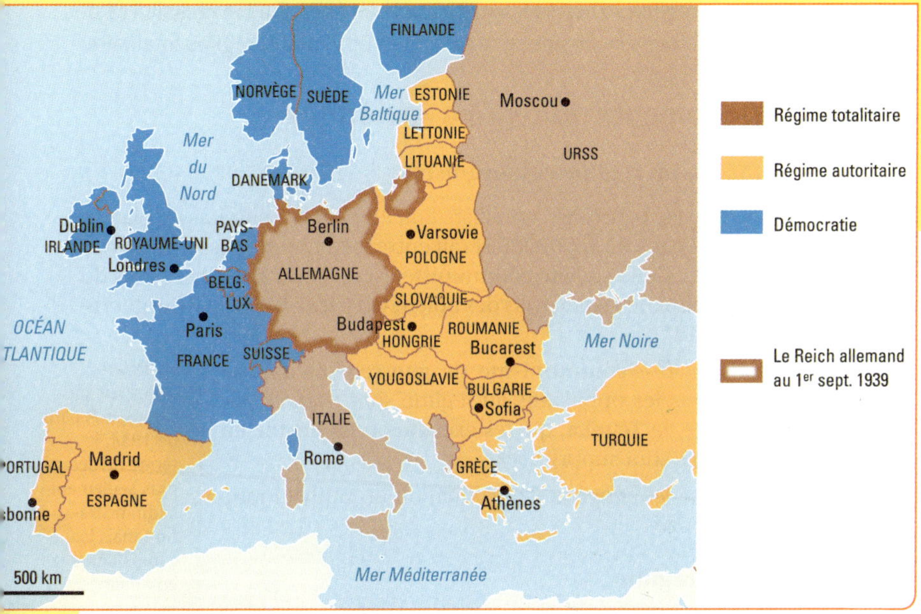

L'Europe dans les années 1930

7 De Lénine à Staline : le régime totalitaire soviétique

Dès 1917, alors que la Russie sort de la Grande Guerre, Lénine met en place les bases du régime soviétique. Après sa mort en 1924, Staline réussit à s'imposer et transforme ce régime communiste en un véritable régime totalitaire.

I Les fondements du régime soviétique

1. Lénine impose un régime communiste

- Pour les bolcheviks, la société capitaliste doit être abolie pour laisser place à une société sans classes où le pouvoir serait entre les mains des assemblées du peuple : les soviets. Cette société communiste est rejetée par les partisans du tsar déchu et ceux qui ne veulent pas des bolcheviks : les « blancs ». Une guerre civile éclate en 1918.
- Lénine instaure le « **communisme de guerre** » et impose une **dictature**. Tous les opposants au régime sont traqués par **la police politique, la Tcheka,** qui les exécute ou les envoie au Goulag. Les libertés sont supprimées.
- L'État nationalise les moyens de production et réquisitionne les récoltes.

« Direction principale des camps ». À partir de 1934, le terme ne désigne plus seulement l'administration mais les camps de travail eux-mêmes.

2. Consolider le régime

- En mars 1919, Lénine fonde le **Komintern** ou **IIIe Internationale** pour exporter la révolution russe. Il souhaite ainsi renforcer le régime soviétique en regroupant les partis communistes du monde entier sous la domination du Parti communiste russe.
- Il crée en 1922 l'**URSS** (Union des républiques socialistes soviétiques) dont la Constitution ne prévoit pas la séparation des pouvoirs et n'autorise qu'un seul parti : le **PCUS (Parti communiste d'Union soviétique)**.
- En 1921, le pays est épuisé. Les deux guerres (la Première Guerre mondiale puis la guerre civile) ainsi que la politique économique ont provoqué une famine. Lénine consent alors à un retour temporaire vers le capitalisme avec la mise en place de la **NEP (Nouvelle politique économique)**. La propriété privée est de nouveau autorisée dans le domaine agricole, permettant ainsi d'augmenter les productions.

Système économique qui repose sur la propriété privée des moyens de production.

II Staline met en place un régime totalitaire

1. L'État, unique acteur économique

- À la mort de Lénine en 1924, Staline élimine tous ses rivaux. Il dirige seul le pays dès 1929 et met un terme à la NEP en 1930.
- Il entreprend alors la **collectivisation** des terres, c'est-à-dire l'appropriation par l'État des moyens de production agricole. Les paysans sont forcés de rejoindre kolkhozes et sovkhozes, ceux qui résistent sont éliminés. Staline organise en 1933 une famine en Ukraine qui tue 5 millions de personnes. La propagande parle de **dékoulakisation** pour faire disparaître les paysans riches, les koulaks.
- L'État contrôle l'économie par l'intermédiaire du Gosplan. La priorité est donnée à **l'industrie lourde** : métallurgie, transports et énergie. Troisième puissance industrielle, l'URSS ne peut empêcher les pénuries de biens de consommation courante.

Trotski est poussé à l'exil en 1929, et assassiné en 1940 au Mexique.

Les **kolkhozes** sont de grandes coopératives agricoles. Les **sovkhozes** sont des fermes d'État.

Administration qui fixe les prix et les productions.

Affiche pour le 17e Congrès du Parti communiste (1934) Staline est présenté comme le digne successeur de Lénine. Il reste au pouvoir jusqu'à sa mort en 1953.

2. La terreur, moyen du totalitarisme stalinien

- Staline fait l'objet d'un **culte de la personnalité** poussé : statues, portraits, écrits à sa gloire. La police politique (Guépéou) est très répressive.
- Craignant pour son pouvoir, Staline met en place une **vague de procès politiques de 1936 à 1938.** C'est la **grande terreur** : 700 000 personnes sont exécutées.
- En 1939, près de deux millions d'individus sont enfermés dans les **camps du Goulag**. Le régime les utilise comme main-d'œuvre gratuite pour la mise en valeur du pays (construction de villes, de routes). Les conditions de détention sont terribles.

8 Le régime totalitaire nazi

Après avoir accédé légalement au pouvoir, Hitler devient chancelier en janvier 1933. Il met rapidement en place un régime totalitaire. Le nazisme se fonde sur une idéologie de la race et veut par tous les moyens établir la domination de l'Allemagne.

I La nazification de la société allemande

1. La confiscation des pouvoirs

- L'incendie du parlement en février 1933 est un prétexte pour interdire le parti communiste. À partir de juillet 1933, seul le NSDAP, le parti nazi, est autorisé.

Parti national socialiste des travailleurs allemands.

- Hitler fait éliminer les anciens chefs nazis lors de la Nuit des Longs couteaux en juin 1934. En août, il concentre les pouvoirs de chancelier et de président et devient le **Reichsführer**. Il a tous les pouvoirs.

Affiche de propagande du NSDAP (1933)
Hitler porte le drapeau à croix gammée, symbole des nazis. Il dirige le pays de 1933 à 1945.

2. Le contrôle de la population

- La jeunesse allemande est embrigadée dans des organisations, les *Hitler Jungend*, où elle apprend l'obéissance absolue au Führer.
- Le parti nazi noyaute les activités professionnelles. Le Front du Travail compte 25 millions de membres en 1940.

Il remplace les syndicats, interdits depuis 1935.

- La **propagande** encourage le culte du Führer. La **censure** fait brûler les « mauvais ouvrages » des auteurs juifs, marxistes ou pacifistes lors de grands **autodafés**. Tous les ans, le parti organise de grands rassemblements à Nuremberg.

3. La répression

- Les SS et la Gestapo participent au fichage et à la surveillance de la population. Elles arrêtent les opposants et organisent leur persécution.

Les **SS** sont les Sections de sécurité et la **Gestapo** la police d'État.

- Les premiers **camps de concentration** sont ouverts dès 1933. Les conditions d'internement sont très dures. Un million d'Allemands y sont enfermés jusqu'en 1939 : opposants, « asociaux » (homosexuels, malades mentaux...), prisonniers de droits communs, etc.

II Au cœur de l'idéologie nazie : le racisme

1. La supériorité des aryens

Les **aryens** sont un groupe indo-européen. Pour les nazis, leurs descendants sont de race nordique (blonds aux yeux bleus) et font partie de la race supérieure.

- Dans le livre qu'il écrit en prison (*Mein Kampf*, 1925), Hitler soutient l'existence de races supérieures et de races inférieures. Selon lui, les Allemands seraient au sommet de cette hiérarchie.
- Les nazis considèrent comme inférieurs les hommes de couleur, les Slaves et les Arabes. Les Juifs sont considérés comme étant la « race » la plus inférieure de toutes.

2. Une haine d'abord contre les Juifs

- **L'antisémitisme** est au cœur de l'idéologie nazie. Accusés de tous les maux, les Juifs sont exclus de la société allemande dès 1935 (**lois de Nuremberg**). Ils n'ont pas le droit d'exercer de nombreuses professions et les unions avec des Allemands sont interdites.
- Dans la nuit du **9 au 10 novembre 1938**, un pogrom a lieu à travers toute l'Allemagne et une partie de l'Autriche (**Nuit de Cristal**). En 1941, le port de l'étoile jaune leur est imposé.

Un massacre organisé contre une communauté.

III Un régime brutal qui veut la guerre

- La contestation du traité de Versailles pousse l'Allemagne à quitter la **SDN** en 1933 et à reconstituer une armée dès 1935.
- Après les **annexions de l'Autriche en mars 1938** puis d'une partie de la **Tchécoslovaquie en septembre**, l'Allemagne signe un pacte de non-agression avec l'URSS en août 1939.
- Le 1er septembre 1939, l'Allemagne attaque la Pologne, précipitant alors l'Europe et le monde dans la Seconde Guerre mondiale.

Quiz express

Vérifiez que vous avez bien retenu les points importants **des fiches 7 et 8**.

De Lénine à Staline : le régime totalitaire soviétique

1 Pour les bolcheviks, il faut abolir la société capitaliste pour :
- ☐ **a.** ne plus jamais faire la guerre.
- ☐ **b.** libérer les hommes.
- ☐ **c.** instaurer une société sans classes.

2 Dans la guerre civile qui éclate en 1918, les bolcheviks (les rouges) sont opposés aux :
- ☐ **a.** noirs.
- ☐ **b.** blancs.
- ☐ **c.** verts.

3 La Tcheka est :
- ☐ **a.** un journal soviétique.
- ☐ **b.** une police politique.
- ☐ **c.** un camp du Goulag.

4 Pour exporter la révolution dans le monde, Lénine fonde :
- ☐ **a.** le Komintern.
- ☐ **b.** le NKVD.
- ☐ **c.** la IIIe Internationale.

5 Le successeur de Lénine est :
- ☐ **a.** Nicolas II.
- ☐ **b.** Trotski.
- ☐ **c.** Staline.

6 La collectivisation des terres, c'est :
- ☐ **a.** développer la propriété privée.
- ☐ **b.** l'État propriétaire de toutes les terres.
- ☐ **c.** collecter de nouvelles terres.

7 La grande terreur est une vague de procès politiques qui a lieu en :
- ☐ **a.** 1926-1928.
- ☐ **b.** 1936-1938.
- ☐ **c.** 1939-1940.

Le régime totalitaire nazi

8 Hitler accède au pouvoir en :

- [ ] **a.** 1930.
- [ ] **b.** 1933.
- [ ] **c.** 1935.

9 Le nazisme est un racisme :

- [ ] **a.** qui explique l'organisation du monde par une « hiérarchisation des races ».
- [ ] **b.** qui est basé sur un profond antisémitisme.
- [ ] **c.** qui veut mélanger les « races » différentes.

10 Les Juifs sont les seules victimes de la haine des nazis.

- [ ] **a.** Vrai
- [ ] **b.** Faux

11 La nazification de la population passe par :

- [ ] **a.** la propagande.
- [ ] **b.** l'embrigadement de la jeunesse.
- [ ] **c.** l'essor de la production agricole.

12 L'Allemagne met en place les premiers camps de concentration dès :

- [ ] **a.** 1933.
- [ ] **b.** le début de la Seconde Guerre mondiale.
- [ ] **c.** 1942.

13 La population allemande est surveillée par :

- [ ] **a.** la Gestapo.
- [ ] **b.** les SS.
- [ ] **c.** le parti nazi.

RÉPONSES

1. c • **2.** b • **3.** b • **4.** a et c (les deux termes sont synonymes) • **5.** c • **6.** b • **7.** b • **8.** b (en janvier) • **9.** a et b (le nazisme est fondamentalement un racisme) **10.** b (les Tziganes aussi) • **11.** a et b • **12.** a • **13.** a, b et c (l'Allemagne nazie est un État policier qui dispose de structures importantes pour surveiller sa population)

SUJET 6 | Les régimes totalitaires dans les années 1930

QUESTIONS DE COURS

1. Les fondements du régime soviétique sont posés par :
❒ **a.** Lénine.
❒ **b.** Trotski.
❒ **c.** Staline.

2. Comment Staline parvient-il à terroriser son peuple ?

3. Quelle idée se trouve au cœur de l'idéologie nazie ?

4. Racontez et expliquez la mise en place du pouvoir nazi.

DÉMARRONS ENSEMBLE

Il faut préciser ici les circonstances dans lesquelles les nazis accèdent au pouvoir politique et expliquer les premières mesures prises afin de consolider leurs nouvelles responsabilités.
Attention ! Il s'agit de présenter uniquement « la mise en place » : vous ne devez donc pas faire une présentation générale du régime, mais uniquement de son installation (1933-1934).

CORRIGÉ

1. Réponse a.

2. Staline utilise la Guépéou, une police politique qui existait déjà à l'époque de Lénine sous le nom de Tcheka. Le but est de traquer tous les opposants au régime, réels ou supposés. Ils sont arrêtés et enfermés dans les camps de travail du Goulag. Pendant les années 1930, le nombre de ces arrestations augmente très fortement. Les grands procès politiques de 1936 à 1938 symbolisent cette grande terreur.

3. Le nazisme est avant tout un racisme qui établit une hiérarchie des « races ». Selon les nazis, les aryens, la « race des seigneurs » dont ils se considèrent comme les descendants, sont au sommet de cette hiérarchie. Tout en bas, ils placent les Juifs, la race la plus vile pour eux. Parce qu'il prône la haine des Juifs, le nazisme est donc fondamentalement antisémite.

4. Les nazis accèdent légalement au pouvoir grâce à la **nomination d'Hitler à la chancellerie en janvier 1933** après les élections législatives. Parvenu au sommet de l'État, le chef du parti nazi supprime la démocratie et instaure un **régime totalitaire** qui se caractérise d'abord par la disparition des libertés.

À partir de février 1933, il fait interdire tous les partis politiques, puis bientôt tous les syndicats. Seul le parti nazi est autorisé. Les opposants sont traqués et arrêtés par une police politique, la **Gestapo.** Les premiers camps de concentration ouvrent dès 1933.

La jeunesse est embrigadée dès l'école dans des associations qui lui inculquent la soumission au Führer. Le **culte de la personnalité** vante la gloire du chef, tandis que la **propagande** et la **censure** contribuent à l'adhésion des masses.

En 1934, à la mort du président Hindenburg, Hitler cumule les pouvoirs et devient **Reichsführer**.

En limitant votre propos jusqu'à l'année 1934, vous restez bien dans la « mise en place » du régime.

SUJET 7 | L'URSS de Staline dans les années 1930

ÉTUDE DE DOCUMENT

Affiche soviétique de 1932
On peut lire sur fond rouge les mots d'ordre de Staline : « À la fin du plan quinquennal, la collectivisation de l'Union soviétique doit être achevée. La classe ouvrière de l'Union soviétique mène en avant avec détermination la modernisation technique de ses alliés, les ouvriers agricoles. »

1. De quel type d'affiche s'agit-il ?

2. Définissez la collectivisation.

3. Quelle image de Staline cette affiche donne-t-elle ?

4. Quelles sont les conséquences de la collectivisation sur les productions agricoles dans les campagnes et sur les populations ?

DÉMARRONS ENSEMBLE

La question demande d'insister sur les conséquences de la collectivisation. Il faut donc parler de ce qui se passe « après » ou « à partir de » la collectivisation. Ces conséquences doivent être présentées sous deux aspects : les « productions » et les « populations ». Si vous le pouvez, donnez des exemples chiffrés et replacez ici d'autres notions liées à la collectivisation.

CORRIGÉ

1. Il s'agit d'une affiche de propagande en faveur de l'achèvement de la collectivisation.

2. En collectivisant les terres agricoles dès 1929, l'État s'approprie les moyens de production qui y étaient associés. La propriété privée est donc abolie. À la place, des kolkhozes, des coopératives agricoles, et des sovkhozes, des fermes d'État, sont instaurées.

3. Cette affiche participe du culte de la personnalité. Bien qu'au second plan, Staline écrase de toute sa taille les champs avec leurs machines modernes. La population, heureuse et souriante, est prête à le suivre : derrière Staline, les visages sont joyeux.

Votre argumentation renforce votre analyse. Elle est extraite du document et/ou de vos connaissances.

4. En 1929, la collectivisation confisque les terres paysannes puis les répartit dans des exploitations collectives, **les kolkhozes** et **les sovkhozes**. Le but avancé est la modernisation de l'agriculture, comme l'évoque l'affiche avec ses machines au premier plan.

Les paysans dépossédés abattent quand ils le peuvent leur bétail plutôt que de le remettre aux kolkhozes où ils sont contraints de se regrouper. La répression du régime s'abat sur ceux qui résistent et qui sont présentés comme des « **koulaks** », c'est-à-dire des paysans aisés. Entre 1929 et 1933, près de deux millions d'entre eux sont déportés : c'est la **dékoulakisation**.

La démoralisation et un exode rural important vers les villes expliquent la chute des productions au point de provoquer dès 1931 des famines, dans le Caucase par exemple.

La collectivisation a donc affaibli à la fois la population et l'agriculture russe. Conscient de cet échec, le régime autorise les paysans à posséder un lopin de terre à partir de 1935.

SUJET 8 | L'Allemagne nazie

ÉTUDE DE DOCUMENT

Les lois de Nuremberg (septembre 1935, extraits)

1. Les mariages entre Juifs et ressortissants allemands sont interdits.
2. Les relations entre Juifs et Allemands en dehors du mariage sont interdites.
3. Les Juifs n'ont pas le droit d'employer dans leur ménage des ressortissantes allemandes de moins de 45 ans.
4. Il est interdit aux Juifs de hisser les couleurs nationales du Reich. Cependant, il leur est permis de montrer les couleurs juives.

Ordonnances de 1938 (extraits)

- Les Juifs doivent faire tamponner la mention « J » sur leur pièce d'identité.
- Il est interdit aux Juifs à partir du 1er janvier 1939 de s'occuper de commerce, de transport et d'exercer le métier d'artisans indépendant.

1. Précisez la nature du document.

2. D'après vos connaissances, pourquoi les nazis interdisent-ils les relations entre Allemands et Juifs ?

3. Montrez que les Juifs sont dépossédés de leurs droits économiques et civiques.

4. Montrez que les Juifs sont victimes de la politique mise en place par les nazis dès leur accession au pouvoir.

DÉMARRONS ENSEMBLE

La question vous indique de démarrer votre réflexion dès l'arrivée des nazis au pouvoir, donc en 1933. Les ordonnances de 1938 (document) peuvent constituer l'autre borne du sujet. Votre développement doit s'appuyer en partie sur vos connaissances : il faut donc les convoquer pour compléter les étapes que les documents n'évoquent pas, mais que vous devez rappeler.

CORRIGÉ

1. Il s'agit de deux textes de lois. L'un date de septembre 1935 et l'autre présente des ordonnances de 1938. Ces lois ont été imposées par le régime nazi en place en Allemagne depuis janvier 1933. Le chancelier Hitler met en pratique son idéologie.

2. Les nazis considèrent les Juifs comme une race impure, ils sont violemment antisémites. Ils prétendent préserver le sang allemand de toute souillure en interdisant aux Juifs d'avoir des relations avec des Allemands.

3. Suite aux lois de Nuremberg, les ordonnances de 1938 interdisent peu à peu aux Juifs d'exercer une profession. Ils ne peuvent plus être ni commerçants ni artisans. Ils ne sont plus des citoyens allemands comme les autres puisqu'ils doivent se signaler comme Juifs et n'ont pas le droit de hisser les couleurs du Reich.

4. La mise en œuvre des théories racistes et antisémites des nazis débute avec leur arrivée au pouvoir, en janvier 1933. Dès le mois d'avril, ils ordonnent le boycott des magasins juifs.

Les **lois de Nuremberg** proclamées le 15 septembre 1935 entraînent la mise à l'écart de la communauté juive. Exclus de la nation allemande, puisqu'ils n'ont plus le droit de hisser les couleurs du Reich, les Juifs deviennent des non-citoyens.

Les **ordonnances de 1938** les privent de nombreux droits économiques. De multiples professions leur sont désormais interdites : commerçants, artisans, chauffeurs…

> N'hésitez pas à apporter des précisions sur le document, surtout s'il s'agit d'un repère exigible au DNB.

Dans la nuit du **9 au 10 novembre 1938, au cours de la nuit de Cristal**, leurs biens sont systématiquement saccagés : magasins détruits, synagogues incendiées, cimetières vandalisés. 30 000 Juifs sont arrêtés et déportés, notamment dans les camps de concentration de Dachau et de Buchenwald.

Cette politique violente et répressive, annonciatrice de l'extermination mise en place à partir de 1942, conduit au plus grand génocide du XXe siècle.

HISTOIRE

La Seconde Guerre mondiale, une guerre d'anéantissement

L'attaque de la base américaine de Pearl Harbor dans le Pacifique par les Japonais le 7 décembre 1941

FICHES

BILAN

SUJETS CORRIGÉS

9 Une guerre totale aux dimensions planétaires

Le conflit qui éclate en 1939 mérite davantage que le précédent les qualificatifs de « mondial » et de « total ». Jusqu'où ce conflit s'étend-il ?

I Les victoires de l'Axe (1939-1942)

1. En Europe

- Les Allemands envahissent la Pologne le 1er septembre 1939. Ils lancent leur offensive le 10 mai 1940 à l'ouest. Le 22 juin, la France signe un armistice ; le Royaume-Uni poursuit seul la lutte.
- L'**opération Barbarossa** est déclenchée le 22 juin 1941 : 3 millions d'Allemands envahissent l'URSS. En décembre, ils sont aux portes de Moscou.
- Les forces de l'Axe (Allemagne, Italie, Japon) sont victorieuses jusqu'en 1942, notamment grâce à la Blitzkrieg menée par l'armée allemande, la **Wehrmacht.**

La guerre éclair avec chars et avions.

2. En Asie et ailleurs

- Dans le Pacifique, les Japonais lancent une attaque surprise le 7 décembre 1941 sur la base navale américaine de Pearl Harbor à Hawaï. Ce jour fait entrer la plus puissante économie du monde dans le conflit.
- La France et la Grande-Bretagne impliquent leurs colonies dans le conflit.

3. Les temps forts du conflit

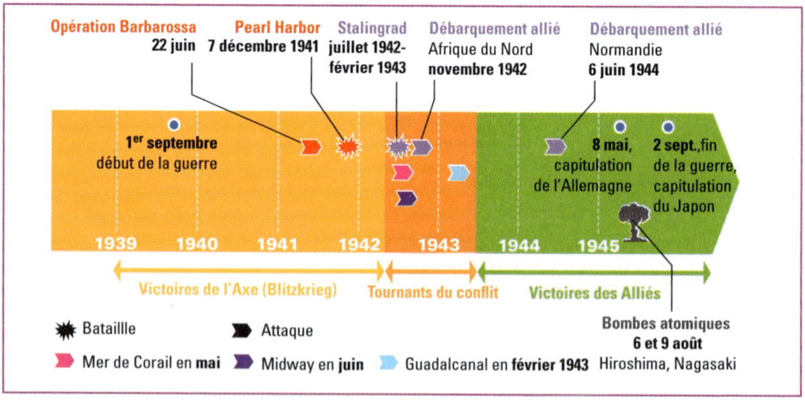

II Les victoires des Alliés (1942-1945)

1. Stalingrad, juillet 1942-février 1943

- Stalingrad est conquise par le **général allemand Von Paulus** à l'automne 1942, au prix de combats acharnés qui commencent dès l'été.
- Le **général soviétique Tchouikov** obtient des renforts et lance une contre-offensive en novembre.
- L'hiver terrible et l'absence de soutiens poussent Von Paulus à capituler le 2 février 1943. Son armée a perdu 420 000 hommes. C'est la **fin de l'invincibilité allemande** et un **grand succès pour Staline**.

2. La guerre du Pacifique

- À partir de 1943, les États-Unis l'emportent sur les Japonais lors de batailles aéronavales (**Midway, Guadalcanal**), grâce notamment à leurs porte-avions géants.
- Cependant, la combativité des Japonais qui vont jusqu'au suicide (les **kamikazes** sont des pilotes qui s'écrasent sur les bâtiments de guerre) convainc le président Truman d'utiliser en 1945 une nouvelle arme, la bombe atomique.

3. La victoire

- Sur le front ouest, les débarquements, notamment celui du **6 juin 1944** en **Normandie**, forcent les Allemands au repli. **Les Alliés, Américains et Soviétiques,** font leur jonction sur l'Elbe en Allemagne le 25 avril 1945. Hitler se suicide le 30 avril.
- En Asie, les bombes atomiques sur Hiroshima et Nagasaki les 6 et 9 août 1945 poussent le Japon à capituler le **2 septembre 1945**. C'est la **fin du conflit**.

III Le bilan de la guerre totale

- Pour les forces de l'Axe, la guerre est une **lutte contre le communisme** ; pour les Alliés, une **lutte contre le fascisme** et pour la liberté. Dans cette guerre idéologique, des hommes et des femmes s'engagent dans les mouvements de **résistance**. Ils participent activement à la **libération** de leur pays en se battant aux côtés des Alliés.
- Les populations ont été des objectifs : Londres est bombardée dès 1940; 70 % des villes allemandes et japonaises sont rasées. Avec 30 millions de victimes civiles, sur un total de 60 millions, ce conflit est une guerre d'anéantissement.
- Les Alliés organisent dès 1945 les procès des responsables à Nuremberg et à Tokyo, jugés pour crime contre l'humanité.

> Notion juridique nouvelle qui qualifie un crime imprescriptible : tortures, exécutions de masse.

10 Le génocide des Juifs et des Tziganes

Pendant la Seconde Guerre mondiale, les nazis mettent au point des méthodes d'extermination avec les *Einsatzgruppen* et les centres de mise à mort, qui aboutissent au génocide des Juifs et des Tziganes.

I Les *Einsatzgruppen* : des unités d'extermination

Exécution d'hommes juifs à Vinnitsa en Ukraine en 1942

- Ces **divisions SS** constituées en 4 **groupes** participent à l'opération Barbarossa. Leur but n'est pas seulement de conquérir le **territoire russe**, mais bien d'**anéantir les populations**. Elles sont dirigées par Himmler qui leur laisse toute liberté pour écraser résistance ou opposition.
- Les *Einsatzgruppen* se livrent à de véritables massacres qui touchent les hommes juifs, mais aussi les communistes. Des familles entières sont exterminées. Les victimes sont amenées hors des agglomérations, sur le lieu d'exécution. Contraintes de se déshabiller, elles sont tuées d'une balle dans la tête.

II Les centres de mise à mort

1. La solution finale

- Après avoir établi quelque 400 ghettos un peu partout en Europe et notamment en Pologne, les nazis réfléchissent à différentes mesures pour anéantir le peuple juif.
- À la **conférence de Wannsee**, le 20 janvier 1942, de hauts dignitaires du Reich comme Himmler et Heydrich décident la mise en place de la « **solution finale** ». Les **centres de mises à mort** sont situés en Pologne, non loin des ghettos qui constituent une étape vers ces **centres**. Juifs et Tziganes y sont déportés en masse.

Quartiers où sont rassemblées et isolées les populations juives. Celui de Varsovie est un des plus grands.

2. Un centre de mise à mort : Auschwitz-Birkenau

- Situé en Haute-Silésie (Pologne), ce site a été choisi en raison du grand nombre de voies ferroviaires qui le desservaient. C'est le plus grand camp de concentration et centre de mise à mort mis en place par le régime nazi, avec une capacité d'environ 130 000 personnes.
- Dès l'arrivée des déportés, une sélection était effectuée par les nazis. Les plus faibles (malades, femmes avec enfants en bas âge, personnes âgées...) étaient directement envoyés dans les **chambres à gaz**. Certains déportés sélectionnés par les nazis (les *Sonderkommandos*) étaient contraints de transporter les corps après le gazage, puis de les brûler dans des **fours crématoires**.
- Entre 1942 et 1945, près d'**un million de personnes meurent à Auschwitz**, dont 90 % de Juifs ainsi que des Tziganes, des Polonais et des prisonniers de guerre.
- Le camp est libéré le 27 janvier 1945 par les soldats soviétiques. Ils y découvrent des charniers et 7 000 déportés qui errent, hagards et squelettiques.

3. Bilan

- Au total, les nazis ont créé 6 centres de mise à mort, tous situés en Pologne, et une quinzaine de camps de concentration majoritairement en Allemagne.
- Le génocide a coûté la vie à **6 millions de Juifs** et **120 000 Tziganes**. Les hommes ont montré qu'ils étaient capables de la plus grande barbarie.

Terme créé en 1945 qui désigne l'élimination voulue et systématique d'une catégorie de personnes.

Le système concentrationnaire nazi

Quiz express

Vérifiez que vous avez bien retenu les points importants **des fiches 9 et 10**.

Une guerre totale aux dimensions planétaires

1 Dès l'année 1939, les Allemands sont vainqueurs dans toute l'Europe :
- ☐ a. Vrai
- ☐ b. Faux

2 Les forces de l'Axe sont :
- ☐ a. l'Allemagne, l'URSS et le Japon.
- ☐ b. l'Allemagne, l'Italie et le Japon.
- ☐ c. l'Allemagne et le Japon.

3 Les États-Unis entrent en guerre suite à :
- ☐ a. l'opération Barbarossa.
- ☐ b. l'attaque sur Pearl Harbor.
- ☐ c. la bataille de Stalingrad.

4 La bataille de Stalingrad a lieu en :
- ☐ a. 1941-1942.
- ☐ b. 1942-1943.
- ☐ c. 1943-1944.

5 Cette bataille est un tournant car :
- ☐ a. elle marque la fin de l'invincibilité allemande.
- ☐ b. on y utilise de nouvelles armes.
- ☐ c. Staline participe en personne au combat.

6 Durant la Seconde Guerre mondiale, les populations civiles :
- ☐ a. constituent des victimes visées par les militaires.
- ☐ b. sont parfois des populations combattantes.
- ☐ c. sont largement épargnées par les combats.

7 La Seconde Guerre mondiale a causé la mort d'environ :
- ☐ a. 20 millions de personnes.
- ☐ b. 40 millions de personnes.
- ☐ c. 60 millions de personnes.

Le génocide des Juifs et des Tziganes

8 Les ghettos constituent une étape dans la phase d'extermination des populations juives :

- ☐ **a.** parce qu'ils servent à rassembler les populations qui vont ensuite être déportées.
- ☐ **b.** parce que les conditions de vie y sont très dures.
- ☐ **c.** parce que les nazis n'ont pas eu l'idée avant de créer des camps.

9 La « Solution finale » est un plan des nazis pour :

- ☐ **a.** mettre un terme à la guerre.
- ☐ **b.** mettre en place les moyens de l'extermination des Juifs.
- ☐ **c.** produire en masse des bombes atomiques.

10 Les *Einsatzgruppen* sont des troupes qui massacrent les populations civiles sur :

- ☐ **a.** le front ouest.
- ☐ **b.** le front est.
- ☐ **c.** en Afrique.

11 Auschwitz-Birkenau est un camp de concentration et un centre de mise à mort situé en :

- ☐ **a.** Pologne.
- ☐ **b.** Allemagne.
- ☐ **c.** URSS.

12 Le terme de génocide désigne :

- ☐ **a.** le massacre systématique d'une catégorie de personnes pour ce qu'elles sont.
- ☐ **b.** l'utilisation d'armes très meurtrières dans le cadre d'un conflit.
- ☐ **c.** la procédure de jugement pour crime contre l'humanité.

RÉPONSES

1. b (le Royaume-Uni poursuit seul la lutte avant l'entrée en guerre de l'URSS puis des États-Unis) • **2.** b • **3.** b (le 7 décembre 1941) • **4.** b • **5.** a • **6.** a et b (ce qui explique le nombre très élevé de morts) • **7.** c (d'autres estimations sont inférieures mais pas en dessous de 50 millions) • **8.** a et b (les premiers camps de concentration sont créés dès 1933 en Allemagne) • **9.** b • **10.** b (sur le front de l'Est, les nazis livrent une guerre raciale) • **11.** a • **12.** a

SUJET 9 | La Seconde Guerre mondiale, une guerre d'anéantissement

QUESTION DE COURS

1. La Seconde Guerre mondiale démarre en septembre 1939 à cause de :
❒ **a.** l'assassinat d'un diplomate allemand à Munich par un communiste.
❒ **b.** la violation du traité de Versailles par Hitler.
❒ **c.** l'invasion de la Pologne par les troupes allemandes.

2. Rappelez où et quand s'achève la Seconde Guerre mondiale. Vous indiquerez le nombre de victimes à l'issue du conflit.

3. Que sont les *Einsatzgruppen* ?

4. Comment le processus d'extermination est-il mis en place à partir de 1942 et quelles populations concerne-t-il en particulier ?

DÉMARRONS ENSEMBLE

Le « processus » doit faire apparaître le cheminement qui a conduit les décideurs nazis à la Solution finale. Qui sont les hauts responsables ? En quoi la Solution finale consiste-t-elle ? Comment et où mettent-ils en place cette politique ?
Il faudra donner du sens à l'année 1942 tout en montrant l'évolution du système qui aboutit à un génocide.

CORRIGÉ

1. Réponse c.

2. La Seconde Guerre mondiale s'achève le 8 mai 1945 sur le front ouest avec la reddition de l'Allemagne. Dans le Pacifique, les Japonais signent leur capitulation le 2 septembre 1945. C'est la fin du conflit. La guerre a fait au total environ 60 millions de victimes.

> Précisez au jour près la date, si cela vous est possible.

3. Les *Einsatzgruppen* sont des divisions SS (Section de sécurité) divisées en 4 groupes présentes sur le front de l'Est. Elles livrent une guerre raciale et idéologique pour l'anéantissement de tous ceux qu'elles considèrent comme des adversaires : les Juifs d'abord et les communistes sont systématiquement massacrés. Dirigées par Himmler, elles assassinent 1,5 million de Juifs en Biélorussie, en Ukraine et en Russie.

> Réservez les parenthèses pour le développement des sigles.

4. En **janvier 1942**, lors de la **conférence de Wannsee**, les responsables nazis, Himmler le chef de la SS et son adjoint Heydrich, décident de la **Solution finale**.

Derrière cette formule que les nazis ont voulue volontairement floue, il s'agit de mettre en place des **centres de mise à mort** pour les Juifs et Tziganes notamment.

Rassemblés et **parqués dans des ghettos** depuis 1940, ils sont dès 1942 **déportés par trains** entiers dans les centres de mise à mort situés en Pologne. Une fois arrivés, ils subissent une **sélection impitoyable** qui les destine aux **chambres à gaz** pour les plus faibles (enfants, femmes, personnes âgées) ou aux travaux forcés qui conduit le plus souvent à la mort par épuisement. Les corps des victimes sont brûlés dans des fours crématoires.

Plus d'un million de personnes périssent à **Auschwitz**, le principal centre de mise à mort mis en place par les nazis. 90 % d'entre eux étaient des Juifs. En 1945, les nazis ont exterminé environ 6 millions de Juifs : c'est un **génocide**.

SUJET 10 | La bataille de Stalingrad

ÉTUDE DE DOCUMENT

Le centre de Stalingrad après sa libération par les troupes soviétiques en 1943

1. Précisez les dates de la bataille de Stalingrad. Localisez la ville.

2. Que nous apprend la photographie sur le déroulement de cette bataille ?

3. Quelles armées se sont affrontées ici ?

4. Expliquez quels sont les enjeux de la bataille de Stalingrad et en quoi elle constitue un tournant de la Seconde Guerre mondiale.

DÉMARRONS ENSEMBLE

Le terme clé est ici « enjeux ». Un enjeu met en balance ce qu'il y a à gagner ou à perdre dans un processus, une action, un affrontement. Stalingrad est un enjeu car cette agglomération est à la fois un point stratégique (économique, industriel) mais aussi un symbole politique : la ville de Staline.
Après Stalingrad, les Allemands entament une longue retraite de leurs armées jusqu'à la défaite finale.

CORRIGÉ

1. La bataille de Stalingrad s'est déroulée entre juillet 1942 et février 1943. La ville est située au sud-ouest de l'URSS, sur la Volga.

2. La bataille s'est achevée en hiver : le sol est recouvert de neige et les soldats russes, victorieux, portent des combinaisons blanches de camouflage.
L'état des bâtiments atteste de la violence des combats.
Le centre n'est plus qu'un amas de ruines. Au dernier plan, seuls quelques immeubles dévastés restent debout.

3. Les soldats soviétiques sont opposés aux soldats de l'armée allemande qui constituent leurs principaux adversaires. L'armée allemande est toutefois alliée à d'autres corps d'armées, italiens, roumains, hongrois qui participent à la bataille contre les Soviétiques.

> À l'apprentissage des repères qui sont exigibles de la 6e à la 3e, vous devez ajouter d'autres dates importantes du programme de 3e.

> Dans la description d'une image, d'une affiche, pensez à utiliser un découpage en plans (1er, 2e... dernier plan).

4. En défiant Staline dans une ville qui porte son nom, Hitler poursuit sa conquête d'un **espace vital** qui a démarré avec l'invasion de l'Union soviétique dès 1941.
La bataille de Stalingrad commence en juillet 1942. Elle met aux prises des forces titanesques (plus de deux millions de soldats) au cours de combats acharnés pendant 8 mois.
Cette ville a un intérêt **économique** de premier plan pour la Wehrmacht. Ville industrielle sur la Volga, elle est sur la route du pétrole du Caucase. Cet enjeu majeur est tout aussi important pour l'Armée rouge qui doit résister à tout prix.
Après l'offensive allemande, les Soviétiques contre-attaquent en septembre 1942 et encerclent les Allemands qui se rendent en février 1943. En faisant plus d'un million de victimes, civiles et militaires, Stalingrad est la **bataille la plus meurtrière de toute l'histoire**. Elle est une illustration de la guerre d'anéantissement qu'a été le second conflit mondial. Elle signe également la fin de l'invincibilité allemande et des victoires de l'Axe.

SUJET 11 | La guerre du Pacifique

ÉTUDE DE DOCUMENT

Le point de vue de W.Churchill sur l'utilisation de la bombe atomique

Nous nous attendions à une résistance désespérée des Japonais [...]. Réduire cette résistance homme par homme, conquérir le pays mètre par mètre pouvait nécessiter le sacrifice d'un million de soldats américains et d'un nombre de Britanniques égal à la moitié de ce chiffre, peut-être plus. [...] La question de savoir s'il fallait utiliser la bombe atomique ne se posait pas un seul instant. Empêcher une immense et interminable boucherie [...] au prix de quelques explosions, cela paraissait être un miracle de délivrance...

Winston Churchill, *Mémoires sur la Deuxième Guerre mondiale, Triomphe et tragédie*, tome VI, Plon, 1954.

Le document proposé exprime une opinion. Vous devez montrer que vous avez compris les idées développées par l'auteur, en les expliquant.

1. Indiquez la nature du document et présentez brièvement l'auteur. Quand la première bombe atomique est-elle larguée ?

2. Quel argument Winston Churchill avance-t-il pour justifier l'utilisation de la bombe atomique ?

3. D'après vos connaissances, pourquoi W. Churchill s'attend-il à une résistance désespérée des Japonais ?

4. Montrez que la Seconde Guerre mondiale a été une guerre d'anéantissement qui a fortement impliqué les populations civiles.

DÉMARRONS ENSEMBLE

La question insiste sur un aspect de la guerre d'anéantissement : « l'implication » forcée ou volontaire des civils. En pensant à cette distinction vous êtes amené à classer ces populations.

En temps de guerre, elles sont le plus souvent passives et victimes, mais pas partout ni systématiquement. Si vous le pouvez, pensez à donner quelques précisions chiffrées.

CORRIGÉ

1. Le texte est extrait des mémoires de Winston Churchill, Premier ministre du Royaume-Uni pendant la Seconde Guerre mondiale.
La première bombe atomique a été larguée le 6 août 1945 sur Hiroshima, au sud du Japon.

2. D'après Churchill, la résistance des soldats japonais va être extrêmement couteuse en vies pour les Alliés. Il tient donc à forcer l'arrêt de la guerre au plus vite.

3. Dans les batailles aéronavales qui les opposent aux forces américaines, les Japonais font régulièrement la démonstration de leur volonté de se battre jusqu'au bout. Privés de munitions ou touchés par le feu ennemi, les kamikazes vont s'écraser sur les porte-avions américains.

4. La Seconde Guerre mondiale a été une guerre totale et une guerre d'anéantissement. Elle a fait près de 60 millions de victimes, dont la moitié n'était pas des militaires. Les populations civiles ont été impliquées de différentes manières.
Elles sont tout d'abord victimes des **bombardements** de l'aviation entrepris dès 1939 en Pologne, puis en Angleterre en 1940. Les villes sont visées pour détruire des sites stratégiques, mais aussi pour démoraliser les populations afin qu'elles poussent leur gouvernement à réclamer la paix. À la fin de la guerre, 70 % des villes allemandes et japonaises ont été rasées.
Le Japon capitule en septembre 1945 après les **bombardements atomiques** sur Hiroshima et Nagasaki les 6 et 9 août 1945.
Dans les pays occupés, des civils tentent de **résister**. Ils s'organisent pour se battre aux côtés des Alliés ou préparer la Libération de leur territoire. Leur implication montre que les civils peuvent parfois devenir des combattants.
Les civils sont les cibles et les victimes, en Europe centrale et orientale notamment, d'une guerre raciale. La **Solution finale** mise en place à partir de 1942 aboutit à l'extermination de **6 millions de Juifs**.

> Vous pouvez au cours de votre développement replacer un terme clé du sujet pour montrer que vous avez bien compris ce qui est demandé.

HISTOIRE

La guerre froide et la décolonisation

La construction du mur de Berlin en septembre 1961 sur la Postdamer Platz

FICHES

BILAN

SUJETS CORRIGÉS

11 Bâtir la paix avec l'Organisation des Nations unies (ONU)

Après le second conflit mondial, la création de l'ONU soulève beaucoup d'espoirs. Cependant, l'émergence de deux nouvelles grandes puissances, les États-Unis et l'URSS, ne laisse que peu de place aux Nations unies pour s'imposer sur la scène internationale.

I Objectifs et missions

1. La genèse de l'ONU

- En **février 1945**, à **Yalta** sur les bords de la mer Noire, Staline, Roosevelt et Churchill réfléchissent au rétablissement de la démocratie en Europe. Une assemblée des **Nations unies** est programmée pour les mois à venir.
- Réunie à San Francisco le 26 avril 1945, l'assemblée composée de 51 États rédige la charte fondatrice de l'Organisation des Nations unies : elle est ratifiée le 26 juin 1945.

2. Une lourde tâche

- L'ONU remplace la SDN mais va plus loin grâce à ses organismes spécialisés. Elle se donne pour mission de « préserver les générations futures du fléau de la guerre », donc assurer **la paix et la sécurité dans le monde**. La **défense des Droits de l'homme** est proclamée dans la charte.
- L'ONU veut réaliser une coopération internationale dans les domaines économique, social et culturel, dans le respect des libertés de tous.

Incluse dans le traité de Versailles en 1919, la Société des Nations devait défendre la paix. Elle disparaît en 1946.

II Organismes et moyens

- Le financement de l'ONU est assuré par les États membres, en fonction de leurs capacités. Les États-Unis sont les plus gros contributeurs avec 22 % du budget de l'organisation qui s'élève à plus de 5 milliards de dollars pour 2010-2011.
- La création des Casques bleus en 1956 dote en effet l'ONU d'une force d'in**terposition**. Elle est constituée de soldats envoyés par les pays membres. C'est le **Conseil de sécurité** qui décide ou non leur envoi.

Symbole de paix, la couleur bleue est choisie par différentes organisations, dont l'ONU.

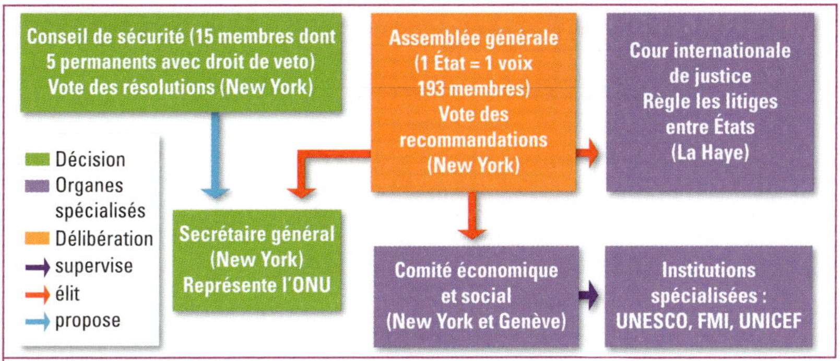

Les principaux organismes des Nations unies en 2011

III Les premières tensions au sein de l'Alliance

1. L'URSS, une alliée de circonstance

L'Allemagne est administrée par les Alliés, plus la France, qui disposent chacun d'une zone. Berlin, subit le même partage.

■ La **Grande Alliance** est formée par les États-Unis et le Royaume-Uni dès 1941. L'URSS l'intègre après avoir subi l'invasion allemande en juin 1941. Avant la fin du conflit, les Alliés organisent la sortie de guerre au cours de conférences.

■ **À Yalta en février 1945,** Churchill, Roosevelt et Staline semblent s'accorder sur le sort de l'Allemagne (dénazification et démilitarisation) et des pays d'Europe de l'Est (organisation d'élections libres.) Mais à la conférence de **Potsdam en juillet 1945,** les dissensions l'emportent. Staline est peu disposé à tenir ses engagements en Europe de l'Est et un climat de méfiance s'instaure. L' Allemagne est partagée en quatre zones d'occupation, la Corée en deux (soviétique au nord, américaine au sud).

■ Les États-Unis qui ont le monopole de l'arme atomique n'entendent pas partager une technologie qui leur confère une puissance alors inégalée.

2. Une ONU déjà impuissante ?

■ La sortie du conflit s'accompagne de **guerres civiles** où s'opposent les communistes et leurs adversaires : en Grèce, en Chine. En Pologne, les communistes accèdent au pouvoir en 1947 à l'issue d'élections truquées.

■ L'ONU à peine créée ne peut rien entreprendre d'efficace. Elle se dote progressivement en 1946 des règlements permettant le fonctionnement de ses institutions. Le 24 janvier 1946, elle adopte une première **résolution** consacrée à l'utilisation pacifique de l'énergie atomique.

12 La guerre froide

Dès 1946, les tensions entre les États-Unis et l'URSS aboutissent à des positions irréconciliables et radicalement opposées. Deux blocs s'organisent : le monde devient bipolaire. Quelles valeurs ces blocs défendent-ils ? Quels sont les moyens de l'affrontement ?

I Un conflit idéologique et indirect

1. 1947 : la naissance de la guerre froide

- Churchill dénonce en mars 1946, lors d'un discours à Fulton dans le Missouri, le « rideau de fer » qui coupe l'Europe en deux de la Baltique à l'Adriatique.

> Une frontière militarisée séparant nettement les deux blocs.

- Pour le président américain Truman, il faut « aider les peuples libres [...] et les protéger de l'avancée communiste ». Il applique la doctrine du « ***containment*** » qui doit endiguer l'expansion communiste. La mise en place en 1947 du plan Marshall s'inscrit dans cette logique.

> Prêts et dons à hauteur de 13 milliards de dollars pour reconstruire l'Europe.

- Dénoncé comme un « plan impérialiste », il est rejeté par les Soviétiques. Jdanov, un proche de Staline, reconnaît la division du monde en deux camps dès septembre 1947.

2. Le monde de la guerre froide

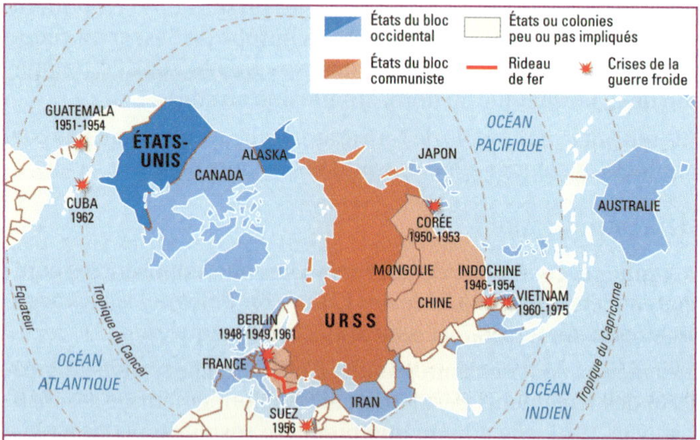

La division du monde en deux blocs

La constitution des blocs se traduit également par la mise en place d'alliances militaires (l'OTAN et le Pacte de Varsovie) et économiques (l'OECE à l'Ouest et le CAEM à l'Est).

OTAN : Organisation du traité de l'Atlantique nord, créée en 1949.
Pacte de Varsovie : rassemble les démocraties populaires et l'URSS, créé en 1955.
OECE : Organisation européenne de coopération économique.
CAEM : Conseil d'aide économique mutuelle aussi appelé COMECON.

3. Un conflit d'un genre nouveau

- La guerre froide est un **conflit idéologique** qui oppose deux modèles. Le camp américain défend la **démocratie libérale** (élections libres, séparation des pouvoirs…) et le **capitalisme** (libre concurrence et propriété privée). Le camp soviétique impose le **communisme** au nom d'une société égalitaire mais c'est en réalité un régime de dictatures avec culte du chef et répression des opposants. L'économie est étroitement contrôlée, la propriété privée interdite.
- Depuis 1949, l'URSS possède elle aussi l'arme atomique. Les deux Grands ne peuvent plus désormais risquer un affrontement militaire direct. Ils utilisent **la propagande** pour défendre leur modèle, l'espionnage pour percer les secrets ennemis. La **science** (conquête spatiale) et le **sport** servent à démontrer au monde leur supériorité.

Le romancier Ian Fleming crée le personnage de James Bond dès 1953. Les Soviétiques jouent presque toujours le rôle des méchants !

II Des crises graves

1. Berlin (1948-1949)

- En Allemagne, Staline n'accepte pas l'unification des trois zones d'occupation occidentales ni la création d'une monnaie unique, le Deutschemark. Il impose un **blocus** à Berlin-Ouest dès juin 1948. Les Américains ripostent par un **pont aérien**. Staline fait lever le blocus, devenu inutile, en mai 1949.
- L'Allemagne est coupée en deux États : à l'ouest la **RFA** (République fédérale d'Allemagne), à l'est la **RDA** (République démocratique allemande). Berlin, la capitale de la RDA, n'échappe pas à ce découpage.
- En août 1961, les autorités est-allemandes font construire un mur pour empêcher les habitants de RDA de passer à l'ouest. Les médias du **monde libre** dénoncent le « mur de la honte ». En août 1963, le président des États-Unis John F. Kennedy vient réconforter les Berlinois les assurant de l'amitié du peuple américain : « *Ich bin ein Berliner* ! » (« Je suis un Berlinois ! ») s'exclame-t-il lors de son discours prononcé au côté de Willy Brandt, le maire de Berlin-Ouest.

2. La guerre de Corée (1950-1953)

- Partagée en 1948, la Corée comprend deux États : au nord du 38e parallèle, les communistes ; au sud un régime proche des Américains.
- **Les Nord-Coréens, soutenus par la Chine, envahissent le Sud en juin 1950. Les États-Unis interviennent** mais le conflit s'enlise. Un armistice est finalement signé en juin 1953 revenant au statu quo. Plus de trois millions de personnes sont mortes pendant le conflit.

3. Cuba, 1962 : l'équilibre de la terreur

- L'île de Cuba est dirigée depuis 1959 par **Fidel Castro,** proche de l'URSS. En octobre 1962, des avions espions américains photographient sur l'île des rampes de lancement pour missiles nucléaires capables d'atteindre le sol américain.
- Le président des États-Unis, **John F. Kennedy,** somme les Soviétiques de démanteler leurs installations et n'écarte pas le risque d'une troisième guerre mondiale nucléaire. Le monde est suspendu à ses déclarations comme à celles du dirigeant soviétique **Nikita Khrouchtchev**. La diplomatie est au bord du gouffre.
- **Khrouchtchev** finit par céder le 29 octobre devant le blocus de l'île et le risque d'une **guerre atomique**.

III L'effondrement de l'URSS et la fin de la guerre froide (1989-1991)

- Dès son arrivée au pouvoir en URSS en 1985, **Mikhaïl Gorbatchev** instaure d'audacieuses réformes : la perestroïka et la glasnost.
- Ces mesures libérales encouragent l'opposition grandissante contre le pouvoir communiste en Europe de l'Est. En juin 1989, la Pologne organise des élections libres, les autres démocraties populaires suivent. À Berlin, des manifestations très importantes entraînent l'**ouverture du mur le 9 novembre 1989**. L'Allemagne est réunifiée le 3 octobre 1990.

Perestoïka : réforme et restructuration de l'économie soviétique pour la moderniser.
Glasnost : promotion de la liberté d'expression en URSS.

- Les réformes sont un échec en URSS. La vie quotidienne des Russes est de plus en plus difficile, la contestation des républiques qui composent le pays est forte. Dès 1989, les États baltes proclament leur indépendance économique vis-a-vis de Moscou. Très affaiblie, **l'URSS cesse d'exister le 21 décembre 1991**. Gorbatchev démissionne le 25. La guerre froide est terminée, les États-Unis restent la seule grande puissance.

13 Des colonies aux États nouvellement indépendants

Au lendemain de la guerre, les colonisateurs sont de plus en plus contestés par une partie des populations de leur empire. Les revendications vont déboucher sur des indépendances acquises de différentes manières.

I Le processus de décolonisation

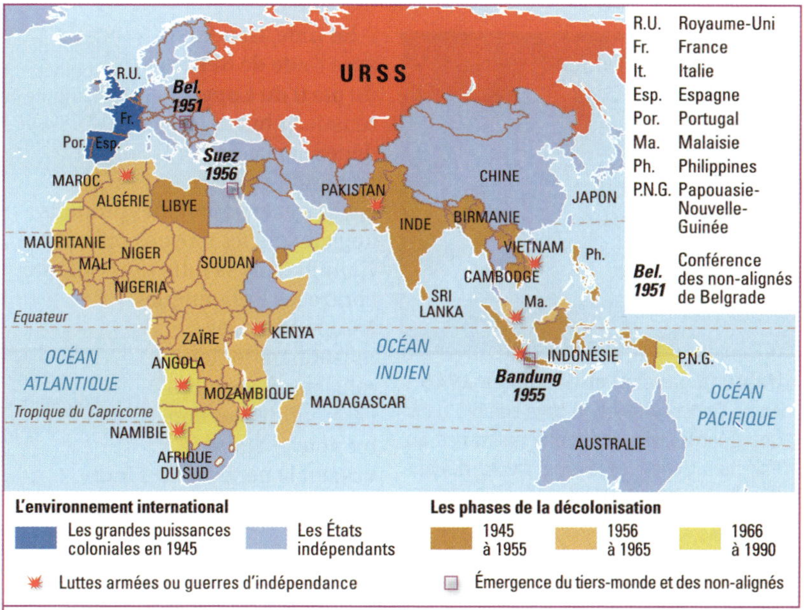

La décolonisation

- La Seconde Guerre mondiale a considérablement **affaibli** les métropoles (France et Grande-Bretagne surtout). Elles ont perdu une grande part de leur prestige aux yeux des peuples colonisés. Après avoir soutenu les métropoles dans l'effort de guerre, les colonies attendent les compensations qui leur ont été promises.
- Le statut inférieur des « indigènes » favorise l'émergence de **discours nationalistes** dans les colonies tenus par des élites locales.

Des professeurs (Senghor), des avocats (Gandhi) retournent contre les colonisateurs leurs principes d'égalité et de liberté.

- Ces mouvements sont appuyés par les **deux Grands**. Les États-Unis, favorables à la démocratie, ne veulent pas affaiblir leurs alliés français et britanniques par crainte du communisme. L'URSS considère le colonialisme comme un impérialisme.
- L'**ONU** devient une **tribune internationale** où les leaders nationalistes défendent leur position.

Politique qui vise à l'expansion, d'abord territoriale. Elle peut prendre des formes économiques ou culturelles.

II Des processus de décolonisation différents

1. L'Inde (1947)

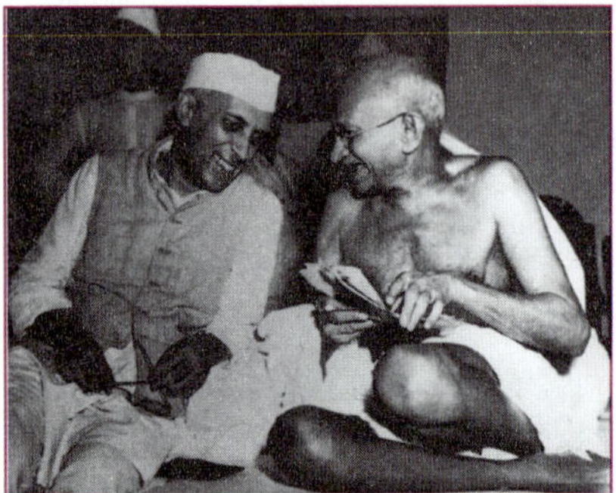

Nehru (à gauche) et Gandhi en 1946
Après l'indépendance, le pays sombre dans une guerre civile qui donne naissance au Pakistan. Gandhi assassiné, Nehru devient Premier ministre de l'Union indienne en 1948.

- En Inde, Gandhi avec l'aide de Nehru et du **parti du Congrès** réussit à obtenir l'indépendance en 1947. La désobéissance civique et le boycott des produits anglais sont les moyens prônés par Gandhi dans sa lutte non violente contre les Britanniques.
- Cependant, les musulmans indiens refusent de se retrouver minoritaires dans un nouvel État et exigent la partition de l'Inde en deux pays.

Refus de se soumettre à l'autorité de l'administration britannique.

Refus d'acheter des produits britanniques.

2. L'Afrique noire française (1960)

- En 1958, le général de Gaulle crée la **Communauté française** qui octroie une large autonomie aux colonies et la possibilité de prendre leur indépendance.
- La Guinée refuse d'en faire partie et devient indépendante dès 1958. En 1960, les autres colonies deviennent indépendantes par référendum.

3. L'Algérie (1954-1962)

- L'Algérie est une partie du territoire français composé de trois départements. En 1950, un dixième de la population sur 10 millions d'habitants sont des **colons européens**. Les **inégalités** sont très fortes : les Algériens n'accèdent pas aux emplois industriels et de services, et restent cantonnés aux activités agricoles avec peu de terres et peu de moyens.

- Le 1er novembre 1954, une vague d'attentats revendiqués par le Front de libération nationale **(FLN)** secoue le pays, c'est la « **Toussaint rouge** ».
- La France réagit fermement en envoyant les militaires. Le conflit se durcit. **Le général de Gaulle**, rappelé au pouvoir en 1958, veut négocier car la **guérilla** du FLN n'a jamais cessé. L'Algérie devient indépendante avec les **accords d'Évian en mars 1962**.

4. Le Kenya

- L'affrontement est particulièrement violent avec les colons britanniques. En 1952, la révolte du mouvement paysan des **Mau-Mau** est durement réprimée. Les leaders nationalistes de la KANU, Daniel Arap Moi et Jomo Kenyatta, sont arrêtés.
- Les Britanniques associent à la répression des réformes : les Africains peuvent participer et se présenter aux élections. **Kenyatta** est libéré de prison en 1961. Il recueille 60 % des suffrages en juin 1963. Devenu Premier ministre, il proclame l'indépendance le 12 décembre.

> L'**Union nationale africaine kenyane** milite pour l'indépendance.

III La voie difficile du développement

1. Exister politiquement

- Les premiers États décolonisés, réunis **en 1955** lors de la conférence de **Bandung en Indonésie,** condamnent l'impérialisme. Cette conférence signe la naissance du **tiers-monde**.
- **En 1961 à Belgrade,** ils manifestent leur refus de suivre l'un des deux blocs et fondent le groupe des **non-alignés**.
- Pour sortir du sous-développement, ces pays réclament des mesures concrètes, comme la mise en place d'un système généralisé de préférences.

> Les pays développés consentent des **préférences tarifaires** aux pays pauvres, mises en place par la conférence des Nations unies pour le Commerce et le Développement (**CNUCED**) dès 1964.

2. Des économies fragiles

- L' **Inde** s'engage vers la **voie socialiste**. La **révolution verte** (mécanisation et irrigation des productions agricoles) met un terme aux famines à la fin des années 1970. L' **Algérie** choisit aussi la **voie socialiste** en **nationalisant** usines et ressources. Le **Kenya** opte pour une **voie capitaliste**, avec toutefois la présence d'un **État fort**.
- Cependant, partout des clans accaparent à leur profit les rouages du pouvoir. Les dépenses improductives (achats d'armes), le détournement des richesses et une grande instabilité politique apparaissent comme les plus graves faiblesses du tiers-monde.

Quiz express

Vérifiez que vous avez bien retenu les points importants **des fiches 11 à 13**.

Bâtir la paix avec l'Organisation des Nations unies

1 L'ONU est officiellement née en :
- ☐ **a.** février 1945 à Yalta.
- ☐ **b.** juin 1945 à San Francisco.
- ☐ **c.** juin 1945 à Téhéran.

2 Les principaux objectifs de l'ONU sont :
- ☐ **a.** le développement économique des États pauvres.
- ☐ **b.** le maintien de la paix et de la sécurité dans le monde.
- ☐ **c.** le développement de programmes d'action culturelle.

3 Le Conseil de sécurité est un organe exécutif car :
- ☐ **a.** il décide.
- ☐ **b.** il délibère.
- ☐ **c.** il a un droit de veto.

4 Face aux premières tensions au sein de l'Alliance, l'ONU :
- ☐ **a.** permet de régler la majeure partie des problèmes.
- ☐ **b.** s'avère inefficace car elle est en train de se doter de ses institutions de fonctionnement.
- ☐ **c.** impose aux deux Grands ses recommandations.

La guerre froide

5 La métaphore de Churchill, le « rideau de fer », désigne :
- ☐ **a.** le mur de Berlin.
- ☐ **b.** la séparation entre les pays d'Europe de l'Est et ceux d'Europe de l'Ouest.
- ☐ **c.** la guerre idéologique.

6 La guerre froide est ainsi nommée car :
- ☐ **a.** il n'y a jamais d'affrontement militaire direct entre les deux Grands.
- ☐ **b.** c'est l'opposition de deux modèles politiques et économiques.
- ☐ **c.** elle débute durant l'hiver 1947.

7 La première crise de Berlin en 1948 a pour cause :
- ☐ **a.** la fuite de nombreux habitants de l'est du pays.
- ☐ **b.** l'unification de la zone alliée et le blocus qui s'ensuit.
- ☐ **c.** le pont aérien que les Américains mettent en place.

8 La guerre de Corée a lieu de 1949 à 1955.

- [ ] **a.** Vrai
- [ ] **b.** Faux

9 La crise de Cuba en 1962 fait surgir le risque d'un 3e conflit mondial :

- [ ] **a.** mais indirect car dans le cadre de la guerre froide.
- [ ] **b.** nucléaire car les deux Grands disposent de l'arme nucléaire.
- [ ] **c.** car Cuba est un pays très peuplé.

Des colonies aux États nouvellement indépendants

10 Le nationalisme dans les colonies est conduit par des leaders comme :

- [ ] **a.** Nehru.
- [ ] **b.** Kenyatta.
- [ ] **c.** De Gaulle.

11 L'indépendance de l'Algérie est obtenue à l'issue :

- [ ] **a.** d'une guerre violente qui dure 8 années, de 1954 à 1962.
- [ ] **b.** d'un processus pacifique.
- [ ] **c.** d'une intervention de l'ONU et des Casques bleus.

12 La conférence de Bandung a eu lieu en :

- [ ] **a.** 1945.
- [ ] **b.** 1955.
- [ ] **c.** 1965.

13 Parmi les principales faiblesses des jeunes États récemment décolonisés, il faut retenir :

- [ ] **a.** le manque de ressources.
- [ ] **b.** l'instabilité politique.
- [ ] **c.** les dépenses qui ne servent pas au développement du pays.

RÉPONSES

1. b • **2.** b (les autres points mentionnés sont des objectifs seconds remplis par des organes subsidiaires) • **3.** a et c • **4.** b • **5.** b (le rideau de fer coupe l'Europe, le mur de Berlin uniquement la capitale de la RDA) • **6.** a et b • **7.** b (le pont aérien est une conséquence, une riposte américaine au blocus soviétique) • **8.** b (de 1950 à 1953) • **9.** b (c'est pourquoi on parle de « diplomatie au bord du gouffre ») • **10.** a et b • **11.** a • **12.** b • **13.** b et c

SUJET 12 | La guerre froide et la décolonisation

QUESTIONS DE COURS

1. La défense des Droits de l'homme est proclamée dans la charte de l'ONU en 1945. Elle est garantie à nouveau dans la Déclaration universelle des Droits de l'homme proclamée en :
❒ **a.** 1946. ❒ **b.** 1947. ❒ **c.** 1948.

2. En quoi le plan Marshall consiste-t-il et à partir de quand a-t-il été mis en place ?

3. Que se passe-t-il lors de la crise de Cuba en 1962 ? Qui sont les principaux acteurs ?

4. Comment l'Algérie est-elle devenue un État souverain ?

Les « acteurs » en histoire renvoient aux personnes mais aussi aux gouvernements, aux groupes, aux associations. Ici, il s'agit des dirigeants politiques.

DÉMARRONS ENSEMBLE

Il s'agit de préciser dans quelles conditions l'Algérie a accédé à l'indépendance. « Comment » renvoie à la question des moyens, c'est-à-dire essentiellement à la guerre qui démarre en 1954. Après une brève présentation de ce que l'Algérie représente pour la France, il faudra centrer votre propos sur les forces en présence et préciser l'issue du conflit.

CORRIGÉ

1. Réponse c.

2. Mis en place en juin 1947 par les États-Unis, le plan Marshall est un programme d'aides financières et matérielles de 13 milliards de dollars. Destiné aux pays européens en pleine reconstruction, il est aussi, pour les États-Unis, un moyen d'endiguer la propagation du communisme en Europe.

3. À Cuba, le régime communiste de **Fidel Castro** accepte l'installation en juillet 1962 de rampes de lancement pour des missiles nucléaires soviétiques susceptibles d'atteindre les États-Unis.
Le président des États-Unis, **John F. Kennedy**, menace l'URSS d'une riposte atomique. Après avoir hésité, **Nikita Khrouchtchev**, premier secrétaire d'Union soviétique, cède et retire ses fusées à la fin du mois d'octobre.
Le monde est passé très près d'une guerre atomique.

4. L'Algérie a été colonisée par la France en 1830. Les colons représentent au milieu du XXe siècle **10 % de la population totale**. Ils **dirigent le pays** politiquement et économiquement, ce qui génère d'importantes **inégalités** et frustrations auprès des Algériens.

Le 1er novembre 1954, le **FLN** (Front de Libération nationale) engage la lutte pour l'indépendance de l'Algérie en perpétrant différents attentats : c'est la « Toussaint rouge ».

La supériorité matérielle de l'**armée française** et les divisions internes des mouvements indépendantistes assurent l'avantage militaire aux partisans de l'Algérie française.

Cependant, le FLN poursuit sa **guérilla** tandis qu'en métropole des journalistes dénoncent la pratique de la **torture** par l'armée française. Sur le plan international, en plein processus de décolonisation, les dirigeants français sont vivement critiqués.

De Gaulle, revenu au pouvoir en 1958, entreprend des négociations avec le FLN. En mars 1962, les **accords d'Évian** reconnaissent la souveraineté de l'Algérie au terme de 8 années de guerre.

SUJET 13 | L'ONU

ÉTUDE DE DOCUMENT

La naissance de l'ONU

Nous, peuples des Nations unies, résolus
- à préserver les générations futures du fléau de la guerre qui deux fois en l'espace d'une vie humaine a infligé à l'humanité d'indicibles souffrances ;
- à proclamer à nouveau notre foi dans les droits fondamentaux de l'homme, dans la dignité et la valeur de la personne humaine, dans l'égalité des droits des hommes et des femmes, ainsi que des nations grandes et petites ; [...]
- à favoriser le progrès social et instaurer des meilleures conditions de vie dans une liberté plus grande ;
- à vivre en paix l'un avec l'autre, à unir nos forces pour maintenir la paix et la sécurité internationales ; [...]

Avons décidé d'associer nos forces pour réaliser ces desseins.

Charte des Nations unies, San Francisco, 26 juin 1945.

1. Rappelez le contexte de création de l'ONU en 1945.

2. À quelle organisation succède-t-elle ? Où se situe le siège de l'ONU ?

3. Quel est le premier but de l'ONU ? Citez un passage du texte qui montre que l'ONU considère toutes les nations comme égales.

4. Précisez les moyens dont dispose l'ONU depuis 1945 pour atteindre ses objectifs.

DÉMARRONS ENSEMBLE

La question vous invite à préciser les « moyens » dont dispose l'ONU. Il faut donc présenter ses institutions les plus importantes qui aideront à préciser les actions entreprises. Vous devez également mentionner les ressources financières qui permettent à l'ONU de fonctionner.

CORRIGÉ

1. L'Organisation des Nations unies (ONU) a été créée en 1945. Sa charte est signée par 51 membres fondateurs lors de la conférence de San Francisco, aux États-Unis, le 26 juin, deux mois avant la reddition du Japon et la fin définitive de la guerre.
Les États-Unis, le Royaume-Uni et l'Union soviétique sont à l'origine de sa création qui avait été programmée dès février 1945 lors de la conférence de Yalta.

2. L'ONU succède à la Société des Nations (SDN) créée en 1919 et qui disparaît à l'issue de la Seconde Guerre mondiale, en 1946. Alors que le siège de la SDN était à Genève, celui de l'ONU est à New York.

3. Le principal objectif de l'ONU est d'assurer la paix entre les nations. Elle reconnaît en outre « l'égalité des droits des hommes et des femmes, ainsi que des nations grandes et petites ».

4. Créée en 1945, l'ONU est d'abord constituée d'une **Assemblée générale** comprenant à l'origine 51 membres. Ils sont 193 aujourd'hui qui délibèrent et discutent des décisions éventuelles à prendre.
Celles-ci peuvent être rendues exécutoires par le **Conseil de sécurité** : ce sont alors des résolutions. Cet organe comprend 5 membres permanents : les États-Unis, l'Union soviétique, la Chine, le Royaume-Uni et la France, qui disposent tous d'un **droit de veto**. Ils peuvent décider d'envoyer par exemple une force d'interposition, les **Casques bleus.**
Le **secrétaire général** dirige l'administration de l'ONU et veille à l'exécution de ses décisions. Le premier secrétaire fut le Norvégien Trygve Lie. Actuellement, **Ban Ki-moon,** un **Coréen du Sud,** occupe cette fonction.
Enfin, l'ONU comprend des institutions spécialisées qui servent le volet social de son action. Par exemple, l'UNESCO œuvre pour l'éducation, la science et la culture.
Pour assurer le fonctionnement de toutes ses missions, l'ONU perçoit des États membres une contribution financière proportionnelle à leur richesse.

SUJET 14 | Berlin dans la guerre froide

ÉTUDE DE DOCUMENT

Le président des États-Unis en visite à Berlin-Ouest en 1963

Au premier plan, le président des États-Unis John F. Kennedy ; derrière lui, le maire de Berlin-Ouest, Willy Brandt.

Notre liberté éprouve certes beaucoup de difficultés et notre démocratie n'est pas parfaite. Cependant, nous n'avons jamais eu besoin, nous, d'ériger un mur pour empêcher notre peuple de s'enfuir. […] Le mur fournit la démonstration éclatante de la faillite du système communiste. […] En ma qualité d'homme libre je dis « *Ich bin ein Berliner* [1]».

Discours prononcé par J. F. Kennedy, le 26 juin 1963 à Berlin-Ouest.

1. « Je suis un Berlinois ».

1. Quand le mur de Berlin a-t-il été construit ?

2. D'après ce discours et vos connaissances, expliquez pour quelle raison ce mur a été construit.

3. En précisant le contexte international, expliquez quels systèmes politiques s'opposent au moment de ce discours.

4. En quoi la situation de Berlin apparaît-elle entre 1945 et 1949 comme symbolique de la guerre froide ?

On ne vous demande pas de préciser les caractéristiques de chaque système mais bien le contexte dans lequel ils évoluent.

DÉMARRONS ENSEMBLE

La question de la « situation » renvoie d'abord à une localisation géographique de la ville qui permet d'entrevoir les enjeux géopolitiques qui lui sont liés. Il faudra donc élargir le propos aux deux États qui sont concernés par la ville en question, puis au camp auxquels ils appartiennent en retrouvant quels processus sont ici caractéristiques de la guerre froide.
Veillez à respecter les bornes chronologiques de la question.

CORRIGÉ

1. La construction du mur de Berlin a débuté dans la nuit du 12 au 13 août 1961.

2. Les autorités de la République démocratique allemande (RDA) ont construit le mur afin d'enrayer la fuite de la population est-allemande vers l'ouest. Entre 1945 et 1961, 3 millions d'Allemands de l'Est sont partis vivre en République fédérale d'Allemagne (RFA).

3. Ce discours est prononcé en pleine guerre froide, alors que les relations internationales sont dominées par les deux Grands, les États-Unis et l'Union soviétique. Dans ce monde bipolaire, chaque bloc tente de discréditer le système qu'il affronte. Ainsi la démocratie libérale des États-Unis, le « monde libre », dénonce ici la suppression des libertés imposée par le système communiste.

4. La guerre froide est un conflit idéologique qui démarre en 1947, où les deux Grands règlent leur différend sans recourir au face à face armé direct.
Berlin, occupée par les Alliés dès la fin de la Seconde Guerre mondiale, est la source d'un désaccord qui éclate en 1948. Staline met en place un **blocus** autour de Berlin-Ouest pour forcer le départ des Occidentaux. En effet, la ville se situe en secteur soviétique. Truman, le président des États-Unis, ravitaille Berlin-Ouest grâce à un **pont aérien** et évite ainsi tout affrontement direct. Le blocus est levé en 1949.
Cette crise aboutit à la création de deux nouveaux États en octobre 1949 : la **RDA** avec pour capitale Berlin et la **RFA** avec Bonn comme capitale. La partie ouest de Berlin demeure toutefois rattachée à l'Allemagne de l'Ouest.
La division de Berlin et de l'Allemagne symbolise bien la **bipolarisation** de l'Europe et du monde qui caractérise alors la guerre froide.

Notion majeure dans le cadre de la guerre froide : l'idéologie libérale capitaliste s'oppose à l'idéologie communiste.

La construction européenne jusqu'au début des années 2000

Les « Pères de l'Europe » : Robert Schuman, Jean Monnet, Konrad Adenauer et Alcide de Gasperi en mars 1951 à Paris

FICHES

BILAN

SUJETS CORRIGÉS

14 La naissance du projet européen

Par deux fois en moins de cinquante ans, l'Europe a sombré dans le chaos au cours de guerres terribles. La nécessité de construire une Europe unie répond d'abord à un besoin de paix. Se développant dans un contexte de guerre froide, le projet concerne au départ les pays d'Europe occidentale.

I Les « pères fondateurs »

1. Des Européens « nés »

Robert Schuman, né français, est d'origine luxembourgeoise. Il est devenu allemand puis à nouveau français au détour des différentes guerres. Il est convaincu, comme le ministre italien **Alcide de Gasperi** (né Autrichien) et le Français **Jean Monnet,** de la nécessité de créer une organisation pour rapprocher les États européens, notamment la France et l'Allemagne.

2. Des objectifs précis

- Il s'agit d'abord de préserver la paix. En outre, dans un **contexte de guerre froide** patent, les « pères de l'Europe » pensent qu'il est nécessaire de prévenir la menace soviétique.
- Les économies européennes d'après-guerre ont besoin de se reconstruire et de se développer. En 1948, la création de l'OECE poursuit un double objectif : répartir l'aide du plan Marshall et coordonner les politiques économiques nationales en favorisant les échanges.
- La création de la **CECA** le 18 avril 1951 instaure la **Communauté européenne du charbon et de l'acier**. Elle établit la libre circulation des produits de la sidérurgie et du charbon, dont la France et l'Allemagne sont alors les plus gros producteurs. En mêlant leurs intérêts économiques, les risques de conflit entre les deux États doivent être réduits. À leurs côtés, les pays du Benelux et l'Italie participent à ce rapprochement.

> La Belgique, les Pays- Bas et le Luxembourg ont créé dès 1944 une union douanière.

3. La naissance de la CEE

Le 25 mars 1957, les 6 États membres de la CECA signent le **traité de Rome** qui fonde la **Communauté économique européenne (CEE)**. Le traité prévoit une libre circulation progressive des marchandises, des capitaux et des personnes. La suppression des droits de douane est achevée en 1968 dans le cadre d'un **Marché commun**.

La signature du traité de Rome le 25 mars 1957
Les représentants des Six, la France, l'Allemagne, l'Italie et le Benelux vont parapher tour à tour le traité.

II Un ancrage à l'Ouest

▶ Voir carte sur le rabat avant de l'ouvrage

- La réussite économique de la CEE est liée au contexte favorable des Trente Glorieuses.
- Le **1er janvier 1973**, la CEE s'ouvre aux pays du Nord. Avec l'entrée officielle du Danemark, de l'Irlande et du Royaume-Uni, **l'Europe des Six** devient **l'Europe des Neuf**.
- En 1986, l'Europe compte **12 membres** avec l'entrée des pays méditerranéens, devenus des démocraties : la Grèce en 1980, l'Espagne et le Portugal en 1986. Elle s'élargit à **15 membres** en accueillant en 1995 l'Autriche, la Suède et la Finlande.

Expression de l'économiste Jean Fourastié qui désigne la **croissance** importante des économies occidentales entre **1945 et 1975**.

III Des valeurs démocratiques

- Si le continent Europe peut se définir à partir de limites géographiques, la CEE est un projet économique et politique.
- Les « pères de l'Europe » viennent de la **démocratie chrétienne**, de partis politiques défenseurs de la dignité humaine et favorables au progrès social. La CEE promeut la **démocratie libérale**, avec élections libres et respect des Droits de l'homme. Ses institutions aux pouvoirs séparés sont un reflet de ses valeurs.
- Dès le début, la **commission européenne** joue un rôle moteur en tant qu'organe de proposition et d'exécution ; son siège est basé à Bruxelles. Le Conseil des ministres, dont le siège est au Luxembourg, est habilité à prendre des décisions. Le **Parlement européen** à **Strasbourg** n'a pas de pouvoir législatif. Son rôle est d'ordre consultatif, mais les députés y sont élus au suffrage universel direct à partir de 1979.

Avec Strasbourg et Luxembourg, ces trois villes sont les « capitales » de la CEE.

15 Développement et élargissements de l'Union européenne

À la fin de la guerre froide en 1989, le projet européen s'accélère avec l'arrivée de nouveaux États. Comment s'intègrent-ils économiquement à ce qui devient en 1992 l'Union européenne ?

I De la CEE à l'UE

À la fin des années 1980, l'Europe connaît d'importants bouleversements politiques liés à la politique de libéralisation menée en URSS par Gorbatchev. Parallèlement, la CEE renforce les liens entre ses membres en développant un processus d'approfondissement des relations communautaires.

Dès 1986, l'**Acte unique** européen prévoit la création d'un Marché unique. Confirmé lors de la signature du traité de Maastricht (**1992**), il crée un espace européen sans frontières intérieures. La CEE prend à cette occasion le nom d'**Union européenne** (UE).

Ville des Pays-Bas où a été signé le traité.

II Des réalisations concrètes

De la CEE à l'Union européenne, le rapprochement des États européens a favorisé leur développement économique.

- **1962** : mise en place de la **PAC** : politique agricole commune.
- **1968** : réalisation d'une union douanière avec la concrétisation du **Marché commun**.
- **1987** : mise en place du programme Erasmus qui facilite les séjours d'études dans les pays de l'UE.
- **1992** : le **traité de Maastricht** met en place un vaste marché intérieur où circulent librement les hommes, les capitaux et les marchandises. Il fonde aussi une **citoyenneté européenne** et prévoit une politique de sécurité extérieure commune (**PESC**). Il s'agit de favoriser les prises de positions communes des États membres.
- **1995** : création de l'espace Schengen qui permet une liberté totale de circulation pour les citoyens des pays qui en font partie. En 2011, seuls le Royaume-Uni et l'Irlande n'appliquent pas ces accords. La Roumanie, la Bulgarie et Chypre entrent en 2012.
- **1999** : onze des quinze États membres décident de se doter d'une **monnaie unique**, l'**euro**, mise en circulation le **1er janvier 2002**. Ils constituent une **zone euro** qui s'est étendue progressivement : elle comprend 17 membres en 2012.

Ville située au Luxembourg. L'Islande, la Norvège et la Suisse, hors de l'UE, ont signé ces accords.

III Nouveaux membres, nouveaux défis

■ L' ouverture à de nouveaux membres à partir des années 1970 s'opère dans un contexte de **crise économique.** Certains États membres adoptent alors une politique de repli, freinant tout processus d'approfondissement des relations. Ainsi, le Royaume-Uni critique l'intégration économique au sein de la communauté, préférant privilégier une politique plus nationale.

L'ensemble des mesures prises par différents États pour créer un espace économique commun.

■ Les pays méditerranéens qui adhèrent dans les années 1980 sont très largement agricoles. Les **aides** octroyées dans le cadre de la PAC sont partagées, provoquant le mécontentement des agriculteurs français qui voient dans les Espagnols et les Portugais des concurrents.

■ Le retard économique des nouveaux entrants nécessite de renforcer la politiquc régionale commune pour favoriser leur intégration. C'est le rôle du FEDER qui redistribue une part des contributions des États aux régions les plus déshéritées.

■ En 1990, l'ex-RDA, rattachée à l'Allemagne en 1989, est intégrée à la CEE.

Fonds européen de développement régional créé en 1975. Il finance de nombreux aménagements des territoires en question.

Quiz express

Vérifiez que vous avez bien retenu les points importants **des fiches 14 et 15**.

La naissance du projet européen

1 Cochez les deux affirmations correctes :

- [ ] **a.** La construction européenne répond d'abord à un problème de frontières.
- [ ] **b.** La construction européenne répond au souci de maintien de la paix.
- [ ] **c.** La construction européenne doit permettre un relèvement économique plus rapide.

2 Lequel de ces hommes ne fut pas un des « pères fondateurs » de l'Europe ?

- [ ] **a.** Alcide de Gasperi.
- [ ] **b.** Franklin Roosevelt.
- [ ] **c.** Robert Schuman.

3 La création de la CECA a précédé celle de la CEE :

- [ ] **a.** Vrai
- [ ] **b.** Faux

4 Le traité de Rome est signé le 25 mars 1957. Il fonde :

- [ ] **a.** la CEE avec 6 États membres (Europe des Six).
- [ ] **b.** la CEE avec 9 États membres (Europe des Neuf).
- [ ] **c.** la CEE avec 12 États membres (Europe des Douze).

5 La PAC est une réalisation concrète qui met en place en 1962 :

- [ ] **a.** une politique d'avantages communs.
- [ ] **b.** une politique agricole communautaire.
- [ ] **c.** une participation avec concertation.

Développement et élargissements de l'Union européenne

6 L'ouverture de la CEE vers d'autres États se fait à l'Ouest :

- [ ] **a.** parce que c'est la guerre froide et que la CEE est née en Europe de l'Ouest.
- [ ] **b.** parce que les démocraties populaires se sont vues refuser l'entrée.
- [ ] **c.** parce que les pays de l'Est ne respectent pas les valeurs de la démocratie libérale.

7 Le programme Erasmus est une réalisation qui concerne :

☐ **a.** les étudiants.
☐ **b.** les entreprises européennes.
☐ **c.** les armées en Europe.

8 Le traité de Maastricht est signé en :

☐ **a.** 1986.
☐ **b.** 1992.
☐ **c.** 1996.

9 Ce traité prévoit :

☐ **a.** la libre circulation des personnes, des marchandises et des capitaux au sein de l'Union européenne.
☐ **b.** la création d'une citoyenneté européenne.
☐ **c.** la mise en place d'un Marché commun.

10 L'euro est la monnaie unique en circulation pour :

☐ **a.** tous les États de l'Union européenne depuis 2002.
☐ **b.** tous les États ayant signé le traité de Maastricht.
☐ **c.** une partie des États de l'Union européenne depuis 2002.

11 Jusqu'en 2004, l'Union européenne comprenait :

☐ **a.** 13 États.
☐ **b.** 14 États.
☐ **c.** 15 États.

12 Quelles villes sont des « capitales » de l'Union européenne abritant ses institutions ?

☐ **a.** Paris
☐ **b.** Strasbourg
☐ **c.** Lyon
☐ **d.** Bruxelles

RÉPONSES

1. b et c • **2.** b (président des États-Unis dans les années 1930 et la Seconde Guerre mondiale) • **3.** a (1951 pour la CECA, 1957 la CEE) • **4.** a • **5.** b • **6.** a et c • **7.** a • **8.** b • **9.** a et b (la mise en place d'un Marché commun était prévue dès mars 1957) • **10.** c • **11.** c (on parle des Quinze) • **12.** b et d (les autres « capitales » sont Luxembourg et Francfort depuis la création de la Banque centrale européenne en 1998)

SUJET 15 | La construction européenne jusqu'au début des années 2000

QUESTIONS DE COURS

1. Le traité de Rome qui instaure la CEE (Communauté économique européenne) a été signé en :
❒ **a.** 1947.
❒ **b.** 1957.
❒ **c.** 1962.

2. Quels sont les six États fondateurs de la CEE ?

3. En quoi l'année 1992 est-elle importante dans l'histoire de la construction européenne ?

4. En précisant le contexte international, vous expliquerez les origines de la construction européenne de la fin de la Seconde Guerre mondiale à 1957.

DÉMARRONS ENSEMBLE

Il s'agit de présenter ce qui a poussé les six États fondateurs à se rapprocher. La précision demandée à propos du contexte international invite à s'interroger : pourquoi à ce moment-là ? Pourquoi une partie de l'Europe seulement est-elle concernée ?
L'année 1957 marque le terme de notre explication et devra être clarifiée.

CORRIGÉ

1. Réponse b.

2. Les six États fondateurs de la CEE sont la France, la République fédérale d'Allemagne, l'Italie et les pays du Benelux, c'est-à-dire les Pays-Bas, la Belgique et le Luxembourg.

3. 1992 est l'année de la **signature du traité de Maastricht**. La CEE devient l'**Union européenne**. Les citoyens des États membres sont désormais des citoyens européens qui peuvent voter aux élections locales et européennes. Les liens politiques sont renforcés, ainsi que les liens économiques avec la mise en place d'un espace intérieur sans frontières et l'établissement programmée d'une union monétaire.

4. Après 1945, des Européens comprennent la nécessité de s'unir pour éviter une nouvelle guerre. Les « **pères de l'Europe** », tels Robert Schuman et Jean Monnet, souhaitent bâtir une Europe pacifiée et prospère.

Cependant dès 1947, l'Europe se divise sur la question du plan Marshall : les pays d'Europe de l'Ouest l'acceptent, tandis qu'une partie des États soumis à l'Union soviétique le rejette. La construction européenne concerne donc des États attachés à la **démocratie libérale**, proches des États-Unis.

L'union se réalise sur des **bases économiques**. Dès 1951, les productions françaises et allemandes sont associées dans le cadre de la **CECA** (Communauté européenne du charbon et de l'acier), qui comprend également la Belgique, le Luxembourg, les Pays-Bas et l'Italie. En associant leurs productions et en assurant leur libre circulation, ces États d'Europe de l'Ouest ouvrent la voie à la mise en place d'une **CEE**. Celle-ci est réalisée lors de la signature du **traité de Rome**, le 25 mars 1957.

SUJET 16 | De l'Europe des Six à l'Europe des Quinze

ÉTUDE DE DOCUMENT

Les élargissements de la CEE jusqu'en 1995

1. Quels États adhèrent à la CEE en 1973 ? Localisez-les sur la carte.

2. Quelle partie de l'Europe n'est pas concernée par la construction européenne jusqu'en 1995 ? Pourquoi ?

3. Quelles valeurs politiques et morales les États membres de la CEE défendent-ils ?

4. En vous appuyant sur la carte, expliquez l'élargissement progressif de la CEE et les difficultés qui l'accompagnent.

DÉMARRONS ENSEMBLE

Il faut comprendre ce qui a pu inciter à l'élargissement de la CEE, mais aussi ce qui a pu le freiner. Outre la chronologie et le contexte, il ne faut pas oublier la dimension géographique du sujet : la construction de l'Europe est d'abord celle de l'Ouest comme le montre la carte.
Attention, vous ne devez surtout pas vous contenter de reprendre l'une après l'autre les étapes qui sont ici données. Il faut les commenter en répondant au sujet.

CORRIGÉ

1. Les trois nouveaux États qui adhèrent à la CEE en 1973 sont l'Irlande, le Royaume-Uni et le Danemark.

2. L'est de l'Europe n'est pas concerné par la construction de la CEE puis de l'Union européenne jusqu'en 1995, car elle s'est déroulée jusqu'au début des années 1990 dans le cadre de la guerre froide. Les pays d'Europe de l'Est sont alors totalement soumis à Moscou et font partie d'une autre organisation économique, le Conseil d'aide économique mutuel (CAEM).

3. Les États fondateurs de la CEE et ceux qui entrent ensuite dans la construction européenne défendent des **valeurs démocratiques**. Ils aspirent à la **paix** et au **progrès social**. La **démocratie** et la **séparation des pouvoirs** sont des critères obligatoires pour pouvoir entrer dans la CEE puis l'Union européenne à partir de 1992.

4. L'élargissement de la CEE depuis 1957 est progressif. La première vague d'entrées en **1973** ne concerne, dans un contexte de guerre froide, que les pays d'**Europe de l'Ouest** : le Royaume-Uni, l'Irlande et le Danemark.

L'arrivée des **pays méditerranéens**, la Grèce en 1981 puis l'Espagne et le Portugal en 1986, est vite perçue par les Neuf comme une concurrence nouvelle, notamment sur le plan agricole. Le partage des aides allouées au sein de la CEE pour rattraper le retard économique de ces nouveaux entrants est difficilement accepté.

À la fin des années 1980, la disparition du rideau de fer permet d'envisager l'adhésion des anciennes démocraties populaires qui se portent progressivement candidates. En 1991, l'Allemagne réunifiée intègre la CEE.

> Ne confondez pas « candidats » et « membres ». Les candidats demandent à entrer dans l'UE, et leur demande peut être examinée durant plusieurs années.

Devenue Union européenne en 1992, elle s'ouvre à **trois pays riches** en 1995 : la Suède, la Finlande et l'Autriche, demeurant ainsi encore largement ancrée à l'**Ouest**.

HISTOIRE

Le monde depuis le début des années 1990

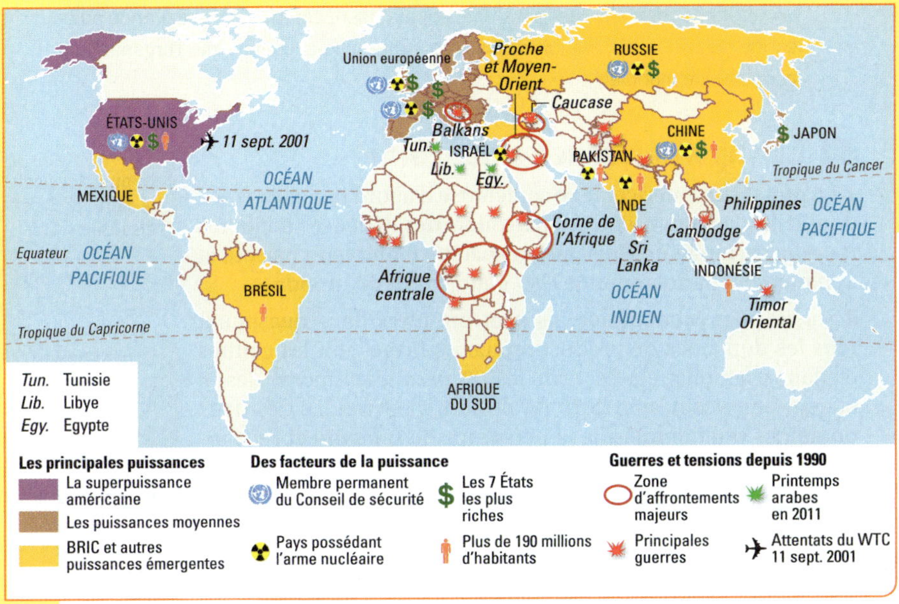

La géopolitique mondiale depuis le début des années 1990

FICHES

BILAN

SUJETS CORRIGÉS

16 L'expansion du modèle occidental depuis le début des années 1990

Au début des années 1990, les relations internationales sont dominées par la culture occidentale. Les États-Unis apparaissent comme l'unique grande puissance depuis la dislocation du bloc de l'Est. Celle-ci complexifie l'organisation géopolitique mondiale.

I La superpuissance américaine

- La puissance américaine se caractérise d'abord par une **armée** dont le budget représente les deux tiers des dépenses militaires mondiales. Les États-Unis ont la capacité d'intervenir partout et apparaissent parfois comme les « **gendarmes du monde** ».

- Sur le plan économique, ils sont premiers dans quasiment tous les domaines de production. Leurs firmes ont les chiffres d'affaires les plus élevés : sur les 20 premières mondiales, 8 étaient américaines en 2010 (Wal-Mart, Chevron...). Ces deux domaines traditionnels de la puissance (le militaire et l'économique) constituent le hard power.

- La culture américaine est aujourd'hui la plus diffusée grâce à la langue, la musique, les films ou encore les séries. On parle parfois d' « **américanisation** » du monde : c'est le soft power.

- La **maîtrise du territoire** immense grâce à un réseau de communication dense et l'abondance des **ressources** sont d'autres facteurs qui expliquent ce statut de superpuissance.

> La puissance est la capacité dont dispose un État à imposer aux autres sa volonté.

> Le **hard power** est la « puissance dure » ou celle qui permet de s'imposer aux autres.
> Le **soft power**, la « puissance douce », est adoptée « volontairement » ou acceptée en passant par d'autres vecteurs.

II La dislocation du bloc communiste

1. La fin des démocraties populaires

- En 1988, Gorbatchev proclame la souveraineté des démocraties populaires. En **août 1989, à la suite d'élections libres, la Pologne devient le premier pays de l'Est à ne plus être dirigé par un communiste.** Les autres démocraties populaires connaissent la même évolution : les gouvernements communistes de RDA, de Tchécoslovaquie et de Bulgarie sont renversés par des manifestations de masse. À **Berlin**, elles entraînent **l'ouverture du mur le 9 novembre 1989** puis la réunification des deux Allemagne le 3 octobre 1990.

- En 1991 toutes les troupes soviétiques ont évacué les pays de l'Est. Le CAEM et le pacte de Varsovie sont dissous. (→ fiche 12)

2. De l'URSS à la CEI

▪ Alors que la politique menée par Gorbatchev révèle les faiblesses de l'URSS (→ fiche 12), un nouvel homme fort devient président de la fédération de Russie en 1990 : **Boris Eltsine**.

▪ Avant même la dislocation de l'URSS en décembre 1991, il forme la **CEI (Communauté des États indépendants)** avec l'Ukraine, la Biélorussie et 13 autres républiques. Cette nouvelle association d'États souverains n'a toutefois pas le même poids que l'ex-URSS dans les relations internationales.

III Les élargissements de l'UE

▪ L'**Europe des Quinze** engage avec la plupart des pays de l'ancien bloc communiste des négociations qui vont aboutir aux élargissements de 2004 et de 2007. En 2004, 8 PECO et 2 États méditerranéens (Chypre et Malte) intègrent l'UE qui passe à 25 membres. En 2007, la Roumanie et la Bulgarie rejoignent à leur tour l'UE.

▪ Avec **27 États,** l'UE ressemble de plus en plus au continent Europe. Le fonctionnement de ses institutions a dû être modifié pour gagner en efficacité. Ainsi le **traité de Lisbonne, signé en 2007**, prévoit des possibilités d'adaptation des traités existants afin d'éviter des procédures de révision lourdes. Il renforce la politique de coopération entre les États, dote l'UE d'une présidence et considère le développement durable comme une priorité.

Pays d'Europe centrale et orientale. Sigle très courant dans les années 1990, il a presque disparu aujourd'hui après l'intégration de ces États dans l'UE.

Le président de l'Union européenne, ou président du Conseil européen, est élu pour deux ans et demi.

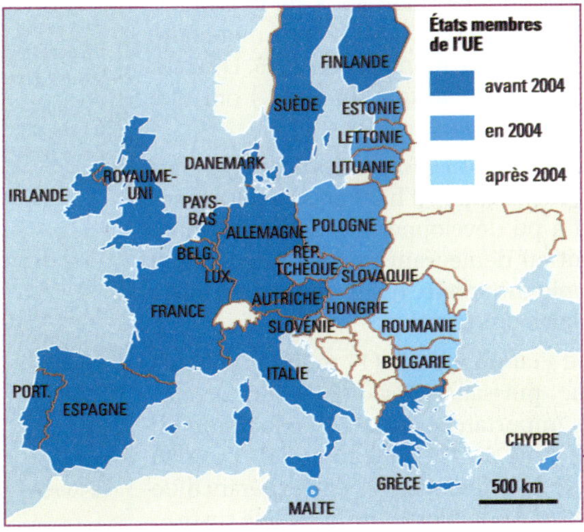

L'élargissement de l'UE à l'Est

17 Un monde plus complexe

La fin de la guerre froide n'a pas simplifié les relations internationales. Jamais le monde n'a compté autant d'États, autant d'acteurs susceptibles d'ajouter à la complexité des enjeux politiques et économiques du monde contemporain. Le monde est devenu multipolaire.

I Des États nouveaux en Europe de l'Est

- Au nord-ouest de l'URSS, les **États baltes** (Estonie, Lettonie et Lituanie) ont dès 1991 proclamé leur indépendance. Plus au sud, l'Ukraine, la Biélorussie et la Moldavie sont désormais souveraines, même si elles ont intégré la **CEI**.
- Après une révolution pacifique en 1989, la population tchécoslovaque se scinde en **deux nations en 1993, la République tchèque et la Slovaquie**.
- Enfin, la fédération yougoslave disparaît au début des années 1990 au terme d'une guerre ethnique. Le conflit prend fin en 1995, reprend en 1999, puis est réglé grâce à l'intervention des États-Unis. Six États naissent alors : la Slovénie, la Bosnie, la Serbie, la Croatie, le Monténégro et la Macédoine.

> Oppose des communautés qui s'affrontent pour le triomphe de leur culture et l'élimination de celle de l'adversaire. Elle s'accompagne de massacres.

II Des puissances émergentes

- Dans le cadre de la mondialisation, des États se distinguent par un rôle économique et politique croissant. Les **BRIC (Brésil, Russie, Inde, Chine)** qui représentent 40 % de la population du globe devraient assurer, selon le FMI (Fonds monétaire international), 60 % de la croissance mondiale en 2015. D'autres **puissances émergentes** (Turquie, Afrique du Sud...) ont une croissance moins forte.

> Processus de croissance généralisée des échanges à l'échelle de la planète.

- Le **Brésil** est un État-continent (15,5 fois la France) et un des plus peuplés du monde (190 millions d'habitants). Grâce à ses **immenses ressources,** il a pu développer des activités industrielles et de services tout en demeurant un géant agricole. Il était en 2010 la **8e économie mondiale.** Il doit cependant lutter contre des **inégalités sociales très fortes**.
- La **Russie**, le plus grand État du monde (17 millions de km^2) n'est aujourd'hui qu'une puissance régionale. Son économie bénéficie de recettes importantes grâce à l'exploitation du pétrole et du gaz. Elle se situe au **10e rang mondial**. La **crise démographique** (chute de la population et de l'espérance de vie) signale cependant les graves faiblesses de la société russe.

> La puissance régionale rayonne à l'échelle d'un continent, sur une ou des parties de continents parfois, l'Asie et l'Europe pour la Russie.

- Après avoir vaincu la famine dans les années 1960, l'**Inde** a développé des filières compétitives : les informaticiens de **Bangalore** sont demandés dans le monde entier. Mais, les bons résultats de la **11e économie mondiale** pourraient être remis en cause par une croissance démographique trop rapide dans un pays où les **inégalités restent fortes**.

- La **Chine**, pays le plus peuplé du monde (1,3 milliard d'habitants), bénéficie d'une croissance élevée. **Deuxième économie mondiale en 2011** devant le Japon, la Chine qualifiée d' « **atelier du monde** » détient un tiers des **réserves de change mondial**. Toutefois, une majorité de Chinois vivent dans des conditions modestes à l'ouest du pays encore très rural.

> Indicateur qui mesure l'évolution positive d'une économie qui produit davantage de biens, de services que l'année précédente.

III Les zones de tensions et les menaces

- Les guerres civiles, conflits de moins en moins militarisés, se déroulent surtout en **Afrique noire,** en **Asie** et au **Proche-Orient**. Les prises d'otages, les massacres, les famines organisées et la guérilla sont les moyens de ces luttes.

- Le conflit israëlo-palestinien remonte à 1948, date de la création de l'État d'Israël. Quatre guerres ont opposé les Israéliens à leurs voisins arabes. La dernière, la **guerre du Kippour**, remonte à 1973, mais les tensions demeurent. Les points litigieux portent notamment sur le tracé définitif des frontières, le statut de Jérusalem et le partage de l'eau entre Israéliens et Palestiniens.

Les attentats du World Trade Center à New York le 11 septembre 2001

- L'ampleur du terrorisme **international** est révélée lors des **attentats du 11 septembre 2001** à New York et Washington. Si les États-Unis ont abattu Ben Laden en mai 2011, son organisation, **Al-Qaïda,** reste active. Elle a mené ces dernières années les attentats les plus sanglants : Madrid en 2004 (200 victimes), Londres en 2005 (56 personnes). Le **Hezbollah au Proche-Orient** et les groupes paramilitaires en Amérique latine et en Asie utilisent également la violence contre les populations civiles comme moyen d'action.

> Par l'**action violente**, des groupes luttent contre des gouvernements, terrorisent des populations : bombes, enlèvements, détournement de transports…

Quiz express

Vérifiez que vous avez bien retenu les points importants **des fiches 16 et 17**.

L'expansion du modèle occidental depuis le début des années 1990

1 Les États-Unis sont une superpuissance, caractère exprimé à travers :

- ☐ **a.** le hard power.
- ☐ **b.** la guerre froide.
- ☐ **c.** le soft power.

2 La maîtrise du territoire américain signifie :

- ☐ **a.** que malgré sa taille, il est très bien relié par des voies de communication.
- ☐ **b.** que le système fédéral permet une maîtrise des États.
- ☐ **c.** que la population est bien répartie.

3 Quels acteurs jouent un rôle majeur dans la disparition des démocraties populaires ?

- ☐ **a.** Le dirigeant de l'URSS : Gorbatchev.
- ☐ **b.** Les dirigeants des démocraties populaires.
- ☐ **c.** Les populations des pays en question.

4 À partir de 1991, la CEI est le nouveau nom de l'URSS.

- ☐ **a.** Vrai
- ☐ **b.** Faux

5 L'élargissement de l'UE vers les pays de l'Est est à relier à :

- ☐ **a.** la forte croissance des pays de l'Est.
- ☐ **b.** la disparition du communisme.
- ☐ **c.** la volonté de maintenir la paix en Europe.

6 Les puissances émergentes sont des États qui se caractérisent par :

- ☐ **a.** une croissance rapide sur le plan démographique.
- ☐ **b.** une croissance rapide sur le plan économique.
- ☐ **c.** une croissance rapide qui s'explique par la taille importante du territoire.

Un monde plus complexe

7 Les BRIC désignent 4 puissances émergentes qui sont :

☐ **a.** le Brésil, la Roumanie, l'Italie et la Chine.
☐ **b.** la Birmanie, le Royaume-Uni, l'Inde et la Chine.
☐ **c.** le Brésil, l'Inde, la Russie et la Chine.

8 L'Inde a pour faiblesse principale :

☐ **a.** le manque de qualification de ses étudiants.
☐ **b.** les famines qui persistent.
☐ **c.** les inégalités très fortes entre les différentes catégories de la population.

9 La Chine peut prétendre jouer un rôle important dans les relations internationales car :

☐ **a.** elle dispose d'un siège de membre permanent au Conseil de sécurité de l'ONU.
☐ **b.** elle est le pays le plus peuplé du monde.
☐ **c.** son économie est très dynamique et a des conséquences sur la croissance mondiale.

10 Les guerres qui affectent le monde aujourd'hui prennent souvent la forme de :

☐ **a.** guerres civiles.
☐ **b.** guerres militarisées.
☐ **c.** guerres courtes.

11 Laquelle des affirmations suivantes est correcte ?

☐ **a.** Le terrorisme est un ensemble d'actions illégales qui usent le plus souvent de la violence.
☐ **b.** Les États-Unis sont une superpuissance avec la Chine en 2011.
☐ **c.** L'État d'Israël est créé en 1958.

RÉPONSES

1. a et c • **2.** a • **3.** a et c • **4.** b (la CEI est une association d'États souverains. L'URSS, qui rassemblait des républiques toutes liées les unes aux autres et ne formant qu'un État, n'existe plus depuis 1991) • **5.** b • **6.** b (la Russie perd de la population) • **7.** c • **8.** c (en outre, le système des castes aggrave les inégalités) • **9.** a, b et c (il est impossible d'écarter les Chinois des affaires du monde, un homme sur 6 est chinois en 2011) • **10.** a • **11.** a

SUJET 17 | Le monde depuis le début des années 1990

QUESTIONS DE COURS

1. Définir la puissance d'un État, c'est d'abord préciser :
❒ **a.** le niveau de vie de sa population.
❒ **b.** sa capacité à imposer aux autres nations sa volonté, son influence.
❒ **c.** le nombre de ses forces armées.

2. Expliquez en quoi le Proche-Orient constitue une zone de tension dans le monde.

3. À quoi correspond le sigle « BRIC » ?

4. Montrez de quelles façons disparaissent les démocraties populaires à la fin des années 1980 et au début des années 1990 (URSS exclue).

DÉMARRONS ENSEMBLE

Vous devez présenter les dernières années des démocraties populaires, c'est-à-dire des États d'Europe de l'Est soumis à Moscou jusqu'en 1991. Vous n'avez pas à aborder la fin de l'URSS, mais vous devrez préciser son rôle dans ce processus.

CORRIGÉ

1. Réponse b.

2. Le Proche-Orient se caractérise par une instabilité politique qu'illustrent les luttes pour le pouvoir. Les conflits ont pour motif les territoires et le tracé des frontières, comme par exemple entre Israël et ses voisins arabes. La question du contrôle des ressources, l'eau et le pétrole, sont à l'origine d'autres tensions, d'ordre économique. Le Proche-Orient est un carrefour de trois cultures, juive, chrétienne, arabe, ce qui peut aggraver les rivalités déjà existantes.

3. Les BRIC sont des États émergents qui se distinguent par une croissance plus forte que les autres pays du même groupe comme la Turquie ou l'Afrique du Sud. Il s'agit du Brésil, de la Russie, de l'Inde et de la Chine.

4. Les démocraties populaires sont des États communistes soumis à Moscou. Elles sont sept à se retrouver à l'est du « rideau de fer » à la fin des années 1980 : l'Allemagne de l'Est, la Pologne, la Tchécoslovaquie, la Hongrie, la Roumanie, la Bulgarie et l'Albanie.

Essayez de clarifier les termes clés du sujet.

En 1985, l'arrivée au pouvoir à Moscou en URSS de **Mikhaïl Gorbatchev** inaugure une politique plus **libérale** qui favorise l'expression des **contestations populaires** dans ces pays. Des leaders, comme **Lech Walesa** en Pologne ou **Vaclav Havel** en Tchécoslovaquie, poussent à la tenue d'élections libres.

Le 9 novembre 1989, les Berlinois détruisent le mur qui séparait les deux secteurs de Berlin-Est et Berlin-Ouest. **L'Allemagne est réunifiée** le 3 octobre 1990. Dans toutes les démocraties populaires, les communistes perdent les élections libres qui se déroulent jusqu'en 1991. Ces États deviennent des **démocraties libérales**.

SUJET 18 | La superpuissance américaine

ÉTUDE DE DOCUMENT

La politique de l'*enlargement*

Les États-Unis sont une puissance mondiale et ils ont des intérêts dans toutes les régions de la Terre. Les États-Unis devront être actifs dans chaque aire qui se dessine aujourd'hui, pour contribuer à maintenir la paix et la stabilité et pour promouvoir la démocratie. […] Nous sommes décidés, en particulier, à favoriser le flot montant de la démocratie et du libre marché sur tous les continents. Ceci est le reflet non seulement de nos idéaux, mais aussi de nos intérêts. Si un pays est démocratique, les probabilités qu'il engage une guerre contre un autre pays ou bien qu'il commette des abus envers des droits de son peuple diminuent. Et les probabilités qu'il soit un bon partenaire commercial et qu'il collabore avec nous pour combattre les nouvelles menaces que les démocraties doivent ensemble affronter [les États-hors-la-loi, le terrorisme, la criminalité internationale et le trafic de la drogue] augmentent.

Bill Clinton, président des États-Unis (1993-2001),
entretien accordé à la revue française *Limes*, 1997.

1. Indiquez la nature du document.

2. Le monde est-il bipolaire au moment où Bill Clinton accorde cette interview ? Argumentez à l'aide de vos connaissances.

3. Quelles sont les trois valeurs que le président des États-Unis entend promouvoir par la « politique de l'*enlargement* » ?

4. Expliquez la place des États-Unis dans les relations internationales à la fin des années 1990 en caractérisant l'organisation géopolitique mondiale.

DÉMARRONS ENSEMBLE

Expliquer « la place des États-Unis », c'est préciser leur rang (superpuissance du globe), mais aussi les raisons qui justifient ce statut, à commencer par la disparition de l'URSS et les atouts propres aux États-Unis.

Il faut ensuite caractériser « l'organisation géopolitique » et montrer que le monde est devenu multipolaire en donnant quelques exemples de la complexification des relations internationales : pôles de la Triade, puissances émergentes, causes des tensions...

CORRIGÉ

1. Il s'agit de l'extrait d'une interview accordé en 1997 par Bill Clinton, le président des États-Unis en exercice à cette date. Il s'adresse à une revue française de géopolitique appelée *Limes*. Ce terme signifie « frontières » en latin.

2. En 1997, le monde n'est plus bipolaire. En effet, l'URSS a disparu en décembre 1991 et les États-Unis demeurent l'unique grande puissance. Le monde a pu sembler être unipolaire car dominé exclusivement par les États-Unis, mais la réalité est plus complexe.

3. Le président des États-Unis veut étendre les idéaux américains, considérant que leur extension sert les intérêts de son pays. Les idéaux ou valeurs mises en avant sont la paix, la démocratie et l'extension du libre marché à l'échelle mondiale.

4. Avec la disparition de l'URSS en décembre 1991, les États-Unis sont devenus la **seule grande puissance** capable de rayonner à l'échelle du globe. Ce statut s'explique par sa **force militaire** et son **développement économique**. Ce **hard power** est doublé par le **soft power**. En effet, grâce à leur culture ultra dominante, les États-Unis font souvent figure de modèle que leurs médias très puissants relayent partout.

Cependant, il existe d'autres pôles d'impulsion à travers la planète. Sur un plan économique et politique, l'**Union européenne** constitue un concurrent sérieux. Certains États comme les **BRIC** sont présentés comme les puissances de demain grâce à leur croissance très soutenue.

Enfin, le caractère **multipolaire** du monde est accentué par le fait que les États-Unis doivent affronter des ennemis distincts. Ce sont les **États voyous** qu'évoque Bill Clinton dans cette interview, les réseaux de la **criminalité internationale** et enfin les **terroristes** comme Ben Laden à l'origine des attentats du 11 septembre 2001 à New York et Washington.

Vous pourriez vous appuyer sur le cours pour développer un exemple.

HISTOIRE

La République française dans l'Entre-deux-guerres (1918-1939)

Le monument aux morts de la ville de Péronne (Somme), édifié en 1926

FICHES

BILAN

SUJETS CORRIGÉS

18 Une république victorieuse mais ébranlée (1917-1920)

À la fin de la guerre, la vie politique reprend dans un contexte nouveau, celui de la paix. Or le conflit d'une part et la révolution bolchevique en URSS d'autre part ont largement contribué à bouleverser la donne politique. Dans quelles conditions se déroule cette « sortie de guerre » pour la IIIe République ?

I La fin de l'Union sacrée

- Dès 1914, les principaux partis politiques avaient fait taire leurs désaccords pour ne servir qu'un but : **la victoire**. Celle-ci obtenue, l'**Union sacrée** (→ fiche 5) disparaît rapidement.
- Clemenceau, surnommé le « **Père la Victoire** », est au sommet de sa popularité en 1918. Acclamé après l'armistice du 11 novembre, il fait figure de favori pour l'élection présidentielle de 1920. Son autoritarisme et son anticléricalisme lui sont cependant reprochés par une majorité de parlementaires, de gauche comme de droite, qui lui barrent la route de la présidence.

Georges CLEMENCEAU (1841-1929)
Chef du parti radical, deux fois président du Conseil. Il échoue à la présidence de la République contre Deschanel en 1920.

II La naissance du PCF au Congrès de Tours

1. Un socialisme aux différents visages

- Les socialistes se réclament de la doctrine fondée par **Karl Marx** en 1848, le communisme. Le socialisme en est une étape, mais les socialistes français se divisent sur les moyens pour l'atteindre.
- La création d'un parti unifié en **1905**, la SFIO, permet pour un temps de masquer les divergences entre ceux qui croient en la révolution (**Marcel Cachin**) et ceux qui pensent que le pouvoir doit être conquis en respectant les institutions républicaines (**Jean Jaurès**, **Léon Blum**).

La Section française de l'Internationale ouvrière fait partie de la IIe Internationale.

2. La scission de la SFIO

- Après la guerre, les socialistes se divisent à nouveau sur la question du ralliement à la IIIe Internationale fondée par **Lénine** en 1919.
- Lors du **Congrès de Tours en décembre 1920**, une majorité de militants décide d'adhérer au **Komintern**. Le parti socialiste

Ou **Komintern** qui entend regrouper les différents partis communistes.

se scinde en deux : la SFIO d'un côté, qui regroupe une majorité d'élus menés par Léon Blum, et la SFIC, Section française de l'Internationale communiste, qui rassemble les partisans de la IIIe Internationale. C'est la naissance du **Parti communiste français (PCF)**.

18e Congrès des socialistes français, à Tours, le 25 décembre 1920
Sur la banderole, il est écrit : « Prolétaires de tous pays unissez-vous ».

III Des tensions politiques et sociales

- En 1919, l'alliance de la droite et du centre au sein du « **Bloc national** » a remporté les élections législatives. La Chambre « **bleu horizon** » (couleur de l'uniforme des poilus) comprend de nombreux anciens combattants. C'est une assemblée très conservatrice qui n'hésite pas à faire réprimer sévèrement les mouvements de grève qui agitent alors le pays : 15 000 cheminots sont révoqués en 1920.
- **À gauche, les radicaux et les socialistes** sont affaiblis par leurs divisions et la peur du bolchévisme entretenue par la droite. Les communistes, bien que minoritaires dans le vote des électeurs, refusent toute alliance avec les « partis bourgeois ».
- Pour une grande partie des Français qui regrettent la **Belle Époque**, la victoire est amère. Affaiblie démographiquement (1,3 million de morts), la France connaît en plus une crise financière : **l'inflation** (la hausse des prix) fait fondre l'épargne des classes moyennes, tandis que les **profiteurs de guerre** (marchands d'armes, petits patrons profitant du marché noir) sortent enrichis du conflit.

19 Des pesanteurs sociales fortes (1920-1936)

Dans les années 1920, la France retrouve difficilement la stabilité malgré une conjoncture économique favorable. Que se passe-t-il lorsqu'au début des années 1930 la France est confrontée à une crise mondiale ?

I Une prospérité inégalement partagée

1. Des mutations lentes

- Dans les années 1920, la France connaît une croissance économique importante. Les reconstructions d'après-guerre entraînent une hausse des productions industrielles. Mais, les Français restent majoritairement des ruraux et les entreprises sont moins nombreuses qu'en Allemagne ou qu'au Royaume-Uni.
- La **bourgeoisie** (professions libérales et patronat) continue de fournir les élus. **Les classes moyennes** (petits commerçants, fonctionnaires, employés de bureau) se retrouvent dans une même volonté d'ascension sociale. **La classe ouvrière** grandit et reste marquée par la précarité.

2. La finance au cœur de la politique

- En 1924, le radical Édouard Herriot dirige le gouvernement après la victoire aux législatives, remportées par la formation d'un Cartel des gauches. Il se heurte très vite à une crise de confiance : les milieux d'affaires favorisent la **fuite des capitaux**, alors que les classes moyennes refusent de souscrire aux emprunts d'État. Le gouvernement chute en 1926.
- Le nouveau président du Conseil, **Raymond Poincaré,** rétablit l'équilibre budgétaire en menant une politique d'austérité (baisse des dépenses, augmentation des impôts indirects). Il **stabilise** le franc en 1928, mais les rentiers et les retraités voient fondre leurs revenus.

Coalition regroupant **socialistes** et **radicaux**. Seuls ces derniers participent au gouvernement.

C'est le franc Poincaré qui fixe la valeur de la monnaie à 1/5e de ce qu'elle représentait avant-guerre.

II Des blocages importants au sein de la société

1. En politique

La victoire du **Cartel des Gauches** en 1924 laisse présager des réformes laïques et sociales. Mais le gouvernement y renonce devant la mobilisation des milieux catholiques et du monde des affaires.

2. Au niveau démographique

Le **vieillissement de la population** entamé avant 1914 se poursuit malgré une augmentation lente qui s'explique par l'arrivée d'étrangers. Toutefois en 1930, la France, avec ses 41 millions d'habitants, est bien moins peuplée que le Royaume-Uni (46 millions) ou que l'Allemagne (65 millions).

III La crise des années 1930

1. Une crise sous-estimée

- En 1931, la France est touchée par la crise économique. Le **chômage** se développe et touche 500 000 personnes en 1935.
- Les gouvernements qui se succèdent sous-estiment la gravité de la crise. Ils pratiquent une politique déflationniste peu efficace. Entre 1930 et 1935, le revenu des Français baisse globalement de 10 %. Les **classes moyennes** sont les plus touchées.

L'État diminue ses dépenses, les salaires, les prix et favorise le protectionnisme.

2. Un pouvoir mis en cause

- L'**antiparlementarisme,** nourri par l'instabilité des gouvernements et leur incapacité à résoudre la crise, se développe lorsqu'éclate l'affaire Stavisky. Les **ligues** d'extrême droite (mouvements hostiles à la république parlementaire comme les Croix de feu, les Camelots du Roi, Solidarité française) manifestent le **6 février 1934** aux côtés d'autres mécontents. Des cortèges se dirigent vers la Chambre des députés et se heurtent aux forces de l'ordre : il y a 15 morts et 2 000 blessés.

Scandale politico-financier qui éclabousse la classe politique à la fin de l'année 1933. Stavisky, un banquier véreux, a corrompu des personnalités politiques, ajoutant au discrédit du régime.

- Pour les partis de gauche, c'est une alerte qui rappelle que la république peut sombrer dans le fascisme.

Manifestation du 6 février 1934
Les manifestants jettent des projectiles contre la troupe, place de la Concorde à Paris.

20 Les années du Front populaire : 1936-1938

Contre le danger que constituent les groupes d'extrême droite, la gauche veut sauver la république. Le Front populaire conquiert le pouvoir et marque durablement les esprits. Pourquoi ?

I La victoire des partis de gauche

- En réponse aux événements du 6 février 1934 et face à la menace fasciste grandissante en Europe, les leaders des trois principaux partis de gauche (communistes, socialistes et radicaux) forment en 1935 une alliance électorale : le **Front populaire**.

Les fascistes sont au pouvoir depuis 1922 en **Italie**, les nazis depuis 1933 en **Allemagne**.

Les dirigeants du Front populaire

Maurice Thorez (1900-1964), Parti Communiste français.

Léon Blum (1872-1950), SFIO (socialiste).

Édouard Daladier (1884-1970), parti radical.

- Le Front populaire obtient une large majorité aux élections législatives de mai 1936. Léon Blum devient président du Conseil : il constitue un gouvernement composé des radicaux et des socialistes. Les communistes le soutiennent.

- Le pays connaît alors une **vague de grèves** sans précédent. Dans une **atmosphère festive**, elles ont pour objectif de pousser le gouvernement à tenir ses engagements. Les travailleurs attendent de meilleures conditions de travail et une sortie de la crise.

Léon BLUM (1872-1950)
Brillant intellectuel, issu de la bourgeoisie israélite, il fut en 1936 le 1er socialiste à devenir président du Conseil.

II Les réformes du Front populaire

1. De grandes avancées sociales

Les **accords de Matignon** conclus le 8 juin 1936 généralisent les conventions collectives, le droit syndical et prévoient des augmentations de salaires. Des lois votées quelques jours après accordent 15 jours de **congés payés** et la **semaine de 40 heures** au lieu de 48.

2. L'éducation et la culture

La scolarisation obligatoire est prolongée de 13 à 14 ans. **Léo Lagrange,** sous-secrétaire d'État aux sports et aux loisirs, crée les billets SNCF de congés payés et développe les auberges de jeunesse. Le **cinéma** (**Jean Renoir**) devient un **média de masse**. Les magazines se multiplient.

III Espoirs et critiques

1. Un monde nouveau ?

- La victoire de 1936 suscite un enthousiasme inouï. Les premières mesures forgent l'image mythique de ce gouvernement qui va rester dans les **mémoires**.
- En quelques semaines, les travailleurs obtiennent plus qu'ils n'avaient eu en cinquante ans de lutte.
- Pour la première fois dans l'histoire de France, le gouvernement de juin 1936 compte **trois** femmes sous-secrétaire d'État.

Notamment la scientifique Irène Joliot-Curie, fille de Pierre et Marie Curie, prix Nobel de chimie en 1935.

2. Les difficultés et la chute du Front populaire

- Le **bilan** des actions menées s'avère cependant **mitigé.** L'inflation annule vite l'augmentation des salaires, le chômage baisse peu, la production ne repart pas.
- La non-intervention dans la guerre civile espagnole divise le gouvernement. Le 21 juin 1937, Léon Blum démissionne. En **avril 1938, Daladier met un terme au Front populaire** en faisant alliance avec la droite modérée.
- Malgré les efforts de réarmement entrepris dès 1936, la France apparaît affaiblie à la veille de la guerre.
- À **Munich en septembre 1938,** elle cède aux exigences d'Hitler qui réclame le territoire tchécoslovaque des Sudètes.

De 1936 à 1939, les nationalistes espagnols du général Franco se battent contre les républicains qu'ils vont chasser du pouvoir.

Quiz express

Vérifiez que vous avez bien retenu les points importants **des fiches 18 à 20**.

Une république victorieuse mais ébranlée (1917-1920)

1 Que signifie l'expression « Union sacrée » à cette époque ?

☐ **a.** Une grande amitié entre les soldats.
☐ **b.** C'est le nom du bloc formé par la France et ses alliés.
☐ **c.** C'est l'union des partis politiques jusqu'à la victoire.

2 À quel parti politique appartenait Georges Clemenceau ?

☐ **a.** Socialiste
☐ **b.** Communiste
☐ **c.** Radical

3 Georges Clemenceau poursuit une grande carrière politique après la guerre.

☐ **a.** Vrai
☐ **b.** Faux

4 La SFIO est :

☐ **a.** le parti socialiste français.
☐ **b.** le parti international des ouvriers.
☐ **c.** le parti socialiste des ouvriers étrangers.

5 Le PCF naît en 1920 au Congrès de Tours parce que :

☐ **a.** la SFIO est dissoute.
☐ **b.** les membres de la SFIO se divisent quant à l'adhésion au Komintern.
☐ **c.** la révolution bolchevique influence une partie des socialistes français.

Des pesanteurs sociales fortes (1920-1936)

6 Dans les années 1920, l'industrie française se modernise :

☐ **a.** lentement et dans quelques branches seulement.
☐ **b.** rapidement et dans tous les secteurs de son activité.
☐ **c.** grâce à l'augmentation du nombre d'ouvriers.

7 Poincaré dévalue le franc en 1928, ce qui entraîne :

☐ **a.** une stabilisation de la monnaie.
☐ **b.** des pertes importantes pour les rentiers et les épargnants.
☐ **c.** la colère des industriels.

8 Le 6 février 1934 est une manifestation organisée :

- ☐ **a.** contre le régime pour dénoncer la corruption.
- ☐ **b.** par les chômeurs qui protestent et veulent témoigner de leur situation.
- ☐ **c.** par les ligues qui menacent la Chambre des députés en marchant sur elle.

9 L'antiparlementarisme, c'est :

- ☐ **a.** le rejet de la IIIe République par ceux qui aspirent à un pouvoir fort.
- ☐ **b.** le rejet du parlement devant lequel les gouvernements sont responsables.
- ☐ **c.** le rejet des débats trop longs.

Les années du Front populaire (1936-1938)

10 Le Front populaire, c'est :

- ☐ **a.** un parti politique.
- ☐ **b.** une alliance des partis de droite.
- ☐ **c.** une alliance des partis de gauche.

11 Léon Blum est le principal dirigeant du Front populaire auquel il faut associer :

- ☐ **a.** Georges Clemenceau.
- ☐ **b.** Maurice Thorez.
- ☐ **c.** Édouard Daladier.

12 Les accords de Matignon signés en juin 1936 sont :

- ☐ **a.** un ensemble de lois sociales.
- ☐ **b.** un développement de la politique culturelle.
- ☐ **c.** un rejet de la guerre d'Espagne.

13 Le Front populaire a marqué les esprits parce que :

- ☐ **a.** l'arrivée de la gauche au pouvoir suscite alors d'immenses espoirs.
- ☐ **b.** les mesures prises sont complètement inédites.
- ☐ **c.** il reste en place jusqu'après la Seconde Guerre mondiale.

RÉPONSES

1. c • **2.** c • **3.** b • **4.** a • **5.** b et c (la SFIO continue d'exister, elle est plus importante que le PCF en nombre d'électeurs, elle est dirigée par L. Blum) • **6.** a (la taylorisation ne concerne que les grandes sociétés des branches les plus modernes) • **7.** b (les industriels ne sont pas en colère surtout s'ils exportent, une dévaluation favorise les ventes à l'étranger) • **8.** a et c (une grande partie des manifestants n'est là que pour dénoncer la corruption et afficher son mécontentement, non pour faire un coup d'État) • **9.** a et b • **10.** c • **11.** b et c (Clemenceau est mort en 1929) • **12.** a • **13.** a et b

SUJET 19 | La République française dans l'Entre-deux-guerres

QUESTIONS DE COURS

1. Georges Clemenceau est surnommé le « Père la Victoire » :

❐ **a.** en raison de ses nombreuses victoires électorales.

❐ **b.** parce qu'il obtient la victoire à la fin de la Première Guerre mondiale alors qu'il est président du Conseil.

❐ **c.** parce qu'il invente le signe « V » avec deux doigts levés en signe de victoire.

2. Quand le Congrès de Tours s'est-il réuni ? Quelle en est la conséquence ?

3. Quels partis politiques dirigent la France en 1919 ?

4. Quelles sont, pour les Français, les conséquences sociales de la crise des années 1930 ?

5. Quelles sont les caractéristiques de la crise politique en France au début des années trente ?

DÉMARRONS ENSEMBLE

Vous devez présenter les troubles et les dysfonctionnements de la vie politique, traduisant la situation de « crise ». Les scandales et les manifestations de mécontentement sont liés à la crise économique qui s'est installée et dont les Français finissent par rendre responsable leur classe politique. Concentrez-vous sur le « début des années trente », n'allez pas au-delà de 1935. Pensez à respecter l'approche chronologique.

CORRIGÉ

1. Réponse b.

2. Le Congrès de Tours est un rassemblement des membres de la Section française de l'Internationale ouvrière (SFIO) qui se tient du 25 au 30 décembre 1920. Ils y discutent de l'acceptation ou non des conditions imposées par le Komintern pour adhérer à la IIIe Internationale. Une large majorité des participants vote pour l'acceptation, provoquant la scission de la SFIO et la naissance du Parti communiste.

3. La fin de la Première Guerre mondiale marque sur le plan politique la fin de l'Union sacrée et le retour au jeu normal des institutions. La reprise de la vie parlementaire se caractérise par la victoire du bloc national, coalition des partis de droite et du centre, qui donne à la chambre un caractère très conservateur.

4. Les prix agricoles chutent. À cause de la politique déflationniste, les traitements des fonctionnaires, les retraites et les pensions des anciens combattants sont diminués. Parallèlement, le chômage double entre 1931 et 1935 pour toucher 500 000 personnes. Les soupes populaires avec d'importantes files d'attente apparaissent dans les grandes villes.

5. La crise politique des années trente est liée à la **crise économique et sociale** qui affecte la France depuis **1931**. L'**instabilité gouvernementale** empêche toute politique efficace, tandis que monte un fort **courant antiparlementaire**.

Les Français, nombreux à perdre confiance, sont de plus en plus sensibles aux discours des **ligues d'extrême droite**. Ces groupes, hostiles à la IIIe République, exploitent les scandales et appellent à la dissolution du Parlement. L'affaire Stavisky, qui met en cause des hommes politiques, éclate en janvier 1934.

Pour éviter les répétitions, vous pouvez définir les notions avancées.

Dans ce climat, les ligues organisent une grande manifestation le **6 février 1934**. À Paris, des cortèges se dirigent vers le Palais Bourbon déclenchant une émeute qui fait une quinzaine de morts. La gauche dénonce une tentative de coup d'État fasciste. La République est ébranlée.

SUJET 20 | Les réformes sociales du Front populaire

ÉTUDE DE DOCUMENT

LES SALOPARDS EN VACANCES

— Vous ne pensiez pas que j'allais me tremper dans la même eau que ces bolcheviks[1] !

Dessin de Pol Ferjac paru dans *Le Canard enchaîné*, 12 août 1936

1. Identifiez le document en justifiant votre réponse.

2. En argumentant, précisez la catégorie sociale à laquelle appartiennent les deux personnages du premier plan.

3. Qui sont les « bolcheviks » dont parle la personne dans sa baignoire ?

4. Présentez les principales lois sociales prises par le Front populaire à la suite de son accession au pouvoir en juin 1936.

DÉMARRONS ENSEMBLE

La question invite à préciser ce qu'ont été les « lois sociales », c'est-à-dire les mesures prises par le Front populaire en faveur des ouvriers et des salariés en 1936. Celles-ci visaient à améliorer leurs conditions de travail mais aussi leur vie quotidienne. Les « lois sociales » ne se limitent pas seulement aux accords de Matignon.

CORRIGÉ

1. Le document est un dessin satirique de Pol Ferjac paru dans le *Canard enchaîné* du 12 août 1936. L'auteur présente une situation ridicule dans laquelle un couple a transporté sa baignoire sur une plage pour pouvoir se baigner, désireux de se tenir à l'écart des autres.

2. Ils appartiennent à la grande bourgeoisie. Le porte-cigarette de l'homme, son monocle, les lunettes de la femme, ainsi que l'emploi du vouvoiement soulignent la position sociale de ces deux personnages.

3. La dame au premier plan qualifie de bolcheviks les baigneurs qui représentent les masses populaires. Ils bénéficient de leurs premiers congés payés institués par le Front populaire en 1936. Le terme de « bolchevik » désigne normalement les communistes russes mais renvoie ici à la classe ouvrière en général. Le ton dédaigneux et méprisant fait écho au titre du dessin : « Les salopards en vacances ».

4. La victoire de la coalition du Front populaire aux élections législatives de mai 1936 porte aux pouvoirs un gouvernement composé de **socialistes** et de **radicaux**, soutenu par les **communistes**.

Cette victoire électorale est suivie d'une vague de **grèves** dans les usines. Les ouvriers attendent ainsi des mesures sociales importantes, promises par les nouveaux dirigeants.

Les **accords de Matignon**, signés par le patronat et les syndicats le 8 juin 1936 en présence du président du Conseil Léon Blum, prévoient une augmentation des salaires de 7 à 15 %. Le droit syndical est renforcé et les conventions collectives généralisées à toutes les entreprises doivent mieux protéger les salariés.

D'autres **lois sociales**, comme la semaine de 40 heures au lieu de 48 et les 15 jours de congés payés constituent de nouveaux acquis pour la classe ouvrière.

HISTOIRE

Effondrement et refondation républicaine (1940-1946)

De Gaulle s'adresse aux Français depuis la BBC à Londres (photographie prise le 30 octobre 1941)

FICHES

BILAN

SUJETS CORRIGÉS

21 La disparition de la IIIe République

Affaiblie par une crise économique et politique, la IIIe République ne survit pas longtemps une fois la guerre déclenchée. Dans quelles conditions sombre-t-elle ? Quelles sont les voies proposées par Philippe Pétain et par Charles de Gaulle ?

I La défaite de 1940

1. De la « drôle de guerre » à la débâcle

- Protégée par la ligne Maginot, la France qui a déclaré la guerre à l'Allemagne le 3 septembre 1939 applique une **stratégie défensive** et attentiste. Les deux États n'entreprennent aucune opération militaire durant plus de huit mois : c'est la « **drôle de guerre** ».

Ligne Maginot : Ligne de fortifications de près de 700 km de la Suisse au Luxembourg.

- Le 10 mai 1940, les Allemands passent à l'offensive. Leurs divisions blindées refoulent les unités françaises. Avec ces dernières, 7 millions de civils fuient l'avancée des nazis et partent vers le sud. C'est la **débâcle**.
- Le gouvernement, dirigé par **Paul Reynaud**, est partagé entre la poursuite ou l'arrêt des hostilités. Les partisans de la reddition vont l'emporter.

2. Deux attitudes face à la défaite

- **Philippe Pétain** est le héros de la Première Guerre mondiale connu de tous les Français. Rappelé au pouvoir le 16 juin en pleine débâcle, il succède à P. Reynaud. Considérant que la situation est perdue, il annonce le 17 dans un discours radiodiffusé qu' « il faut cesser le combat ». L'armistice est signé le **22 juin 1940**. Une grande majorité de Français font alors confiance au maréchal.
- **Charles de Gaulle** participe au gouvernement de Paul Reynaud. N'envisageant nullement l'arrêt des combats, il gagne Londres dès le 17 juin. Soutenu par **Winston Churchill**, le Premier ministre anglais, de Gaulle prononce **le 18 juin 1940** depuis la BBC **un appel solennel à la résistance**. Peu entendu au départ, son message est régulièrement repris et de plus en plus diffusé dans **l'émission « Les Français parlent aux Français » de Radio Londres**. Il devient le symbole de la Résistance.

La **British Broadcasting Corporation** est l'organe de radiodiffusion britannique depuis 1922. Il offre avec Radio Londres un espace d'expression médiatique et de contrepropagande aux résistants français.

II La fin de la IIIe République

1. Les conditions de l'armistice

Cette zone non occupée est située au sud de la ligne de démarcation et dirigée par le régime de Vichy.

- L'armistice est signé dans le wagon même où les Allemands avaient dû accepter celui de 1918. La France, amputée de l'Alsace et d'une partie de la Lorraine, est coupée par une **ligne de démarcation** qui partage le territoire en une zone occupée et une « zone libre ».
- L'armée française est très affaiblie : sur les 2,2 millions de soldats engagés en 1940, environ 1,6 million restent prisonniers. Les frais d'occupation sont exorbitants : 400 millions de francs par jour.

2. L'État français

- Le **10 juillet 1940** Philippe Pétain obtient des parlementaires les **pleins pouvoirs** après le vote d'une loi constitutionnelle. Il doit élaborer une nouvelle constitution qui ne sera jamais écrite.
- Il prend le titre de « chef de l'État français » et cumule tous les pouvoirs. Il nomme **Pierre Laval** chef du gouvernement. Un régime autoritaire se met en place : c'est la fin de la IIIe République.

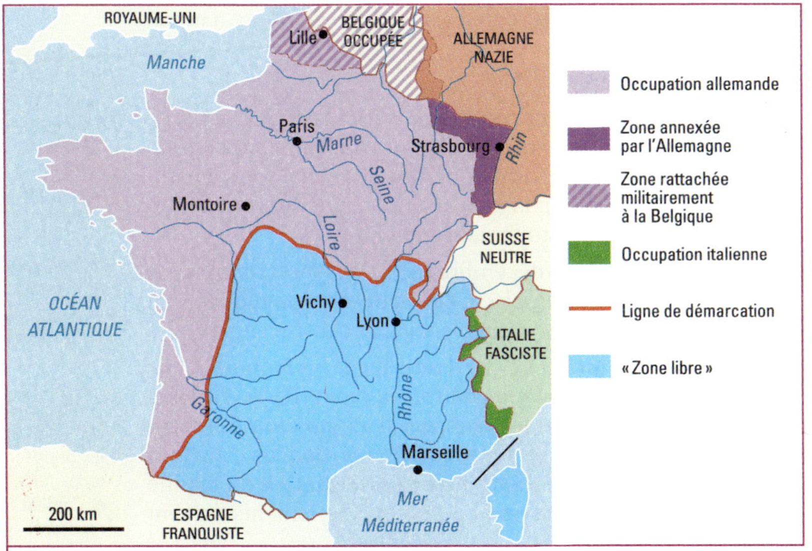

La France après l'armistice du 22 juin 1940

22 Le régime de Vichy

Le programme de « révolution nationale » du régime de Vichy prétend régénérer la France. Violemment antirépublicain, il veut mettre à l'honneur les valeurs traditionnelles. Surtout, il s'engage dans une politique de collaboration étroite avec l'Allemagne. Quelles mesures met-il en place pour réaliser sa politique ?

I Un régime autoritaire

1. « Travail, famille, patrie »

- Le régime de Vichy, avec sa **nouvelle devise**, veut promouvoir le **travail**, et d'abord celui de la terre et des artisans. Les ouvriers sont considérés avec suspicion en raison de leurs liens avec les socialistes et les communistes.
- La **famille** est mise à l'honneur : aux plus nombreuses, le pouvoir apporte une aide financière. Il célèbre la **fête des mères** dès 1941 dans le cadre de sa politique nataliste. Le divorce devient très difficile à obtenir, la répression contre l'avortement s'intensifie.
- **Le nationalisme** du régime transparait avec l'exaltation de **la patrie**. Malgré la défaite, la France est présentée comme une glorieuse nation.

2. Une société sous contrôle

- Le régime pratique une **politique d'exclusion** vis-à-vis de l'« Anti-France » : les francs-maçons et les Juifs sont bannis de la fonction publique, les Français d'origine étrangère sont dénaturalisés. Le pouvoir nationaliste considère qu'ils sont des **ennemis internes** qu'il faut étroitement surveiller.
- La grève est interdite en décembre 1940. Des syndicats uniques, par branches, sont mis en place. Les opposants politiques sont pourchassés par la milice, véritable auxiliaire de l'occupant.
- La **propagande** orchestre un **culte de la personnalité** de Pétain très poussé. Le régime contrôle la radio (Radio Paris) et la presse afin d'influencer les Français. Il s'appuie sur des organisations de jeunesse, mais aussi sur les associations d'anciens combattants. À l'école, le « **vainqueur de Verdun** » a un hymne à sa gloire, *Maréchal nous voilà !*, que tous les enfants doivent connaître par cœur.

Francs-maçons : Membres de la franc-maçonnerie, mouvement humaniste œuvrant pour le progrès de l'humanité avec un idéal de fraternité et rejettant les dogmes religieux ou politiques.

Milice : Fondée en 1943, elle pourchasse les opposants et les Juifs, et combat les résistants qu'elle exécute sommairement parfois.

II Un régime antisémite

- Les Juifs sont dotés d'un **statut spécial dès octobre 1940** qui leur barre l'accès à certaines professions : enseignants, professions libérales, journalistes... Ce statut est aggravé en 1941 : ils doivent se faire recenser, même en zone libre.
- Marqués de l'étoile jaune en zone occupée dès juin 1942, ils sont spoliés et finalement livrés à l'occupant. Ils sont à la merci des dénonciations et des rafles.
- La police française apporte son concours en zone occupée, comme lors de la **rafle du Vel d'Hiv le 16 juillet 1942 à Paris**. Au total, sur les 76 000 juifs livrés aux Allemands entre 1940 et 1944, 2 500 seulement reviennent des camps nazis.

Étoile de David, roi des Juifs dans l'Antiquité. Le jaune pour les chrétiens est symbole de trahison.

Arrestation en masse d'une communauté par la police.

III Un régime qui collabore

- Décidée par Pétain, la **collaboration** prétend ménager à la France une place acceptable dans la nouvelle Europe. La France livre ses productions industrielles et agricoles au Reich. Des Français se battent sur le front russe dans la **Légion des Volontaires Français** (LVF).
- Après l'invasion de la « zone libre » en novembre 1942, le gouvernement de Laval accentue encore sa collaboration et met en place le **STO** (**Service du travail obligatoire**). Environ 700 000 Français de 21 à 23 ans sont envoyés en Allemagne.
- Cette collaboration à sens unique déconsidère le régime aux yeux des Français dont le quotidien est de plus en plus difficile. La **pénurie** s'aggrave. Vichy met en place un **rationnement alimentaire total** dès l'automne 1941 qui favorise le développement du **marché noir** (vente clandestine à prix très élevés) et accroit son impopularité.

Après le débarquement des Alliés en Afrique du Nord, les Allemands veulent contrôler les côtes méditerranéennes.

L'entrevue de Montoire le 24 octobre 1940
Cette rencontre scelle le début officiel de la collaboration. À gauche Philippe Pétain, à droite Adolf Hitler.

23 La Résistance et la Libération

L'appel du 18 juin 1940 lancé par de Gaulle depuis Londres encourage les Français à poursuivre la lutte. Sur le territoire, des mouvements, des réseaux et des maquis se mettent en place progressivement et œuvrent pour la victoire en réfléchissant au rétablissement de la république après la Libération.

I La France libre et la résistance intérieure

1. Poursuivre le combat avec de Gaulle

- **La France libre** refuse la défaite. Structurée par **de Gaulle**, elle passe de 7 000 combattants en 1940 à 100 000 en 1942.
- De Gaulle est vite reconnu par les Britanniques et les Soviétiques. Il va être l'artisan de l'unité entre les **Forces françaises libres (FFL)** et la **résistance intérieure** organisée à partir de 1944 en **Forces françaises de l'Intérieur (FFI)**.

2. Résistants et résistances

- Isolés, sans armes, les premiers résistants se constituent en **mouvements** clandestins (**Combat, Libération**, etc.) dirigés par des hommes (**Henry Frenay** pour Combat) et dont les femmes ne sont pas absentes : **Lucie Aubrac et Danielle Casanova** font figure de grandes résistantes. Par les tracts et la presse clandestine, ils veulent mobiliser les Français contre Vichy et l'occupant.
- Les **réseaux** se caractérisent par un service de renseignements, des filières d'évasion pour les Juifs et les soldats infiltrés et des actes de sabotage. Le groupe **Musée de l'Homme** est l'un des premiers à se constituer durant l'été 1940.
- Les **sabotages** et les attentats se multiplient à partir de 1942. Dès 1943, les maquis voient leurs rangs grossis par les **réfractaires** au STO. L'un des plus importants est celui du **Vercors**.

> Des zones rurales difficiles d'accès, propices aux caches et aux rassemblements des maquisards.

II La Résistance défend des valeurs républicaines

1. L'unification de la Résistance : le CNR

L'objectif premier est de coordonner la lutte. Cette lourde tâche échoit à **Jean Moulin**, représentant en France du général de Gaulle. Parachuté en Provence en janvier 1942, il crée en **mai 1943** à Paris le CNR dont la légitimité est incontestable : il comprend des membres des principaux mouvements et réseaux.

> **Le Conseil national de la Résistance** reconnaît de Gaulle comme le chef de la France résistante.

2. Le programme du CNR

Mis en place le 15 mars 1944, différents volets préparent le retour de la légalité républicaine après la **Libération. Sur le plan politique**, il prévoit le rétablissement de la démocratie et l'extension du suffrage universel aux femmes. **Sur les plans économique et social**, des **nationalisations** dans les secteurs de l'énergie, des banques, des transports sont prévus. Le CNR évoque la création d'une **sécurité sociale**.

III Libération et création d'une nouvelle république

1. Le rôle de la Résistance

- Après le **débarquement du 6 juin 1944 en Normandie**, les FFI multiplient leurs actions pour faciliter la progression des Alliés. Le 24 août, Paris est libéré par les troupes du **général Leclerc**.
- Le général américain Eisenhower a estimé l'aide de la Résistance à 12 divisions (environ 300 000 hommes). Grâce à la Résistance, la France peut s'asseoir à la table des vainqueurs.

2. Le retour de la république

- De Gaulle met en place le 25 août 1944 le **Gouvernement provisoire de la République Française (GPRF)** : c'est la fin du régime de Vichy.
- L'Assemblée constituante, élue en avril 1945, instaure **un régime parlementaire**. De Gaulle qui souhaitait un pouvoir exécutif fort préfère démissionner en janvier 1946.
- La Constitution adoptée en **octobre 1946** par les Français donne naissance à la **IVe République**. Ses premières mesures s'inspirent du programme du CNR : nationalisations des grandes banques, contrôle des secteurs de l'énergie, création d'une Sécurité sociale dès 1945, premier vote des femmes en avril 1945.

Le 26 août 1944, le général de Gaulle descend les Champs-Élysées
Il est entouré des chefs du gouvernement provisoire ; derrière lui à sa gauche le libérateur de Paris, le général Leclerc. Plus d'un million de Parisiens sont présents.

Quiz express

Vérifiez que vous avez bien retenu les points importants **des fiches 21 à 23**.

La disparition de la IIIe République

1 La « drôle de guerre » est une guerre :
- ☐ **a.** amusante car on s'y plaît bien.
- ☐ **b.** bizarre parce que rien ne se passe.
- ☐ **c.** drôle à cause des spectacles donnés pour les soldats.

2 Philippe Pétain est favorable à :
- ☐ **a.** la signature d'un armistice avec les Allemands.
- ☐ **b.** la poursuite des combats.
- ☐ **c.** la mise en place d'un régime politique autoritaire.

3 Après l'armistice du 22 juin 1940, la France est coupée en :
- ☐ **a.** trois zones, libre, neutre et occupée.
- ☐ **b.** deux zones, libre et occupée.
- ☐ **c.** en fonction des frontières terrestres et maritimes par une ligne de démarcation.

4 Le régime de Vichy qui se met en place est dirigé :
- ☐ **a.** par Philippe Pétain et le général de Gaulle
- ☐ **b.** par le général de Gaulle et Pierre Laval.
- ☐ **c.** par Philippe Pétain et Pierre Laval.

Le régime de Vichy, un régime autoritaire

5 « L'État français » est l'autre nom du régime de Vichy qui succède à la IIIe République.
- ☐ **a.** Vrai
- ☐ **b.** Faux

6 Le régime de Vichy repose sur des valeurs traditionnelles qui vantent :
- ☐ **a.** les mérites du travail et de la terre.
- ☐ **b.** la nécessité d'avoir une famille nombreuse.
- ☐ **c.** le rapprochement avec les étrangers.

7 Quelle caractéristique n'appartient pas au régime de Vichy ?
- ☐ **a.** antisémite.
- ☐ **b.** antirépublicain.
- ☐ **c.** antifasciste.

8 La collaboration avec l'Allemagne est mise en place :

- ☐ **a.** dès 1939 après les premières défaites.
- ☐ **b.** à partir d'octobre 1940, lorsque Pétain rencontre Hitler.
- ☐ **c.** après novembre 1942, lorsque les Allemands envahissent tout le territoire.

La Résistance et la Libération

9 L'appel du général de Gaulle est lancé le 18 juin 1940 :

- ☐ **a.** depuis Paris.
- ☐ **b.** depuis Alger.
- ☐ **c.** depuis Londres.

10 La France libre correspond à :

- ☐ **a.** la « zone libre ».
- ☐ **b.** les Forces françaises libres.
- ☐ **c.** la résistance intérieure.

11 Pourquoi peut-on dire que la Résistance défend les valeurs républicaines ?

- ☐ **a.** Parce qu'elle lutte contre un régime qui les nie et les condamne.
- ☐ **b.** Parce qu'elle les inscrit dans son programme, celui du CNR.
- ☐ **c.** Parce que les résistants sont tous des républicains convaincus.

12 Quand la IVe République est-elle mise en place ?

- ☐ **a.** En 1944
- ☐ **b.** En 1945
- ☐ **c.** En 1946

13 On peut dire que la Constitution de la IVe République s'inspire du programme du CNR car on y retrouve :

- ☐ **a.** les congés payés.
- ☐ **b.** la Sécurité sociale.
- ☐ **c.** la majorité à 21 ans.

RÉPONSES

1. b • **2.** a • **3.** b • **4.** c • **5.** a • **6.** a et b (le régime est raciste) • **7.** c • **8.** b • **9.** c (le Royaume-Uni est toujours en guerre contre l'Allemagne nazie) • **10.** b (la France libre regroupe tous ceux qui autour de De Gaulle continuent à se battre, ils sont en dehors du territoire métropolitain) • **11.** a et b (même si la majorité des résistants étaient des républicains convaincus, certains résistants avaient peu de sympathie pour la république et luttaient surtout contre Vichy et sa collaboration) • **12.** c • **13.** b

SUJET 21 | Effondrement et refondation républicaine

QUESTIONS DE COURS

1. La ligne de démarcation est une ligne qui sépare :
❒ **a.** les positions françaises et allemandes durant la guerre en 1939.
❒ **b.** les quartiers juifs des autres quartiers.
❒ **c.** le territoire français coupé en deux après la défaite de 1940.

2. À quelle date le régime de Vichy a-t-il été mis en place ? Identifiez deux caractéristiques de ce régime.

3. Rappelez la devise républicaine et précisez par quoi le régime de Vichy l'a remplacée.

4. Montrez que la Libération s'accompagne du retour des valeurs de la République entre 1944 et 1946.

DÉMARRONS ENSEMBLE

La Libération est la phase militaire de la Seconde Guerre mondiale qui démarre en 1944 et à laquelle les résistants ont largement participé aux côtés des Alliés pour repousser les Allemands hors du territoire. Les « valeurs » font référence au volet politique qui accompagne la Libération. Quels idéaux la Résistance entend-elle rétablir et avec quel programme ? Il faut ici faire référence au CNR. La question vous invite à préciser la chronologie des faits. « Libération » et retour (des valeurs) de la République ne sont pas simultanés. N'oubliez pas de citer quelques acteurs de cette période, il n'y pas d'histoire sans personnages.

CORRIGÉ

1. Réponse c.

2. La signature de l'armistice avec les Allemands le 22 juin 1940 marque la fin de la IIIe République et la mise en place du régime de Vichy.
Vichy est un régime autoritaire : Pétain obtient tous les pouvoirs le 10 juillet 1940, les partis politiques sont dissous et le suffrage universel n'est plus exercé. Il est également antisémite : dès 1941, il procède à la confiscation des biens des Juifs, à des arrestations et à des rafles, comme à Paris au Vel d'Hiv le 16 juillet 1942.

> Ne confondez pas avec l'armistice de la Première Guerre mondiale, signé le 11 novembre 1918.

3. La devise républicaine « Liberté-Égalité-Fraternité » est remplacée sous le régime de Vichy dès 1940 par la devise « Travail-Famille-Patrie ».

4. En 1944, les résistants français soutiennent la progression des Alliés et participent à la libération du territoire : le général Leclerc libère Paris le 24 août 1944. Créé en 1943 par Jean Moulin, le **Conseil National de la Résistance** (CNR) a élaboré un programme politique pour l'après-guerre. Il prévoit le retour du **suffrage universel** étendu aux **femmes** et comprend un volet **social** important.
Le général de Gaulle restaure la république dès l'été 1944 en rétablissant les **libertés républicaines** d'expression et de circulation. Les premières mesures prises par le **Gouvernement Provisoire de la République Française** (GPRF) s'inspirent largement du CNR. Les femmes votent pour la première fois le 29 avril 1945 et le nouvel État met en place une sécurité sociale en octobre. Une nouvelle **constitution** donne naissance à la **IVe République** en 1946 qui reconnaît dans son préambule les droits économiques et sociaux des citoyens.

SUJET 22 | La collaboration

ÉTUDE DE DOCUMENT

Affiche de la propagande allemande en France pour le STO (1943)
Mémorial de Caen

1. Identifiez la nature du document puis décrivez-le.

2. Expliquez ce qu'est le STO.

3. Montrez les arguments utilisés pour convaincre les Français.

4. Expliquez en quoi consiste la collaboration mise en place par le régime de Vichy.

DÉMARRONS ENSEMBLE

Il faut tout d'abord préciser quand la collaboration a été décidée et par qui. Pensez à donner des exemples de mesures concrètes prises dans ce cadre. Elles peuvent toucher différents domaines : politique, économique, sociale ou idéologique. Indiquez enfin les conséquences d'une telle politique sur le quotidien des Français de l'époque.

CORRIGÉ

1. Ce document est une affiche de propagande diffusée par les services allemands en France, en1943. Elle est composée de deux parties. Le premier plan présente une femme et son enfant ; au second plan, des hommes travaillent en usine. Un texte en haut et en bas de l'affiche vante les avantages du Service du travail obligatoire.

2. Le Service du travail obligatoire est mis en place en France en 1943. Il oblige les jeunes Français âgés de 21 à 23 ans à aller travailler en Allemagne.

3. L'affiche met en avant deux arguments :
- celui de l'argent promis en retour du travail qui doit améliorer les conditions de vie de la famille ;
- celui du bonheur retrouvé pour la jeune femme et sa fille qui semblent rassurées puisque les « mauvais jours » sont finis. L'homme à l'arrière-plan semble heureux de travailler pour les siens.

4. La collaboration est la politique mise en place par Philippe Pétain à la suite de sa rencontre avec Hitler à **Montoire**, le 24 octobre 1940. L'État français prétend ainsi obtenir des avantages pour améliorer le sort du pays.

Le régime de Vichy, sans que l'Allemagne ne le lui demande, adopte une **législation antisémite** dès octobre 1940. Les forces de police et de gendarmerie organisent des arrestations et des rafles de Juifs comme à Paris les 20 et 25 août 1941.

Il met au service de l'Allemagne sa production économique dans les domaines agricole et industriel notamment. Dans ce cadre, le **Service du travail obligatoire** (STO) doit fournir de la main-d'œuvre au Reich à partir de1943.

La milice traque les résistants et fait office d'auxiliaire de la Gestapo. Des Français se battent sous l'uniforme allemand dans la Légion des volontaires français.

Cette politique épuise le pays et contribue à dégrader les conditions de vie des Français.

Vous pourriez rappeler que c'est la police politique du régime de Vichy créée en 1943.

SUJET 23 | La résistance en France

ÉTUDE DE DOCUMENT

N° 26 1er Mars 1943

LIBÉRATION

ORGANE DES MOUVEMENTS DE RÉSISTANCE UNIS

Un seul chef : DE GAULLE ; une seule lutte : POUR NOS LIBERTÉS

Autres Organes des Mouvements de Résistance Unis

COMBAT ----

FRANC-TIREUR

La Jeunesse française répond : Merde

le Rassemblement du Peuple

La croix gammée a d'abord été le symbole de la Résistance. A Munich en 1920 les hommes d'Hitler étaient contre la collaboration.

A *LIBERATION* aussi, nous sommes

Des martyrs ? Certes il en fallait Pour l'Homme, pour le Monde, pour l'Histoire. Le Parti Communiste et nous-mêmes, nous donnons les meilleurs d'entre nous.

SABOTEZ LA CONSCRIPTION des esclaves au service d'Hitler

La relève n'ayant pas donné les résultats que les Allemands en attendaient, Hitler a exigé de Vichy des mesures plus draconiennes.

Le mot de mobilisation, dans la bou-

Une du journal clandestin *Libération* du 1er mars 1943 sur le Service du travail obligatoire

1. Identifiez la nature du document.

2. Expliquez ce qu'est *Libération* en précisant ses objectifs. Est-il seul à les poursuivre ?

3. D'après le document, que refuse la jeunesse française en 1943 ? Au nom de quoi ?

4. Quelles ont été les principales formes d'action de la Résistance en France au cours de la Seconde Guerre mondiale ?

DÉMARRONS ENSEMBLE

La question incite à réfléchir aux différentes manières qui ont permis aux résistants de lutter contre Vichy et l'occupant allemand sur le territoire français. Elles ne se limitent pas à une lutte armée. Pensez aux médias, à la radio et à la presse notamment, qui ont joué un rôle important dans la résistance. À la fin du conflit, la résistance prend des formes plus militarisées.

CORRIGÉ

1. Il s'agit de la une du journal *Libération*, daté du 1er mars 1943.

2. *Libération* est un journal qui émane du mouvement de resistance du même nom.

Il résiste à Vichy et à l'occupant allemand. Il veut convaincre les Français de la nécessité de résister. Comme l'indique le document, d'autres mouvements de résistance, *Combat* et *Franc-Tireur,* développent leur lutte eux aussi à travers une presse clandestine.

3. Une partie de la jeunesse française refuse le Service du travail obligatoire mis en place en 1943. Il s'agissait pour les Français âgés de 21 à 23 ans d'aller obligatoirement travailler en Allemagne. C'est au nom des libertés et pour ne pas devenir les « esclaves au service d'Hitler » comme l'indique la une du journal que cette jeunesse ne doit pas partir en Allemagne.

Pensez à vous appuyer sur le document, en le citant ou en intégrant son propos dans votre raisonnement.

4. Suite à l'**appel du général de Gaulle le 18 juin 1940**, des hommes et des femmes organisent la lutte pour la libération de la France.

Des **mouvements de résistance**, tels que *Libération* et *Combat,* communiquent par radio avec la France libre basée à Londres. Grâce aux imprimeries clandestines, ils publient des journaux comme *Libération* ou *La Voix du Nord.*

Des **réseaux**, comme le Musée de l'Homme, récupèrent des renseignements, aident les Juifs à se cacher ou des soldats à regagner l'Angleterre. La distribution de tracts ou l'inscription de graffitis sont autant d'actes de résistance qui peuvent être sévèrement punis.

Des actions de plus en plus violentes sont menées après l'occupation totale du pays en novembre 1942 : des sabotages, des assassinats de responsables de la collaboration et des embuscades.

Lors de la libération du territoire à partir de juin 1944, les résistants intensifient leur lutte pour soutenir la progression des Alliés.

HISTOIRE

La Ve République (de 1958 à nos jours)

Simone Veil défend son projet de loi sur l'interruption volontaire de grossesse, adopté en 1975

FICHES

BILAN

SUJETS CORRIGÉS

24 La mise en place de la Ve République en 1958

La Ve République naît des troubles profonds causés par le conflit algérien. Charles de Gaulle, prêt à assumer le pouvoir, va concevoir une constitution plus proche de ses souhaits. Quelles sont les caractéristiques de la Ve République ?

I La crise du 13 mai 1958

1. Pour garder l'Algérie française

- L'enlisement de la guerre d'Algérie entraîne l'agonie de la IVe République. L'instabilité des gouvernements et la crise financière du régime liée aux dépenses militaires expliquent la lassitude des Français qui ont perdu confiance en leurs dirigeants.
- Dans ce contexte, les généraux Salan et Massu tentent de prendre le pouvoir à Alger le 13 mai 1958. Ils veulent garder l'**Algérie française**. Ils appellent à la formation d'un Comité de Salut Public et au retour du **général de Gaulle.**

Entre décembre 1946 et juin 1958, 22 gouvernements se succèdent.

Une assemblée de quelques membres d'un gouvernement insurrectionnel attendant l'établissement d'institutions nouvelles.

2. Le retour au pouvoir du général de Gaulle

- Appelé par le président de la République **René Coty** pour former un nouveau gouvernement, de Gaulle obtient en juin de l'Assemblée nationale les pleins pouvoirs pour six mois.
- Il s'attelle à la rédaction d'une **nouvelle constitution**. Approuvée par **référendum le 28 septembre 1958** avec 79,2 % de « oui », elle donne naissance à la Ve République.

II Le renforcement de l'exécutif

- De Gaulle est élu pour 7 ans à la présidence de la République par un collège électoral le 21 décembre 1958 avec 78,51 % des voix.
- Son **rôle est prépondérant** : chef de l'État, il nomme le chef du gouvernement, peut soumettre au référendum tout projet de loi, dissoudre l'Assemblée nationale.
- Soucieux de légitimer la fonction présidentielle, de Gaulle institue l'élection du président de la République au **suffrage universel direct par la réforme de 1962**. La Ve République reste néanmoins **un régime à la fois présidentiel et parlementaire**.

Il s'agit d'élus : parlementaires, conseillers généraux, conseillers municipaux, 80 000 au total. L'élection du président de la République se déroule au **suffrage universel indirect**.

De Gaulle s'attache à tisser un lien privilégié avec les Français, en apparaissant souvent dans les médias, en allant à leur rencontre lors de nombreux **bains de foule.** Son rôle n'en est que plus renforcé.

De Gaulle dans les Deux-Sèvres en 1963

III La politique de grandeur dans les années 1960

1. Achever la décolonisation

- Dans un contexte international très favorable aux mouvements indépendantistes, de Gaulle accorde l'**indépendance** aux colonies françaises d'Afrique noire en 1960.

→ fiche 13

- Il met fin à la guerre d'Algérie grâce aux **accords d'Évian signés en mars 1962**.

2. La place de la France

- De Gaulle veut faire de la France une grande puissance. Le pays se dote de l'arme atomique en 1960 et **se retire de l'OTAN en 1966** pour s'affranchir de la tutelle américaine. Toutefois, la France demeure dans l'Alliance atlantique.

Une alliance défensive fondée en 1949 dont le siège est à Bruxelles. L'OTAN en est l'organisation militaire sous commandement américain.

- En Europe, il entame le rapprochement avec l'Allemagne fédérale dès 1958. Il poursuit la construction européenne avec la mise en place de la **Politique agricole commune (PAC)** en 1963. Il rejette toutefois tout pouvoir supranational provenant de Bruxelles et s'oppose par deux fois (1962 et 1967) à l'entrée du Royaume-Uni dans la CEE, qu'il juge trop proche des États-Unis.
- En créant en 1959 un **ministère des Affaires culturelles**, de Gaulle veut montrer que le rayonnement mondial de la France passe aussi par la culture. Chargé de ce ministère, l'écrivain **André Malraux** met en place les premières **Maisons de la Culture**.

25 La Vᵉ République, de De Gaulle à Giscard d'Estaing

L'exercice du pouvoir entame la popularité de Charles de Gaulle. En 1965, il n'est réélu qu'au second tour face à François Mitterrand. Violemment contesté en 1968, il disparaît de la vie politique l'année suivante. Comment ses successeurs remplissent-ils leur mission dans une société française qui connaît d'importantes transformations ?

I La crise de Mai 1968

1. Un mouvement de contestation

- Les étudiants jouent les premiers rôles en favorisant le développement de courants contestataires. Ils dénoncent le contrôle des médias par le pouvoir et la guerre du Vietnam. **Daniel Cohn Bendit**, un des leaders estudiantins, critique les valeurs bourgeoises de la société.
- En mai, de violents affrontements opposent les étudiants aux forces de l'ordre à Paris. **La crise universitaire devient sociale** le 13 mai, lorsque les syndicats ouvriers appellent à la grève générale. Elle est suivie par 8 millions de salariés. Les accords de Grenelle ne règlent pas **la crise qui devient politique**.

Conclus le 27 mai, ils prévoyaient essentiellement une hausse des salaires.

2. Le départ du général de Gaulle

Daniel Cohn Bendit, boulevard Saint-Michel, à l'angle de la place de la Sorbonne le 9 mai 1968

- Le 30 mai, de Gaulle dissout l'Assemblée nationale tandis qu'un impressionnant défilé rassemble ses partisans sur les Champs-Élysées à Paris.

Malgré la victoire des gaullistes aux législatives, le chef de l'État se sent fragilisé. Lors du référendum du 27 avril 1969 qui porte sur la réforme du Sénat et la régionalisation, il prend comme un désaveu personnel le « non » de 53 % des Français. De Gaulle démissionne le lendemain.

II Continuation du gaullisme et modernisation (1969-1981)

1. Georges Pompidou, l'« héritier » (1969-1974)

Georges Pompidou veut, comme de Gaulle, renforcer l'indépendance de la France. Il lance **une politique industrielle ambitieuse** en faisant démarrer dès 1972 les essais du futur TGV.

Il poursuit la politique culturelle en créant en 1977 au cœur de Paris un centre national d'art et de culture, le **Centre Pompidou, dédié à l'art contemporain**.

Pompidou veut améliorer les rapports sociaux : le SMIC est mis en place en **1971.** Malade, il meurt en 1974 avant la fin de son septennat.

> Le salaire minimum interprofessionnel de croissance remplace le SMIG (salaire minimum interprofessionnel garanti, créé en 1950).

2. Valéry Giscard d'Estaing, le rajeunissement et la crise (1974-1981)

Issu de la droite modérée, Giscard d'Estaing veut mettre en place « une **société libérale avancée** ». Au cœur de la **société de consommation**, les citadins sont devenus majoritaires (60 % en 1963 ; 73 % en 1975). Les ménages s'équipent en produits électroménagers et en automobiles : la France compte 10 millions de véhicules en 1967, 15,3 millions en 1975.

Avec la génération du baby-boom se développe une **culture jeune** caractérisée par le rock, le blue-jean, la libération sexuelle. Cette jeunesse qui écoute les Beatles et les Rolling Stones s'intéresse aussi à la politique comme l'ont montré les événements de Mai 1968. Le Président décide dès 1974 l'**abaissement de la majorité et donc du droit de vote de 21 à 18 ans**.

> Les enfants nés après la Seconde Guerre mondiale jusqu'au milieu des années 1970. Ils représentent un tiers de population dans les années 1960.

Poussée par les revendications féministes, la ministre de la Santé **Simone Veil** obtient la légalisation de l'avortement par la loi sur l'**Interruption volontaire de grossesse** (l'IVG) adoptée contre une partie de l'opinion publique en **janvier 1975.**

> Se développent peu après Mai 1968. Le Mouvement de libération des femmes (MLF) est le plus connu.

Ce septennat est marqué par les deux chocs pétroliers de 1973 et de 1979. L'**inflation et le chômage** augmentent : on passe d'un à deux millions de chômeurs entre 1976 et 1981.

26 La Vᵉ République depuis 1981

L'arrivée au pouvoir de François Mitterrand marque un tournant de la Vᵉ République. Avec cette première alternance, les Français inaugurent une succession de changements au sommet de l'État qui ponctuent la vie politique des trois dernières décennies.

I François Mitterrand Président (1981-1988)

1. La première alternance

Le 1ᵉʳ mai 1981, le candidat socialiste François Mitterrand remporte l'élection présidentielle. Pour la première fois sous la Vᵉ République, un président de gauche est élu. C'est l'**alternance**. Les élections législatives de juin confirment cette victoire.

2. D'importantes réformes

- Le gouvernement de **Pierre Mauroy** met en place le programme de Mitterrand : abolition de la peine de mort, nationalisations de grands groupes, retraite à 60 ans, 5ᵉ semaine de congés payés…
- Une politique culturelle dynamique est menée par **Jack Lang**. Il crée la Fête de la Musique en 1982, les Journées du patrimoine en 1984. Les « radios libres » et des chaînes privées comme Canal + en 1984 viennent élargir le paysage audiovisuel.

Jusqu'alors, seulement 4 stations de radio et 3 chaînes de télévision couvraient le territoire français.

3. Construction européenne et mondialisation

La réconciliation franco-allemande
Le 22 septembre 1984, François Mitterrand et Helmut Kohl se recueillent à Verdun, lieu d'une bataille sanglante de la Première Guerre mondiale.

François Mitterrand relance le projet de construction européenne en consolidant d'abord les relations franco-allemandes. Il favorise en 1986 la signature de **l'Acte unique**, concrétisé par le **traité de Maastricht en 1992**. La CEE devient l'UE, poids lourd de la mondialisation.

→ chapitres 16 et 17

II L'alternance et la cohabitation, L'exemple Chirac-Jospin (1997-2002)

- En 1995, **Jacques Chirac** est élu président de la République. Il dissout l'Assemblée nationale en 1997, mais c'est la gauche plurielle qui l'emporte. La **3e cohabitation** est une surprise contrairement à ce qui s'était produit sous la présidence de Mitterrand en 1986 avec Jacques Chirac et en 1993 avec Édouard Balladur. La cohabitation introduit une division de l'exécutif qui se retrouve en 1997 avec J. Chirac et son nouveau Premier ministre socialiste, **Lionel Jospin**.

Le PS, le PC, les radicaux de gauche et les Verts.

- Le Président s'occupe surtout de la politique étrangère et de la Défense, le gouvernement mène la politique intérieure. Le pouvoir à deux têtes fonctionne.
- Toutefois, J. Chirac se prononce en faveur du **quinquennat** en 2000. Son mandat coïncide désormais avec une législature.

Le **mandat d'une assemblée législative**. Les députés sont élus tous les 5 ans, les élections législatives coïncidentes désormais avec les présidentielles. Ce peut être un moyen de limiter la cohabitation.

III Un débat de société : la laïcité

- La laïcité de l'État instaurée en 1905 n'a pas fait disparaître la religion de la sphère publique. Sous F. Mitterrand, le ministre de l'Éducation nationale, Alain Savary, présente en 1984 un projet de **service public unifié et laïc** qui suscite de vives réactions : 2 millions de manifestants sont à Paris le 24 juin pour défendre l'école privée.
- La lutte se politise car la droite voit là le moyen de mettre les socialistes en difficulté. Le projet est retiré et Savary démissionne avec le gouvernement de Pierre Mauroy alors Premier ministre.
- Depuis les années 1990, **la laïcité est surtout vue sur un mode défensif**. Les communautés musulmanes se retrouvent au cœur d'affaires : voile islamique dans les années 1990, prières dans les rues, question du niqab plus récemment qui favorisent l'amalgame entre immigration, intégration et laïcité.
- À gauche, on rappelle que cette **valeur républicaine** entend promouvoir les libertés et n'a pas à être utilisée comme **instrument identitaire de la nation française**. À droite, on souligne que depuis 1905 la société française a changé et que la laïcité doit s'adapter.

Voile intégral ne laissant apparaître que les yeux. En avril 2011, le gouvernement de François Fillon fait adopter une loi l'interdisant dans l'espace public.

Quiz express

Vérifiez que vous avez bien retenu les points importants **des fiches 24 à 26**.

La mise en place de la Ve République en 1958

1 La tentative de prise de pouvoir qui se déroule le 13 mai 1958 a lieu à :

- ☐ **a.** Alger.
- ☐ **b.** Paris.
- ☐ **c.** la Sorbonne.

2 Cette tentative a pour but de :

- ☐ **a.** conserver l'Algérie aux Algériens.
- ☐ **b.** conserver l'Algérie aux Français.
- ☐ **c.** conserver une université libre.

3 De Gaulle revient au pouvoir en 1958 :

- ☐ **a.** parce que le président de la République, René Coty, l'appelle.
- ☐ **b.** parce qu'il dit se tenir prêt.
- ☐ **c.** parce qu'il sort vainqueur des élections.

4 La Constitution de la Ve République met en place :

- ☐ **a.** un pouvoir exécutif renforcé.
- ☐ **b.** un pouvoir législatif renforcé.
- ☐ **c.** un régime mixte où le législatif et l'exécutif ont tous deux un pouvoir important.

Des difficultés à la République sans de Gaulle

5 La crise de Mai 1968 est une crise qui suit le déroulement suivant :

- ☐ **a.** crise sociale → crise étudiante → crise politique.
- ☐ **b.** crise étudiante → crise sociale → crise politique.
- ☐ **c.** crise étudiante → crise politique → crise sociale.

6 C'est sous le septennat de Valéry Giscard d'Estaing que la loi Veil est adoptée.

- ☐ **a.** Vrai
- ☐ **b.** Faux

7 Les jeunes occupent une place importante dans la société française des années 1960 :

☐ **a.** parce qu'ils sont très nombreux, environ un tiers des Français.
☐ **b.** parce qu'ils sont des consommateurs et des acheteurs de loisirs parfois bruyants.
☐ **c.** parce qu'ils véhiculent de nouveaux courants culturels.

8 Le septennat de Valéry Giscard d'Estaing est marqué par la fin d'une période de forte croissance économique :

☐ **a.** caractérisée par les deux chocs pétroliers de 1973 et 1979.
☐ **b.** caractérisée par la hausse des prix et du chômage.
☐ **c.** caractérisée par la hausse de la population.

La Ve République depuis 1981

9 Quelle définition correspond à l'alternance en politique ?

☐ **a.** L'arrivée au pouvoir d'un président qui s'était déjà présenté.
☐ **b.** L'arrivée au pouvoir d'un président ou d'une majorité parlementaire d'une orientation politique différente de la précédente.
☐ **c.** L'arrivée au pouvoir d'un Premier ministre nommé par le Président.

10 La cohabitation qui intervient en 1997 partage le pouvoir exécutif entre :

☐ **a.** Jacques Chirac président et François Mitterrand Premier ministre.
☐ **b.** Jacques Chirac président et Édouard Balladur Premier ministre.
☐ **c.** Jacques Chirac président et Lionel Jospin Premier ministre.

11 Dans le débat politique, la laïcité est traitée ces dernières années sous l'angle de :

☐ **a.** la libération des mœurs.
☐ **b.** la séparation des Églises et de l'État.
☐ **c.** la question identitaire ou nationale.

RÉPONSES

1. a • **2.** b • **3.** a et b • **4.** a et c (le pouvoir législatif n'a pas été renforcé, il était déjà important) • **5.** b • **6.** a • **7.** a et c (les jeunes représentent moins du quart de la population aujourd'hui) • **8.** a et b • **9.** b • **10.** c • **11.** c (la séparation des Églises et de l'État est effective depuis 1905)

SUJET 24 | La Vᵉ République

QUESTIONS DE COURS

1. La Vᵉ République naît en 1958 dans le contexte troublé de :

❒ **a.** la guerre d'Indochine.
❒ **b.** la guerre d'Algérie.
❒ **c.** la révolte étudiante.

2. Citez deux décisions politiques qui illustrent la politique de grandeur mise en place par de Gaulle sous sa présidence.

3. Quand Charles de Gaulle quitte-t-il la présidence de la République ? Quels ont été ses successeurs jusqu'en 1981 ? Vous préciserez la date de leur élection.

4. Montrez que la crise de Mai 1968 est une crise à la fois étudiante, sociale et politique.

DÉMARRONS ENSEMBLE

La question demande à éclaircir trois volets dans les événements qui se déroulent essentiellement à Paris en mai 1968 :
– la crise étudiante : départ de la contestation, dans les facultés à Nanterre notamment.
– la crise sociale : les ouvriers viennent grossir les rangs des contestataires ; le gouvernement tente d'y répondre par des accords.
– la crise politique : difficulté du pouvoir pour faire face aux demandes qui remettent en cause un système qu'il incarne : société de consommation, emprise sur les médias.

CORRIGÉ

1. Réponse b.

2. Le général de Gaulle dote la France de l'arme nucléaire en 1960.
En 1966, il décide le retrait de la France de l'Organisation du traité de l'Atlantique nord et n'hésite pas à critiquer l'engagement des États-Unis au Vietnam.

3. De Gaulle démissionne de la présidence de la République le 27 avril 1969. Georges Pompidou lui succède cette même année. Valéry Giscard d'Estaing est élu en 1974 suite au décès de Georges Pompidou. Il est battu par le candidat de la gauche unie, François Mitterrand, en 1981.

4. En France, au mois de mai 1968, la contestation vient d'abord d'une **jeunesse étudiante fortement politisée**. Désireuse de changer la société, elle rejette à la fois un pouvoir jugé trop autoritaire qui contrôle les médias et la société de consommation inspirée du modèle américain. À Paris, des heurts violents opposent les manifestants aux forces de l'ordre dans le Quartier latin.

Le 13 mai, le conflit prend une **tonalité sociale**. Les ouvriers rejoignent les étudiants, des grèves générales paralysent tout le pays. Les **accords de Grenelle**, signés entre les syndicats et le patronat le 27 mai, ne mettent pas fin à la crise.

L'État n'a pas de solution, la crise devient **politique**. De Gaulle dissout l'Assemblée nationale le 30 mai. L'ordre est rétabli progressivement, le travail reprend peu à peu, mais le pouvoir est affaibli. De Gaulle démissionne en 1969.

SUJET 25 | La première alternance en 1981

ÉTUDE DE DOCUMENT

21. Le secteur public sera élargi par la nationalisation des neufs groupes industriels prévue par le programme commun […].

22. Le contrat de travail à durée indéterminée redeviendra la base des relations du travail […].

23. La durée du travail sera progressivement réduite à 35 heures […].

31. Le SMIC sera relevé. […]

53. Abrogation de la peine de mort.

82. Le droit à la retraite à taux plein sera ouvert aux hommes à partir de 60 ans et aux femmes à partir de 55 ans. […]

Les 110 propositions de François Mitterrand durant la campagne présidentielle de 1981 (extraits).

1. Combien le candidat François Mitterrand fait-il de propositions lors de sa campagne ? Combien sont présentées dans cet extrait ?

2. Expliquez ce qu'est l'alternance.

3. Identifiez les propositions qui relèvent de l'économie, du social et de la justice. Recopiez le tableau puis classez-les à l'aide de leurs numéros (une proposition ne peut pas être classée dans plusieurs cases).

	Mesures économiques	Mesures sociales	Mesures liées à la justice
Propositions			

4. En vous limitant à la politique intérieure, présentez quelques-unes des principales réformes mises en place par le président François Mitterrand lors de son premier septennat.

DÉMARRONS ENSEMBLE

Votre réponse doit se limiter aux réformes (ou mesures) qui s'appliquent sur le territoire français. Elles peuvent concerner les domaines de la justice, de l'économie, du social, ou encore de la culture. Le document fournit de précieuses indications, mais vous devez faire appel à vos connaissances. Pensez à clarifier le cadre chronologique qui est implicite dans la question.

CORRIGÉ

1. François Mitterrand fait 110 propositions lors de sa campagne. Cet extrait en présente six.

2. L'alternance signifie en politique que le pouvoir passe d'une tendance politique à une autre. En 1981, pour la première fois, un candidat de gauche est élu à la présidence de la République : c'est la première alternance de la Vᵉ République.

3.

	Mesures économiques	Mesures sociales	Mesures liées à la justice
Propositions	21	22, 23, 31, 82	55

4. François Mitterrand devient président de la République en **mai 1981**. C'est la première alternance. Avec son premier ministre **Pierre Mauroy**, ils mettent en place entre 1981 et 1983 quelques grandes réformes.

En matière de **justice**, la peine de mort est abolie malgré une forte opposition.

Sur le plan **social**, la semaine des 39 heures au lieu de 40 est adoptée en 1982, ainsi qu'une 5ᵉ semaine de congés payés. La retraite à 60 ans pour les hommes et 55 ans pour les femmes est instituée.

Par ailleurs, le ministre de la Culture Jack Lang développe une **politique culturelle** novatrice. Une Fête de la Musique est créée en 1982, les Journées du Patrimoine en 1984.

Le pouvoir diminue son emprise sur les **médias** : dès 1981, il autorise l'existence des radios libres, puis à partir de 1984 des chaînes de télévision privées comme Canal + et la Cinq.

SUJET 26 | La 3e cohabitation

ÉTUDE DE DOCUMENT

Dessin de Plantu, paru dans *Le Monde*, 1997. 1 Jospin ; 2 Chirac

1. Identifiez la nature du document.

2. Que veut souligner l'auteur ici ? Quels procédés utilise-t-il ?

3. Définissez la cohabitation et indiquez les dates de la 3e cohabitation illustrée ici.

4. Expliquez dans quelles conditions la 3e cohabitation s'est mise en place et ce qu'elle implique politiquement.

DÉMARRONS ENSEMBLE

La question demande de préciser les « conditions », c'est-à-dire à la fois le contexte historique mais aussi institutionnel lié à l'établissement de la 3e cohabitation. Vous devez donc indiquer comment et pourquoi le nouveau Premier ministre Lionel Jospin arrive à ce poste.
Les implications sont d'abord liées au partage du pouvoir exécutif entre le président et son Premier ministre. Il faut préciser les rôles de chacun des personnages à la tête de l'État.

CORRIGÉ

1. Le document est un dessin humoristique de Plantu publié dans le journal *Le Monde* en 1997.

2. Le dessinateur Plantu veut souligner la tension qui règne entre le chef de l'État Jacques Chirac et le gouvernement dirigé par Lionel Jospin. Le président de la République est isolé dans un coin de la pièce, bras croisés, il hurle qu'il « boude » pour ne pas participer à la réunion. À l'autre table, les ministres ont l'air gêné, comme Lionel Jospin, d'autres semblent mécontents de cette situation.

3. La cohabitation est une division du pouvoir exécutif entre deux tendances politiques opposées. Jacques Chirac, président gaulliste de droite, partage le pouvoir exécutif avec Lionel Jospin, Premier ministre socialiste, de gauche, qui dirige le gouvernement. Cette cohabitation se met en place en 1997 et dure jusqu'en 2002.

4. Le gouvernement d'**Alain Juppé**, Premier ministre de Jacques Chirac, est très impopulaire en 1997. Le président de la République, Jacques Chirac, pense redonner une nouvelle dynamique en décidant la **dissolution de l'Assemblée nationale**. Mais c'est la gauche plurielle qui remporte de manière inattendue les élections législatives.

Conformément aux institutions de la Ve République, le président nomme le Premier ministre dans la nouvelle majorité. **Lionel Jospin** forme un nouveau gouvernement. La cohabitation se met en place avec un président de droite et un Premier ministre de gauche en juin 1997.

Le pouvoir exécutif est partagé jusqu'en 2002. Le président s'occupe de la politique étrangère et de la défense. Le Premier ministre centre son action sur les affaires intérieures.

Habiter la France : de la ville à l'espace rural

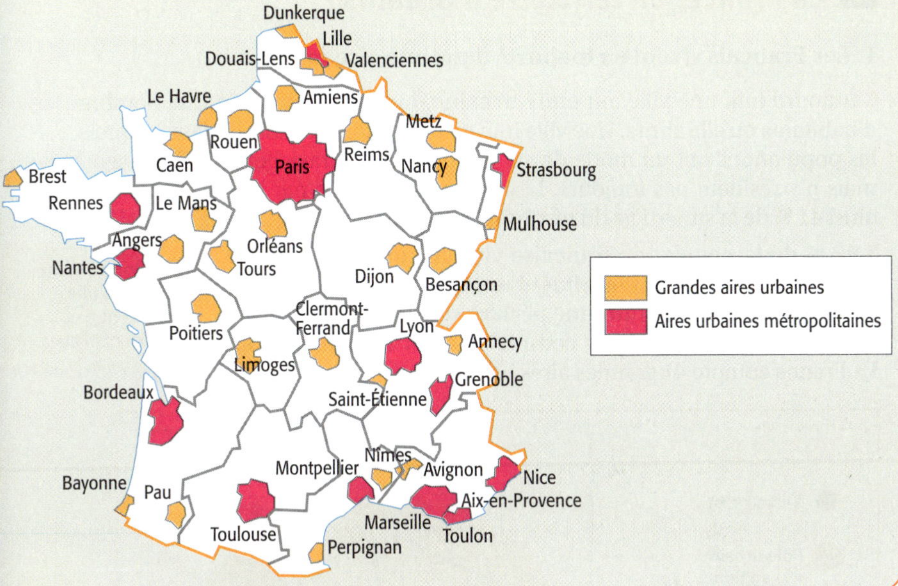

Les aires urbaines en France

FICHES

BILAN

SUJETS CORRIGÉS

27 Habiter la France : les aires urbaines

Quelles sont les formes et les dynamiques de l'urbanisation sur le territoire français ?

I La France, un territoire d'urbains

1. Les Français vivent en majorité dans une aire urbaine

Aujourd'hui, une ville, ou **unité urbaine**, ne se définit plus par le nombre d'habitants qu'elle abrite. Une ville intègre désormais les espaces dans lesquels les populations ont un mode de vie urbain : elles y travaillent, s'y déplacent, mais n'y résident pas toujours. Les espaces organisés par les villes couvrent ainsi 41 % de la superficie du territoire.

82 % de la population française vit dans une aire urbaine, c'est-à-dire un espace constitué d'une part, d'un pôle urbain, et d'autre part, d'une **couronne périurbaine** (les banlieues plus lointaines qui ne sont pas comprises dans l'agglomération). La France compte 41 grandes aires urbaines.

Agglomération formée d'une ville-centre et de ses banlieues.

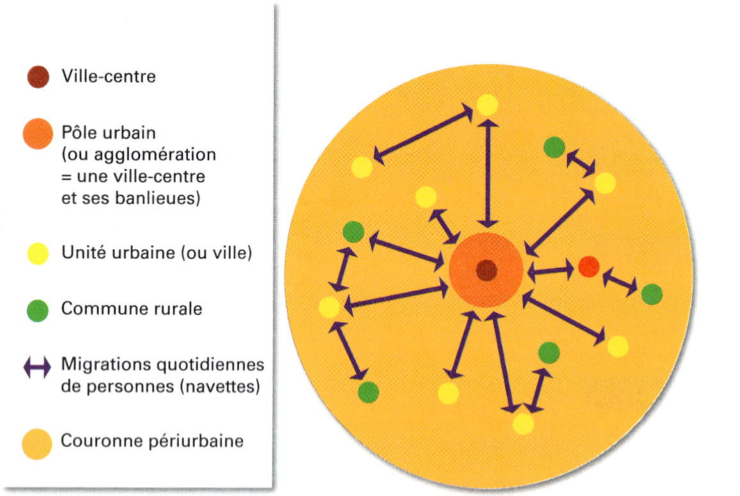

Schéma d'une aire urbaine

2. L'urbanisation du territoire s'accompagne d'une métropolisation

- **L'urbanisation s'accompagne d'un regroupement des fonctions de commandement**, de décision et de services très diversifiés : c'est la **métropolisation**. Elle se développe dans les villes engagées dans la compétition européenne et mondiale : Paris, Lille, Strasbourg, Marseille et Lyon.
- **Paris domine l'armature urbaine.** Avec près de 11 millions d'habitants, Paris est la seule métropole de rang mondial. Il n'existe que trois métropoles de plus d'un million d'habitants : Marseille, Lyon et Lille.
- D'autres métropoles régionales (entre 100 000 et 1 millions d'habitants) encadrent leur espace régional : Toulouse, Strasbourg, Bordeaux, Nantes, Rennes, Grenoble, Montpellier. Les villes moyennes (moins de 20 000 habitants) sont en recul, mais elles proposent des services quotidiens de proximité (commerces, grandes surfaces, professions libérales) et abritent 50 % des urbains.

II L'étalement spatial des villes : la périurbanisation

1. L'étalement urbain

- L'attrait pour un meilleur cadre de vie, la hausse des prix de l'immobilier des centre-ville et le développement des moyens de transport ont entraîné l'étalement des villes : on parle de **périurbanisation**. La croissance urbaine s'étend jusqu'à 25 km du centre pour les villes moyennes, jusqu'à 60 km pour les métropoles régionales et plus de 100 km pour Paris.
- **L'extension spatiale des villes est à l'origine de nouvelles dynamiques** : les communes périurbaines ont surtout une fonction résidentielle et abritent des zones industrielles, mais aussi des équipements lourds (stations d'épuration, usines). De nouveaux centres urbains émergent autour des parcs de loisirs (Disneyland Paris), des aéroports (Roissy) et des centres commerciaux (Val d'Europe). La ville compte plusieurs centres : elle est **polycentrique**.

2. Une mobilité accrue des habitants

- La multiplication des voies rapides et des réseaux de transport en commun ont modifié le rapport des Français avec leurs **territoires du quotidien.** Les distance-temps se sont réduites et les espaces traversés quotidiennement se sont étendus.

> **distance-temps** : Temps nécessaire pour parcourir une distance.

- **À l'échelle locale, les mobilités pendulaires s'intensifient**. Les Français parcourent en moyenne 43 km pour se rendre de leur domicile à leur travail, mais ces migrations provoquent des pollutions atmosphériques, une artificialisation des espaces et des coûts très élevés en infrastructures de transport.

28 Habiter la France : les espaces ruraux

Les espaces ruraux, à la fois espace de vie, de travail et de récréation pour les ruraux comme pour les urbains, connaissent de profondes mutations liées à l'influence des villes. Comment celles-ci transforment-elles les espaces ruraux ?

I Les espaces ruraux, espaces de vie

1. Des espaces de travail et de vie pour les ruraux

- L'espace rural se caractérise par une **densité de population relativement faible**, par des paysages où domine la **végétation** et par une **activité agricole** qui se lit dans les paysages (50 % de la superficie du territoire national).
- Si les ruraux représentent 18 % de la population, ils ne sont que 3,3 % à travailler dans l'agriculture. La majorité des ruraux travaillent désormais dans le secteur des **services** et de l'**industrie** (commerce, artisanat, BTP), les soins aux personnes âgées, les emplois fournis par les **collectivités territoriales** (mairie, département, région) et l'**accueil de touristes**.

2. Des espaces de loisirs et de tourisme pour les urbains

- L'attrait pour la nature et l'augmentation du temps libre se traduit par une **plus grande fréquentation des espaces ruraux**. Les résidences secondaires et le phénomène de « double résidence » se multiplient, surtout dans les régions bien desservies par les transports.

Le fait d'avoir deux résidences principales.

- Les urbains sont de plus en plus adeptes du « **tourisme vert** » (randonnées, baignades, camping à la ferme) qui représente 35 % des pratiques touristiques. L'offre diversifiée des hébergements (chambres d'hôtes, gîtes ruraux, villages de vacances), les lignes de TGV et les aéroports régionaux ouverts aux vols à bas coût (*low cost*) facilitent l'accueil des touristes.

II Les espaces ruraux se transforment

1. L'essor du rural périurbain

- Il n'existe pas un seul type mais **plusieurs types d'espace rural** : ils se sont transformés à mesure que les espaces urbains se sont étalés, grignotant toujours davantage les superficies agricoles. Leurs aspects changent en fonction de la proximité des villes, dont les limites sont de plus en plus floues.
- Les **campagnes périurbaines sont les plus dynamiques**. C'est le cas autour de Bordeaux, Montpellier, Toulouse, Lyon, Nantes, Rennes ou Marseille.

Souvent peuplées de « **néoruraux** », c'est-à-dire de citadins ayant quitté les villes où ils continuent souvent à travailler, ces espaces se sont rajeunis. Les emplois dans les services se sont substitués aux emplois agricoles et industriels.

2. Les espaces ruraux dynamiques

- Les **espaces ruraux touristiques** connaissent une « **renaissance** » : leurs atouts naturels (douceur du climat) ou culturels sont mis en valeur, notamment dans le sud de la France (arrière-pays méditerranéen, Pays basque, Dordogne).
- Les espaces ruraux tournés vers les productions **agroalimentaires** intensives (Bretagne, Bassin parisien, régions viticoles) sont également très dynamiques.

3. Le « rural profond » à l'écart de l'influence des villes

- Sur plus d'un tiers du territoire français, des espaces ruraux isolés connaissent un **déclin démographique** et un **vieillissement de leurs habitants**. Il devient peu rentable d'y maintenir des services publics comme privés.
- Cette « **France du vide** », qui s'étend des Pyrénées aux Ardennes en englobant une partie du Massif central, souvent en moyenne montagne, est **aidée par l'État**. La classification en parc naturel national, régional, ou en zone de revitalisation rurale octroie des subventions.

Espace dont la biodiversité est protégée par une loi de 1960 et dans lequel les constructions et la circulation automobile sont en partie interdites.

III Les nouveaux espaces ruraux, sources de conflits

- Les espaces ruraux, de plus en plus convoités, sont devenus des **lieux de conflits** entre les agriculteurs et les néoruraux à la recherche de terrains constructibles ou à cultiver ou entre les touristes et les agriculteurs à propos de l'accès à l'eau.

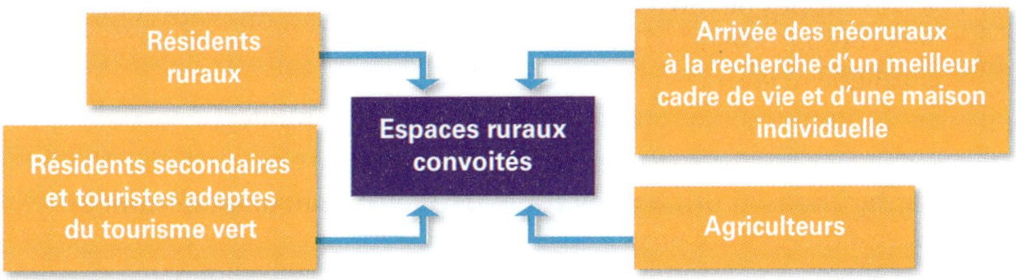

- Il y a donc un paradoxe entre la nécessité pour les espaces ruraux de s'ouvrir au tourisme, d'être facilement accessibles et bien équipés en structures d'accueil, et la nécessité d'être protégés, à l'abri d'une surfréquentation saisonnière source de **menaces pour l'environnement**.

Quiz express

Vérifiez que vous avez bien retenu les points importants **des fiches 27 et 28.**

Les aires urbaines

1 Une aire urbaine est synonyme de :
- ☐ **a.** ville.
- ☐ **b.** agglomération.
- ☐ **c.** agglomération et ses communes périurbaines les plus lointaines.

2 La métropolisation est le processus :
- ☐ **a.** de concentration des pouvoirs de la ville et l'augmentation de son influence.
- ☐ **b.** d'augmentation du nombre d'urbains dans un pays.
- ☐ **c.** de concentration des activités dans la ville.

3 L'étalement urbain est synonyme de :
- ☐ **a.** métropolisation.
- ☐ **b.** périurbanisation.
- ☐ **c.** spécialisation des villes.

4 Les villes deviennent de plus en plus polycentriques car :
- ☐ **a.** leur étalement se fait en plusieurs cercles concentriques.
- ☐ **b.** leurs usagers prennent plusieurs moyens de transport.
- ☐ **c.** elles intègrent les centres situés dans les communes périurbaines.

5 Les communes périurbaines sont facilement accessibles grâce :
- ☐ **a.** aux aéroports régionaux.
- ☐ **b.** aux lignes à grande vitesse.
- ☐ **c.** aux nombreuses autoroutes et échangeurs autoroutiers.

6 Les migrations quotidiennes villes-banlieues sont aussi nommées :
- ☐ **a.** migrations pendulaires.
- ☐ **b.** navettes.
- ☐ **c.** migrations régionales.

Les espaces ruraux

7 Les espaces ruraux représentent :

- ☐ **a.** 20 % du territoire national.
- ☐ **b.** 50 % du territoire national.
- ☐ **c.** 80 % du territoire national.

8 Les espaces ruraux les plus dynamiques sont :

- ☐ **a.** les moyennes montagnes.
- ☐ **b.** les espaces ruraux les plus proches des aires urbaines.
- ☐ **c.** les espaces ruraux touristiques.

9 Les espaces ruraux offrent surtout des emplois :

- ☐ **a.** dans l'industrie.
- ☐ **b.** dans l'agriculture.
- ☐ **c.** dans les services.

10 Les « néo-ruraux » sont :

- ☐ **a.** des anciens citadins venus s'installer à la campagne.
- ☐ **b.** des ruraux installés à la campagne depuis leur enfance.
- ☐ **c.** des citadins passant leurs vacances à la campagne.

11 La fréquentation touristique :

- ☐ **a.** menace les écosystèmes des espaces ruraux.
- ☐ **b.** permet la mise en valeur des espaces ruraux.
- ☐ **c.** est sans conséquence sur les espaces ruraux.

RÉPONSES

1. c • **2.** a (plus un espace est proche d'une aire urbaine, plus il subit son influence qui dynamise ses activités. Au contraire, les zones de moyenne montagne sont dites en « déprise », elles sont peu attractives et souffrent du vieillissement de leur population) • **3.** b • **4.** c (la croissance des villes ne se fait plus en cercles successives, mais à partir de pôles éloignés du centre, qui forment de nouveaux centres urbains) • **5.** b et c • **6.** a et b • **7.** b • **8.** b • **9.** c • **10.** a • **11.** a et b (le tourisme permet à la fois de valoriser des espaces, mais la fréquentation touristique, si elle devient abusive, peut remettre en cause les équilibres fragiles de certains sites naturels)

SUJET 27 | Habiter la France : de la ville à l'espace rural

QUESTIONS DE COURS

1. Qu'est-ce que c'est qu'une « aire urbaine » ?

❒ **a.** Un pôle urbain.

❒ **b.** Une ville-centre et ses banlieues.

❒ **c.** Un pôle urbain et sa couronne péri-urbaine.

2. Qu'est-ce que le « rural profond » ?

3. Montrez en quelques lignes que les espaces ruraux péri-urbains sont des espaces convoités.

4. Sur le fond de carte ci-contre, indiquez le nom de la capitale en majuscules rouges et celui des trois premières villes de la hiérarchie urbaine française en rouge. Parmi les villes suivantes, qui ont moins d'un million d'habitants, placez-en au moins quatre en utilisant une autre couleur : Toulouse, Strasbourg, Bordeaux, Nantes, Rennes, Montpellier.

DÉMARRONS ENSEMBLE

Vous devez à la fois connaître les localisations des grandes villes françaises – ce qui fait également partie des repérages – et les éléments fondamentaux de la hiérarchie urbaine : la capitale, les trois autres villes millionnaires. Respectez attentivement les consignes graphiques qui rendront votre carte immédiatement lisible par le correcteur.

CORRIGÉ

1. Réponse c.

> Montrez que vous connaissez les **termes clés** du chapitre en réutilisant des expressions consacrées.

2. Le « **rural profond** » est la partie rurale du territoire français qui se situe loin des aires urbaines et souffre en conséquence de son **isolement**. Ces espaces sont souvent en **déclin démographique** : c'est la « France du vide ».

3. Les espaces ruraux péri-urbains se situent **en périphérie des aires urbaines** et sont des **espaces dynamiques**, tant sur le plan des populations que des activités. Ce sont des espaces convoités car de **nombreux acteurs**, aux intérêts souvent contradictoires, cherchent à se les approprier : par exemple, les anciens résidents ruraux et les agriculteurs, qui voient l'arrivée de résidences secondaires ou de populations néo-rurales permanentes. De **fréquents conflits d'usage** les opposent, ainsi la famille néo-rurale qui cherche le calme et l'agriculteur aux bruyantes machines agricoles.

> Veillez à écrire les noms en script, pour plus de lisibilité. Même si cela a été fait ici, ne placez pas toutes les villes : c'est du temps perdu dans un examen.

4. Voici la carte complètement renseignée. La capitale est **Paris**, les trois premières villes de la hiérarchie urbaine sont les seules autres villes millionnaires : **Marseille, Lyon et Lille**.

SUJET 28 | Un Parc naturel régional (PNR)

ÉTUDE DE DOCUMENT

Le Parc naturel régional du Morvan

1. Que représente le document ? Quelle région administrative de France illustre-t-il ? À proximité de quelles grandes agglomérations le parc est-il situé ?

2. Qu'est-ce qu'un Parc naturel régional ? Quelle est la différence avec un Parc national ?

3. Quelles sont les usages d'un Parc naturel régional ? Qu'est-ce qui, sur le document, confirme cette fonction ?

4. Dans quel grand ensemble géographique français le PNR du Morvan est-il situé ? Dans quelle mesure cela éclaire-t-il l'installation du PNR à cet endroit ?

DÉMARRONS ENSEMBLE

Cette étude de document est l'occasion de faire le point sur vos connaissances régionales et sur les fonctions d'un parc naturel. Ne vous inquiétez pas si vous ne connaissez pas spécialement le Morvan : on ne vous demande que des connaissances générales et une bonne observation du document.

CORRIGÉ

1. Le document est une carte du **Parc naturel régional du Morvan**. Ce PNR est situé dans la région **Bourgogne**, dans le massif montagneux du Morvan. Il est assez idéalement placé entre les **grandes régions urbaines de Paris et de Lyon**.

2. Un **Parc national** est considéré comme un **espace sanctuaire**. Sa vocation essentielle est la protection des espèces animales et végétales. Un **Parc régional**, en revanche, a une vocation moins stricte : c'est un **territoire habité**, qui conserve ses activités économiques. Il a, outre ses missions de préservation, un rôle de promoteur du développement économique, social et culturel.

3. Les usages d'un Parc naturel régional sont essentiellement **récréatifs**. Les Parcs offrent un **espace de détente et de loisirs dans un cadre préservé**. Les citadins de la région Bourgogne, mais aussi, à une échelle plus large, des régions Île-de-France ou Rhône-Alpes, peuvent ainsi s'y détendre, soit dans des hébergements qui relèvent du **tourisme rural**, soit dans des **résidences secondaires**. Cette fonction récréative est largement confirmée par les **réseaux** autoroutiers (autoroute A6) et TGV (gare TGV de Montbard), qui permettent un **accès rapide** et aisé au Parc. On relève également la présence de lacs pour le **tourisme balnéaire**, de châteaux ou de l'oppidum de Bibracte pour le **tourisme culturel**, voire **religieux** avec la basilique de Vézelay.

Changez d'échelle, pour montrer que vous avez un raisonnement géographique.

N'hésitez jamais, quand vous le pouvez, à montrer un peu de culture géographique ou historique.

4. Le Parc naturel régional du Morvan se situe dans la « **diagonale du vide** » du territoire français, au cœur d'un **espace en déprise, en déclin**. La création du Parc relève d'une **tentative de revitaliser l'espace morvandiau**, de dynamiser ses activités, d'enrayer son déclin démographique, grâce notamment au **tourisme vert**.

SUJET 29 | Les densités sur le territoire français

ÉTUDE DE DOCUMENT

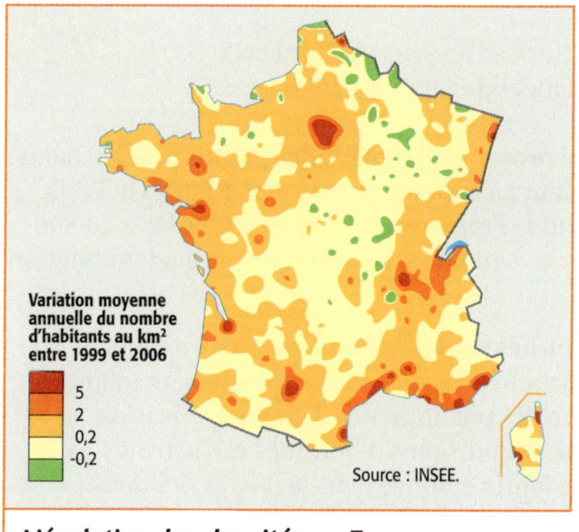

L'évolution des densités en France

1. Quelle est la nature ce document ? Que représente-t-il ?

2. À quel type d'espace correspondent les valeurs en rouge ?

3. Où se trouvent les espaces dont les densités croissent très faiblement ou même diminuent ? Quel nom donne-t-on à cette région ?

4. Qu'en concluez-vous sur l'évolution des densités dans l'espace français ?

DÉMARRONS ENSEMBLE

Cette carte permet d'évoquer les différents types d'espaces en France. Le document peut être délicat à utiliser. Veillez en particulier à exprimer correctement l'information : par exemple, une valeur en vert signifie que la région considérée a vu sa densité moyenne diminuer de plus de 0,2 % entre 1999 et 2006.

CORRIGÉ

Montrez que vous savez que le **nombre d'habitants au km²** est une densité.

1. Ce document est une carte en **plages de couleurs** (dite aussi choroplèthe). Elle représente la **variation moyenne annuelle des** densités en France entre 1999 et 2006.

2. Les valeurs en rouge sont les zones où la variation moyenne des densités a dépassé les 5 % par an entre 1999 et 2006.
Ce sont toutes des **régions urbaines**, centrées sur une agglomération principale : Paris, Lyon, Marseille, Lille, Bordeaux, Toulouse, etc. Ces zones sont relativement peu nombreuses, mais concentrent un **nombre très important d'habitants**. La région parisienne en compte ainsi plus de 10 millions.

Sériez bien les types d'espace : n'hésitez pas à utiliser des tirets pour faire une liste.

3. Les espaces où les densités stagnent ou diminuent (de +0,2 à -0,2 et au-delà) correspondent à plusieurs types d'espaces :
- les **régions de montagnes** : Pyrénées, Hautes-Alpes centrales, mais aussi des moyennes montagnes, comme les Vosges ou le Massif central ;
- les **régions anciennement industrialisées**, tels le Nord et la Lorraine, dans leurs parties éloignées des grands axes ou des littoraux ;
- les **zones intérieures du rural profond**, éloignées des grands pôles urbains, telle la Basse-Normandie intérieure, écartelée entre Caen, Rennes et Paris.
- enfin, une vaste zone qui prend la France en écharpe, du Nord-Est au Sud-Ouest : c'est la « **diagonale du vide** », même si l'expression est évidemment un peu forcée.

4. Cette carte montre que les densités sur le territoire français évoluent de façon **contrastée**. Les **espaces urbains et péri-urbains** progressent toujours davantage, notamment en raison des phénomènes de **métropolisation** qui contribuent à attirer vers eux toujours plus d'hommes et d'activités. En revanche, la France du **rural profond** s'enfonce dans le **déclin** : les densités stagnent au mieux, souvent diminuent, entraînant la fermeture progressive des commerces et des services publics, qui à son tour contribue au déclin démographique. **Le territoire français évolue donc dans deux sens opposés.**

GÉOGRAPHIE

Les régions en France

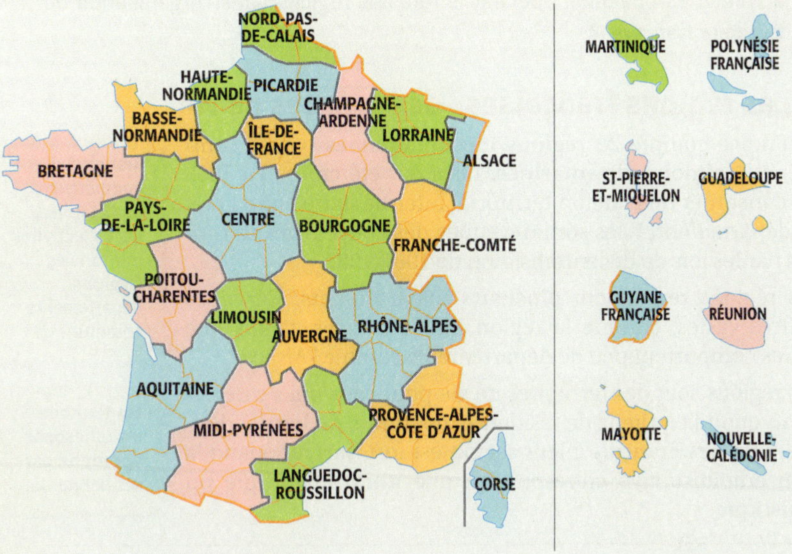

Les régions françaises

FICHES

BILAN

SUJETS CORRIGÉS

29 Les régions en France

Les régions, territoires de proximité et acteurs majeurs de l'aménagement des territoires, sont devenues des espaces de vie de plus en plus intégrés à l'Union européenne. Quel est le rôle des régions dans l'organisation du territoire français ?

I Les régions françaises : des espaces de vie

- La France compte **22 régions métropolitaines** (Corse comprise) et **5 régions ultramarines**. Elles ont été créées en 1955 pour constituer un échelon territorial intermédiaire entre l'État et le département. Elles sont devenues des collectivités territoriales par les lois de décentralisation de 1981-1982.
- Les régions regroupent **plusieurs départements**. Certaines sont très vastes, comme la région Midi-Pyrénées, tandis que d'autres comportent peu de départements comme l'Alsace.
- Les régions sont des territoires de vie pour ceux qui s'y déplacent au quotidien (lieux de résidence, de travail, de loisirs). L'attachement des Français à leur région est fort, surtout quand la région administrative correspond à une **unité historique ou linguistique**.

Transfert des compétences de l'État vers les collectivités territoriales (régions, départements, communes).

Un territoire est un **espace approprié** par ses habitants.

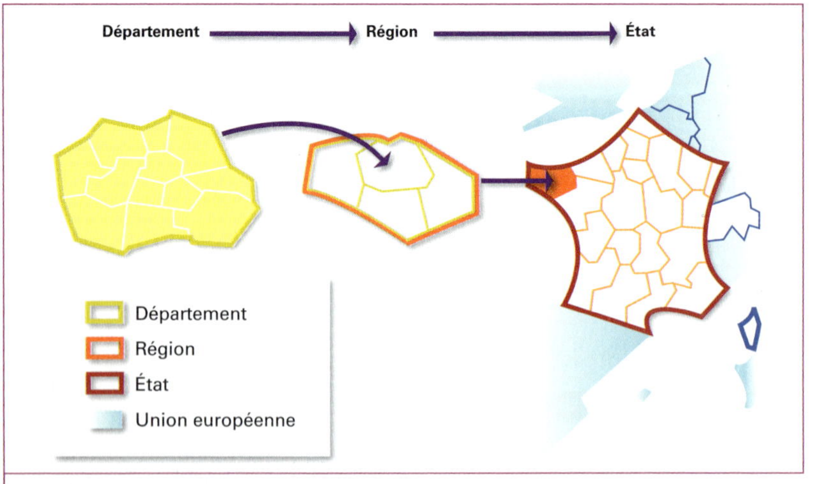

Le découpage administratif français

- Le découpage des régions ne respecte pas toujours les liens historiques entre les départements et les aires d'influences des villes. De plus, la multiplication des échelons administratifs complique la gestion du territoire. Un **projet de redécoupage des régions** est donc à l'étude. Il prévoirait de diminuer le nombre de régions en les faisant fusionner, tout en respectant leur histoire : la Loire-Atlantique serait rattachée à la Bretagne, d'autres fusionneraient, comme la Basse et la Haute-Normandie.

II Les régions, des acteurs de l'aménagement des territoires

- Les régions possèdent des **domaines de compétence variés** qui se sont élargis depuis les lois de 2003-2004 : transports ferroviaires (TER - trains express régionaux), développement économique, logement, urbanisme, santé, formation professionnelle, financement des lycées (construction, rémunération des personnels techniques, achat des manuels et des équipements informatiques). Elles ont aussi la possibilité d'organiser des référendums locaux et mènent des actions en faveur du développement durable (Agenda 21 régionaux).
- Pour financer leurs missions, les régions disposent de **recettes importantes** : subventions de l'État dans le cadre de contrats État-région, taxes indirectes, impôts locaux.
- L'action régionale comprend néanmoins des **limites**. Leurs compétences se chevauchent avec d'autres collectivités, comme les départements (gestion des routes) et leurs budgets se sont réduits.

> L'État et une région s'engagent sur une liste de projets d'aménagement des territoires pour assurer l'attractivité des régions et faire la promotion du développement durable.

III Des régions françaises intégrées à l'espace européen

- La région est l'**échelon administratif de référence pour l'Union européenne**. Afin de les rendre plus compétitives, attractives et soucieuses du développement durable, l'Union européenne mène une **politique de soutien** aux régions françaises.
- Les **aides aux régions** sont accordées par le FEDER, même si l'État français reste l'intermédiaire incontournable.
- L'Union européenne encourage à la **coopération transfrontalière** et à la création d'Eurorégions. Il s'agit de développer les axes de transport et des projets communs, et de multiplier les échanges économiques et culturels entre les régions de part et d'autres des frontières.

> Fonds européen pour le développement économique régional.

> L'eurorégion Pyrénées-Méditerranée entre les régions françaises Midi-Pyrénées et Languedoc-Roussillon, la Catalogne et les Baléares en Espagne.

30 La région Île-de-France

La région Île-de-France est la région-capitale : elle exerce son influence sur tout le territoire et au-delà des frontières. Mais elle doit affronter de nombreux défis (étalement urbain, congestion des transports). Comment aménager la région pour renforcer sa puissance tout en répondant aux besoins de ses habitants ?

I L'Île-de-France, la région capitale

1. L'identité du territoire francilien

- La région Île-de-France est la **troisième plus petite région de France** (2,8 % du territoire métropolitain) mais elle abrite **19 % de la population française métropolitaine**. Elle est composée de **huit départements** et de 1 281 communes, dont **Paris**, capitale du territoire français.
- L'Île-de-France exerce son **influence** sur les autres régions françaises, mais surtout sur l'ensemble du Bassin parisien : tous les jours, des milliers de « **navetteurs** » viennent d'une autre région pour leur travail, surtout vers le centre (Paris), l'ouest et le nord de la région.
- L'Île-de-France se caractérise par la jeunesse de ses habitants, leur dynamisme démographique, leur absence une partie de l'année de la région (pour leurs loisirs), le temps passé dans les transports, un niveau de vie plus élevé que la moyenne nationale, mais aussi par le stress et le coût élevé des logements.

2. Une concentration des hommes et des activités

- La puissance de l'Île-de-France s'explique par la concentration des hommes (**11,7 millions d'habitants**) et sa place dans l'économie du pays (**29 % du PIB**), soit plus que la production de richesses des Pays-Bas ou de la Grèce. 82 % de la population francilienne travaille dans les services en lien avec le tourisme, le tertiaire supérieur, les transports et la distribution.
- La région parisienne est la **première région touristique du monde**, avec des sites attractifs comme Paris, Versailles ou Disneyland Paris. Elle regroupe également 40 % des emplois de recherche et 350 établissements d'enseignement supérieur. L'aéroport de **Roissy** est un hub international qui dessert chaque jour 130 pays différents, surtout au sein de l'Union européenne. Enfin, cette région demeure la **première région industrielle et agricole de France** (45 % de sa superficie sont cultivés).

> Services caractérisés par un haut niveau de qualification et par les fonctions de décisions (banques, recherche, enseignement...).

> **Grand aéroport** où convergent toutes les correspondances du réseau aérien mondial.

■ La puissance de l'Île-de-France s'exprime également au niveau **culturel** et **politique** : Paris abrite les grands musées nationaux mais surtout les représentants de la nation (Élysée, Sénat, Assemblée nationale).

II L'organisation du territoire de l'Île-de-France

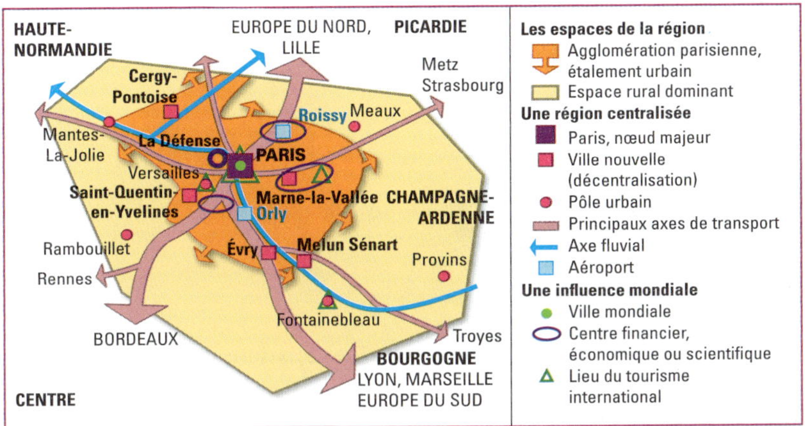

L'organisation de la région Île-de-France

■ La région Île-de-France est organisée par l'**influence de Paris** : on dit qu'elle est **polarisée**. L'aire urbaine parisienne abrite 9,6 millions d'habitants. Elle s'étend sur les départements proches de la capitale et au-delà vers les villes nouvelles, le long des cours d'eau et des axes de communication. Au-delà, le territoire de l'Île-de-France est rural. On observe un fort déséquilibre entre l'est et l'ouest de la région (l'Ouest est plus riche, plus dynamique et mieux relié à la capitale).

Villes situées autour de Paris dont le but, à leur création, était de décongestionner la capitale et rééquilibrer la région.

■ L'organisation de la région Île-de-France devient **multipolaire** : elle se place sous l'influence de nouveaux pôles périurbains : les préfectures, les villes nouvelles, les aéroports. Ces pôles sont créateurs d'emplois mais également sources de nombreux déplacements de banlieue à banlieue (70 % des migrations régionales). Les réseaux de transport étant centralisés sur Paris, ces déplacements occasionnent une saturation des axes, des embouteillages et une forte pollution de l'air auquel devrait répondre le projet du Grand Paris (nouvelles lignes de train et métro pour relier les banlieues entre elles et à Paris).

Quiz express

Vérifiez que vous avez bien retenu les points importants **des fiches 29 et 30**.

Les régions françaises

1 Combien la France compte-t-elle de régions ?

- ☐ **a.** 27
- ☐ **b.** 22
- ☐ **c.** 25

2 Les régions sont :

- ☐ **a.** des collectivités territoriales.
- ☐ **b.** des collectivités nationales.
- ☐ **c.** des territoires de proximité.

3 Les régions prennent en charge certaines missions de l'État dans le cadre de :

- ☐ **a.** la déconcentration.
- ☐ **b.** la décentralisation.
- ☐ **c.** la défiscalisation.

4 Le FEDER accorde des aides aux régions. Cette aide est d'origine :

- ☐ **a.** américaine.
- ☐ **b.** française.
- ☐ **c.** européenne.

5 Les eurorégions sont :

- ☐ **a.** des communes localisées aux frontières européennes.
- ☐ **b.** des régions frontalières qui élaborent des projets communs dans le cadre de l'Union européenne.
- ☐ **c.** les régions où l'euro est la monnaie en vigueur.

6 Dans le cadre de leur mission, les régions financent la construction :

- ☐ **a.** des écoles primaires.
- ☐ **b.** des collèges.
- ☐ **c.** des lycées.

La région Île-de-France

7 Combien l'Île-de-France compte-t-elle d'habitants ?

- ☐ **a.** 9,6 millions
- ☐ **b.** 2,2 millions
- ☐ **c.** 11,7 millions

8 L'Île-de-France est la première région agricole de France.

- ☐ **a.** Vrai
- ☐ **b.** Faux

9 Les caractéristiques partagées par les Franciliens relèvent :

- ☐ **a.** des modes de vie.
- ☐ **b.** de l'histoire.
- ☐ **c.** de la culture.

10 La richesse de l'Île-de-France repose sur :

- ☐ **a.** les services.
- ☐ **b.** l'industrie.
- ☐ **c.** l'agriculture.

11 Quels sont les déséquilibres spatiaux de la région Île-de-France ?

- ☐ **a.** Un déséquilibre nord-sud
- ☐ **b.** Un déséquilibre est-ouest
- ☐ **c.** Une trop forte polarisation sur Paris

12 Quels sont les conséquences de la périurbanisation en région parisienne ?

- ☐ **a.** La saturation des routes, des moyens de transport
- ☐ **b.** La pollution de l'air, le stress, la perte de temps
- ☐ **c.** L'augmentation de l'utilisation de l'automobile pour les trajets

RÉPONSES

1. a • **2.** a • **3.** b • **4.** c • **5.** b • **6.** c • **7.** c (Paris, dans la limite de la commune, abrite un peu plus de 2 millions d'habitants, l'agglomération parisienne [aire urbaine] compte 9,6 millions d'habitants) • **8.** a • **9.** a • **10.** c • **11.** b et c • **12.** a, b et c

SUJET 30 | Les régions en France

QUESTIONS DE COURS

1. Pourquoi redécouper les régions en réduisant leur nombre ?
❒ **a.** Pour une meilleure cohérence entre régions administratives et historiques.
❒ **b.** Pour éviter les chevauchements de compétences avec les départements.
❒ **c.** Pour rendre les régions françaises plus compétitives face aux autres régions européennes.

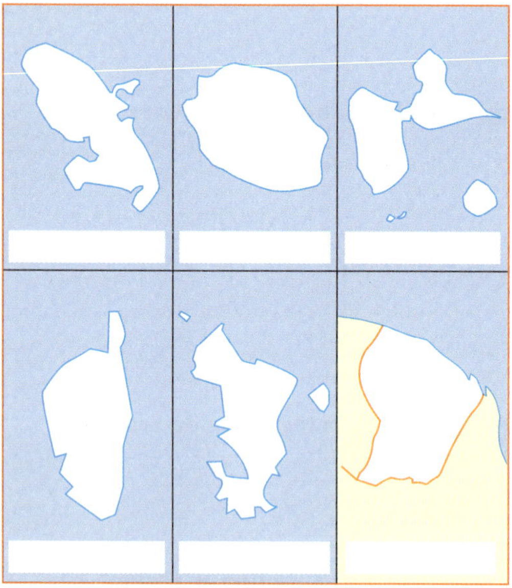

2. Montrez que les régions françaises sont des acteurs de l'aménagement du territoire.

3. Qu'est-ce qu'une « Eurorégion » ? Illustrez votre définition par un exemple.

4. Sur le fond de carte ci-contre, vous devez reconnaître la silhouette des régions d'outre-mer françaises. Indiquez leur nom dans le cadre. Coloriez en rouge la région qui n'est pas d'outre-mer, et en vert le territoire devenu un département (et région) d'outre-mer en 2011.

DÉMARRONS ENSEMBLE

Il s'agit d'un exercice original de reconnaissances de formes géographiques. Aidez-vous du fait que la région en bas à droite n'est pas une île. Attention au piège : il n'y a que 5 régions d'outre-mer. Il y a donc un intrus.

CORRIGÉ

1. Réponses a et c. Les chevauchements de compétences avec les départements ne cesseront qu'avec une réforme des partages de compétences ou… la disparition des départements.

2. Les régions françaises sont des **acteurs géographiques**. Le Conseil régional jouit de **compétences importantes**, nettement étendues avec les lois de 2003-2004, dans des domaines variés : transports ferroviaires, logement, urbanisme, développement économique ou encore éducation.
Les régions disposent de **sources de financement** : taxes indirectes, impôts locaux, mais aussi subventions de l'État dans le cadre de **contrats État-Région**. Enfin, elles peuvent **se financer par l'emprunt**. L'action régionale souffre cependant de **limites** : chevauchement des compétences, endettement.
La Région est ainsi un acteur de l'aménagement du territoire.

Terminez en concluant sur le sujet, et en réutilisant le concept d'échelle, qui est essentiel en géographie.

3. Une Eurorégion est une **structure de coopération transfrontalière** qui bénéficie du soutien de l'UE. On en dénombre plus de 90 en Europe, dont plus de 25 concernent la France.
L'objectif est de créer un espace intégré en coopération transfrontalière, dans divers secteurs : économie locale, activités culturelles, réseaux de transport, environnement…
Ces territoires transfrontaliers ont souffert dans le passé de leur situation (frontière hostile), mais ils sont devenus riches d'opportunités.
La région Saar-Lor-Lux, aujourd'hui la Grande Région, regroupe le Luxembourg, la Rhénanie-Palatinat et la Sarre (Allemagne), la Wallonie belge et la Lorraine.

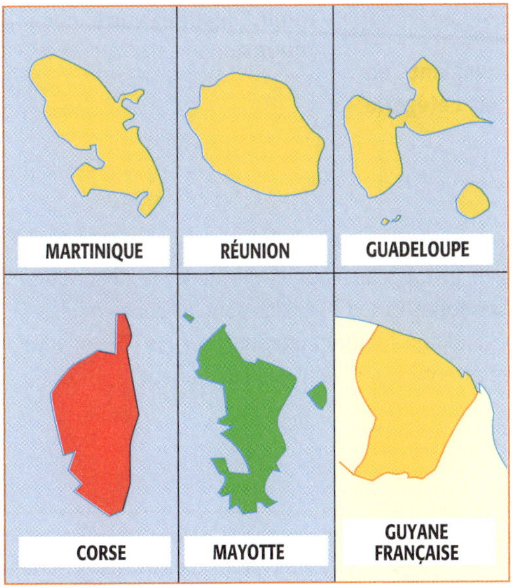

4. Voici la carte complètement renseignée. Rappelons que la Corse est une région métropolitaine comme les autres, bien qu'elle soit une île.

Comme toujours, veillez à écrire les noms en script, pour plus de lisibilité. Si vous avez choisi de colorier, faites-le avec soin : une carte coloriée à la hâte laisse toujours une très mauvaise impression.

SUJET 31 | Un espace transfrontalier : la frontière franco-suisse

ÉTUDE DE DOCUMENT

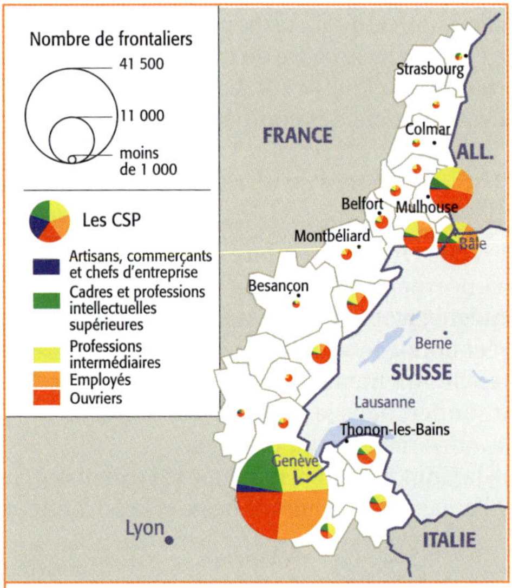

Les frontaliers français travaillant en Suisse (par zone d'emploi et catégorie socio-professionnelle)

1. Que représente le document ? Qu'est-ce qu'un travailleur frontalier ?

2. Comment se répartissent les travailleurs frontaliers ?

3. Qu'est-ce qu'une CSP ? Quels types de CSP sont majoritairement représentés chez les travailleurs frontaliers ? Comment expliquer la surreprésentation des cadres aux environs de Genève ?

4. Cette carte permet-elle de calculer la proportion des travailleurs frontaliers par rapport à la population totale ? Justifiez votre réponse.

DÉMARRONS ENSEMBLE

Observez attentivement la carte et rappelez-vous la méthode de description d'une répartition : Quelles sont les zones fortes ? Quelles sont les zones faibles ? Existe-t-il des groupements particuliers ? Pour la question sur les CSP, si vous avez oublié de quoi il s'agit, lisez attentivement le titre du document.

CORRIGÉ

1. Le document est une carte statistique qui représente la **répartition des frontaliers français travaillant en Suisse**. Seules les zones d'emplois proches de la frontière figurent sur la carte. Les cercles proportionnels indiquent le nombre de frontaliers par zone d'emploi, mais aussi leur répartition par catégorie socio-professionnelle. Un frontalier est un travailleur qui occupe un emploi de l'autre côté d'une frontière.

2. L'effet-frontière apparait nettement. Les zones d'emploi immédiatement frontalières emploient des quantités importantes de travailleurs frontaliers. On observe par ailleurs une forte concentration près du pôle industriel suisse de Bâle (environ 30 000) et surtout de Genève (45 000).

3. Une CSP est une catégorie socio-professionnelle. Les CSP majoritaires sont les ouvriers, les employés et les professions intermédiaires. Près de Genève, les cadres sont surreprésentés en raison de la spécialisation financière de Genève et de la présence dans la ville de grandes institutions internationales (ONU, Croix-Rouge, OMC...).

Savoir que Genève est une grande place financière suisse relève de la culture de base.

4. Cette carte ne permet pas de calculer la proportion des travailleurs frontaliers par rapport à la population totale : il eût fallu disposer, par zone d'emploi, du chiffre de la population totale pour pouvoir calculer un pourcentage.

SUJET 32 | Les domaines d'intervention de la région

ÉTUDE DE DOCUMENT

Transport, environnement, culture : conformément aux lois de décentralisation, la Région intervient dans de nombreux domaines de la vie quotienne, avec l'objectif constant d'améliorer la vie des Franciliens.

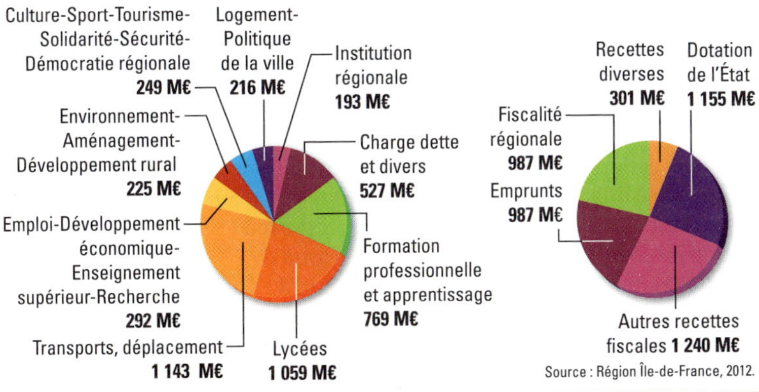

Source : Région Île-de-France, 2012.

Les domaines d'intervention du Conseil régional et le budget de la région Île-de-France en 2010

1. Qu'est-ce que la « décentralisation », dont il est fait mention dans le document ?

2. Quel est l'objectif que se donne la région Île-de-France ? Dans quels domaines ses interventions se situent-elles prioritairement ?

3. À l'aide des graphiques, donnez deux exemples concrets de l'argent investi dans des domaines d'intervention relevant de la région.

4. Par quel moyen la région parvient-elle à équilibrer recettes et dépenses ? De combien est le déficit budgétaire ? Quelles en sont les conséquences ?

DÉMARRONS ENSEMBLE

Rappelez-vous qu'un budget est par définition équilibré : les dépenses sont égales aux recettes. Ce qui ne signifie pas qu'il ne peut pas y avoir de déficit budgétaire (des dépenses supérieures aux recettes).

CORRIGÉ

1. La décentralisation est le transfert de compétences de l'État aux collectivités territoriales, par exemple les régions. Deux vagues principales de décentralisation ont eu lieu : 1982 et 2003-2004.

2. La région Île-de-France a pour objectif « d'améliorer la vie des Franciliens », dans le domaine des transports, de l'environnement et de la culture.

3. Le budget 2010 montre que le Conseil régional intervient dans les domaines :
- des transports, pour lesquels sont investis 1 143 millions d'euros, qui serviront à rénover des lignes de transports en commun, ou à en créer de nouvelles ;
- de l'éducation, avec 1 059 millions d'euros investis dans les lycées que la région est chargée de construire et d'entretenir.

4. Recettes et dépenses sont équilibrées dans un budget. Mais la région Île-de-France **dépense plus qu'elle ne gagne** grâce aux recettes fiscales ou aux dotations de l'État. Il lui faut donc recourir à **l'emprunt**.
Ces emprunts en 2010 se sont montés à un total de **987 millions d'euros**, soit le déficit budgétaire. 987 par rapport à 4 673 : **un peu plus de 20 %.**
Tout emprunt n'est pas mauvais : il faut souvent emprunter pour investir dans des équipements qui seront rentabilisés en plusieurs années.
L'ampleur du déficit est toutefois préoccupante (20 %), d'autant que l'Île-de-France est la plus riche des régions françaises. En conséquence, la **charge de la dette** s'élève à 527 millions d'euros, soit environ 11 % des dépenses.
En raison du déficit budgétaire, cette charge ne peut que s'accroître mécaniquement dans les années à venir, limitant d'autant les capacités d'action régionale.

GÉOGRAPHIE

Le territoire français et sa population

Aménager le territoire, désenclaver le Massif central (Viaduc de Millau)

FICHES

BILAN

SUJETS CORRIGÉS

31 Ressources et contraintes du territoire français

Le territoire français est caractérisé par une situation géographique privilégiée et une grande variété de milieux. Ceux-ci présentent des atouts, mais aussi des contraintes qui peuvent présenter des risques dont il convient de se protéger. Quelles potentialités le territoire national offre-t-il ?

I Les ressources du territoire français

1. Une situation géographique privilégiée

- La France est située à l'ouest de l'Europe, en position de « **carrefour** » entre l'Europe du Sud et du Nord-Ouest, car elle possède des frontières avec six États. Son territoire s'ouvre sur quatre façades maritimes, ce qui fait de la France un pays de transit : elle est ouverte aux grandes routes maritimes et est traversée par de nombreux flux migratoires. Chaque année, elle accueille environ 200 000 personnes à la recherche d'un travail et plus de 76 millions de touristes.
- La France inclut des territoires lointains, héritages de son passé colonial : **DROM** et **COM** assurent une présence stratégique de la France dans le monde et lui permettent de disposer d'une vaste zone économique exclusive (ZEE).

Espaces maritimes qui s'étendent jusqu'à 370 km à partir des côtes.

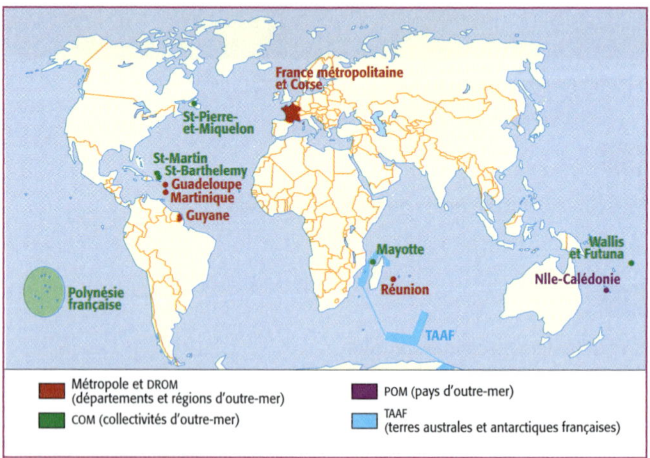

Les territoires français ultramarins

2. Des milieux variés, mis en valeur

- À l'ouest de la ligne Metz-Biarritz dominent les paysages de **plaines** et de **plateaux**, favorables aux activités humaines. Les moyennes et hautes **montagnes** sont localisées aux périphéries du territoire (Pyrénées, Alpes, Jura).
- La majorité du territoire est sous l'influence du **climat océanique** favorable aux activités agricoles ; il ne présente pas de contrainte majeure (sauf les tempêtes). Le climat océanique se dégrade progressivement vers l'est où il devient **semi-continental**. Au sud, le climat **méditerranéen** permet les cultures maraîchères et viticoles, et l'ensoleillement est un atout pour le tourisme et la production d'énergie solaire.
- La majorité de la France d'**outre-mer** se situe dans la zone intertropicale dont le climat permet des cultures de plantation (Antilles) et le tourisme (Réunion, Antilles). Elle fourni de nombreux minerais (Nouvelle-Calédonie) et abrite des bases scientifiques (Guyane).

II Des contraintes à prendre en compte pour prévenir les risques

- Le territoire français ne présente pas de contrainte majeure. Cependant, des risques existent.

Difficultés que présente un milieu (climat, relief, sols) pour son occupation ou sa mise en valeur.

Contraintes	Mises en valeur	Risques à prendre en compte
Moyenne montagne Cloisonnement, altitude, dénivellation	**Aménagements :** routes, tunnels, viaduc **Activités :** élevage, tourisme vert, exploitation forestière, énergie éolienne, thermalisme	Éboulements
Haute montagne Altitude, pente, enneigement	**Aménagements :** stations de ski, piste de ski, barrages, tunnels, cols **Activités :** tourisme hivernal, hydroélectricité	Inondations, avalanches
Climat méditerranéen Sècheresse estivale, pluies automnales	**Aménagements :** stations balnéaires (hôtels, camping, marinas), exploitations maraîchères **Activités :** tourisme estival, agriculture	Inondations, glissements de terrain, incendies et pénurie d'eau

Depuis 1995, des **plans de prévention des risques** (PPR), obligatoires, recensent et localisent les risques et mettent en place des dispositifs d'alerte, d'évacuation et de secours. Mais l'homme cherche aussi à protéger des espaces menacés : c'est la raison pour laquelle des **réserves naturelles** et des **parcs naturels** ont été créés depuis les années 1960. Dans les années 1980 et 1990, la loi Montagne, la loi Littoral et la loi sur l'eau ont tenté de concilier la protection de l'environnement et les impératifs économiques.

Danger potentiel qui peut affecter une population, il peut être d'origine naturelle ou technologique.

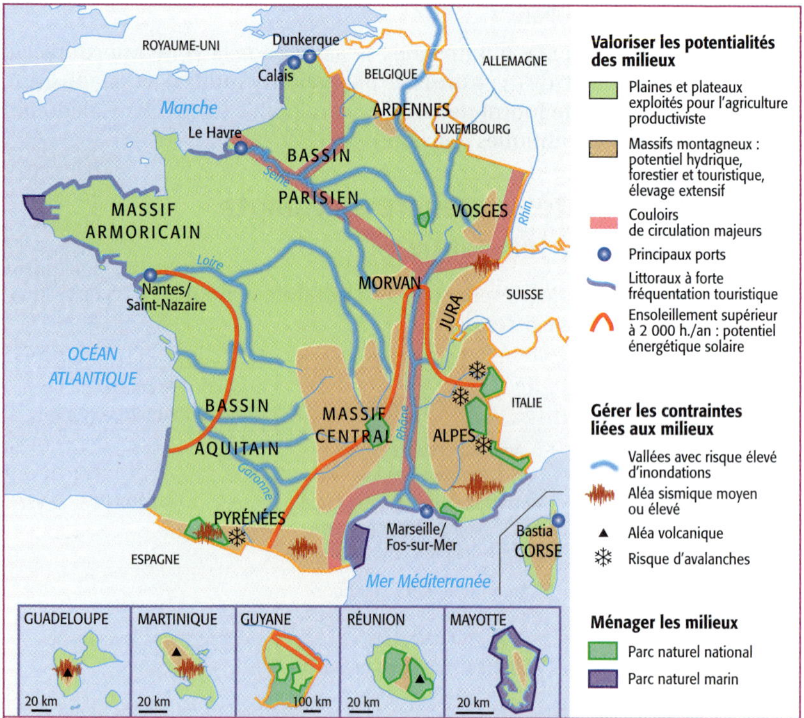

Les potentialités, les contraintes et les aménagements du territoire français

32 La population française

En 2012, la France compte 65 millions d'habitants qui se répartissent très inégalement sur le territoire. Par son dynamisme démographique et ses contrastes de peuplement, elle constitue un cas original en Europe. Quelles sont les évolutions spatiales et démographiques de la population française ?

I Une population inégalement répartie

Avec une densité de 110 hab./km², la France est le pays le **moins densément peuplé de l'Union européenne**. La population est très inégalement répartie sur le territoire : les très fortes densités (plus de 500 hab./km²) correspondent aux grandes aires urbaines, souvent localisées dans les vallées fluviales et sur les littoraux (région parisienne, Alsace-Lorraine, vallée du Rhône, littoral méditerranéen et atlantique). Inversement, les Alpes, le Jura et une diagonale de très faible densité (moins de 25 hab./km²), des Ardennes aux Pyrénées, forment la « **France du vide** ».

La densité est le nombre d'habitants vivant sur un territoire d'un kilomètre carré.

Le peuplement s'explique par l'**histoire** : au XIXe siècle, l'industrialisation a poussé les habitants des campagnes vers les villes du nord et de l'est de la France (exode rural). L'urbanisation s'est poursuivie tout au long du XXe siècle, vidant les territoires les plus isolés, souvent en moyenne montagne (Massif central). Enfin, le développement d'une agriculture fortement mécanisée, nécessitant peu de main-d'œuvre, dans le Bassin parisien, la Champagne et les Ardennes, explique le faible peuplement.

II Une population de plus en plus mobile

1. À l'échelle nationale

À l'échelle de la France, la carte des soldes migratoires oppose les régions du Sud et de l'Ouest, attractives, aux régions du Nord et du Nord-Est qui perdent des habitants.

Le solde migratoire est la différence entre le nombre d'entrées et de sorties d'un territoire.

L'attractivité du Sud, également appelé **héliotropisme**, s'explique par la proximité de la mer, l'ensoleillement et surtout le développement des activités comme le tourisme ou le tertiaire supérieur autour et au sein des grandes agglomérations.

À l'opposé, les régions du Nord et de l'Est souffrent de **désindustrialisation** et de la fermeture des derniers bassins sidérurgiques. Quant à la région Île-de-France, même si elle continue à attirer de jeunes actifs, elle perd les personnes âgées qui vont vers le Sud pour leur retraite ou les familles qui fuient les problèmes de logement et de transport.

2. Aux échelles régionale et locale

Les Français deviennent de plus en plus **mobiles**. Environ 2 % d'entre eux changent de région au cours d'une année. Les mobilités quotidiennes sont également très importantes, puisqu'elles concernent plus de 60 % des actifs du fait de l'éloignement croissant entre le lieu de résidence et le lieu de travail.

Même si la périurbanisation se poursuit, on assiste à un renouveau de l'attractivité des centres villes (sauf Paris) en raison de la rénovation et de la réhabilitation des quartiers anciens : on parle de « **gentrification** ».

Rénover consiste à détruire un immeuble ancien pour en reconstruire un nouveau.

Réhabiliter consiste à mettre aux normes, améliorer un immeuble à partir du bâti ancien.

III Les dynamiques démographiques de la population française

En 2012, **65,35 millions d'habitants** peuplent la métropole et les départements d'outre-mer. En 2011, la population a augmenté de 0,5 % (349 000 personnes), au même rythme que les années précédentes. Le taux de fécondité est parmi les plus élevé d'Europe avec 2,01 enfants par femme, même si l'âge de la maternité recule (30 ans pour un premier enfant).

Si la population française continue de **vieillir**, la situation actuelle de la **fécondité** est plutôt satisfaisante. Elle est due à la politique de la petite enfance (constructions de crèches permettant à la mère de poursuivre une activité professionnelle), à des mesures fiscales (allocations familiales, baisse des impôts) et au dynamisme démographique des immigrés.

À la naissance, les femmes peuvent espérer vivre jusqu'à 85,3 ans en moyenne et les hommes jusqu'à 78,2 ans. L'**espérance de vie** continue de s'allonger du fait des progrès constants de la médecine, d'un système de santé performant (sécurité sociale) et de la prise en charge des personnes âgées.

Néanmoins, si l'espérance de vie augmente, celle de vivre plus longtemps en bonne santé est moins élevée (63,5 ans pour les femmes, 61,9 ans pour les hommes).

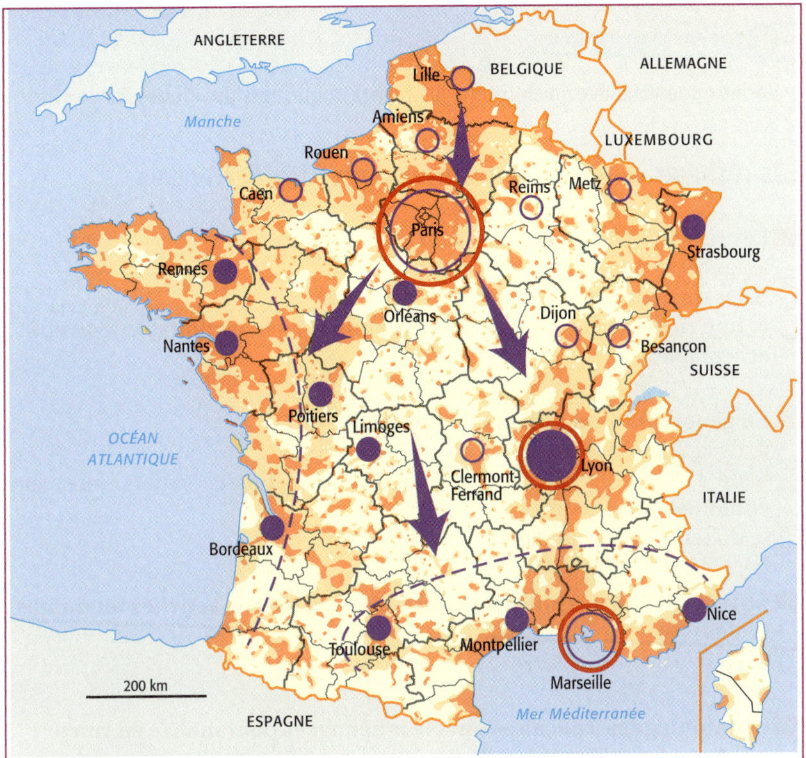

Une population très inégalement répartie

Des pleins et des vides

- Des espaces densément peuplés
- Des densités correspondant à la moyenne nationale
- Des espaces faiblement peuplés

Un réseau urbain très hiérarchisé

- Une capitale macrocéphale
- Deux villes millionnaires : Lyon et Marseille
- Les capitales régionales supérieures à 100 000 hab.

Une population mobile

- Des espaces attractifs : les littoraux
- Des espaces en cours d'intégration : les villes secondaires situées essentiellement au sud de Paris
- Les flux interrégionaux : l'effet Sud
- La périurbanisation s'affirme et s'étend

La population française : disparités et dynamiques spatiales

Quiz express

Vérifiez que vous avez bien retenu les points importants **des fiches 31 et 32**.

Les ressources et les contraintes du territoire français

1 Les ressources du territoire sont :

- [ ] **a.** les caractéristiques climatiques.
- [ ] **b.** les ressources du sous-sol.
- [ ] **c.** une richesse potentielle offerte par un milieu, exploitable à un coût acceptable.

2 En géographie, un milieu est constitué :

- [ ] **a.** de la faune et la flore.
- [ ] **b.** de l'ensemble des données naturelles (climats, reliefs, sols, eau et biodiversité).
- [ ] **c.** du relief et des climats.

3 La majorité du territoire français est favorable aux activités humaines.

- [ ] **a.** Vrai
- [ ] **b.** Faux

4 Les montagnes françaises ont été aménagées pour mettre en valeur :

- [ ] **a.** leur pente et leur dénivellation.
- [ ] **b.** leur enneigement.
- [ ] **c.** leur altitude.

5 Les principaux risques du climat océanique sont :

- [ ] **a.** les feux de forêts.
- [ ] **b.** les inondations.
- [ ] **c.** les tempêtes.

6 Quelle est la définition d'un risque ?

- [ ] **a.** C'est un aléa naturel.
- [ ] **b.** C'est une catastrophe qui entraîne des dégâts naturels et des pertes humaines.
- [ ] **c.** C'est un danger potentiel qui pourrait affecter des sociétés.

La population française : répartition, dynamiques spatiales et démographiques

7 La densité de population en France est de :

- ☐ **a.** 500 hab./km².
- ☐ **b.** 25 hab./km².
- ☐ **c.** 110 hab./km².

8 L'exode rural, c'est :

- ☐ **a.** le départ des habitants des villes vers les espaces ruraux.
- ☐ **b.** le départ des habitants des campagnes vers les villes.
- ☐ **c.** le retour des habitants des banlieues vers les centre-ville.

9 On appelle « héliotropisme », l'attractivité des régions :

- ☐ **a.** littorales.
- ☐ **b.** méridionales.
- ☐ **c.** occidentales.

10 L'espérance de vie indique :

- ☐ **a.** le nombre d'années que peut espérer vivre un individu à la naissance.
- ☐ **b.** le nombre d'années que vit un individu en bonne santé.
- ☐ **c.** l'âge moyen des personnes âgées.

11 Le taux de fécondité est :

- ☐ **a.** le nombre moyen d'enfant par femme en âge de procréer.
- ☐ **b.** le nombre de naissances pour mille habitants.
- ☐ **c.** le nombre d'enfants nés dans l'année.

RÉPONSES

1. c • **2.** b • **3.** a • **4.** a et b • **5.** b et c • **6.** c (l'aléa est le facteur physique d'un risque naturel. De nombreuses régions du globe sont soumises à des aléas mais ils n'y constituent pas de véritables risques si elles ne sont pas peuplées) • **7.** c (cette moyenne ne reflète en rien l'inégal peuplement de la France, il est purement indicatif) • **8.** b • **9.** d (« méridional » est synonyme « du sud ») • **10.** a • **11.** a (ce serait une erreur de comptabiliser les femmes n'étant pas en mesure physiologique d'avoir des enfants)

SUJET 33 | Le territoire français et sa population

QUESTIONS DE COURS

1. Le taux de fécondité français est :
❒ **a.** au-dessus du seuil de remplacement des générations.
❒ **b.** proche du seuil de remplacement des générations.
❒ **c.** en-dessous du seuil de remplacement des générations.

2. Quels sont les avantages de la situation géographique de la France métropolitaine ?

3. Citez deux avantages procurés à la France par ses territoires d'outre-mer.

4. Sur la pyramide des âges de la France ci-dessous, un maladroit a mélangé les indications de légende. Saurez-vous rendre à chaque lettre, sur la pyramide, l'événement qui lui convient ?
Question subsidiaire : à hauteur de quel numéro sur la pyramide placeriez-vous un homme mort à 71 ans ?

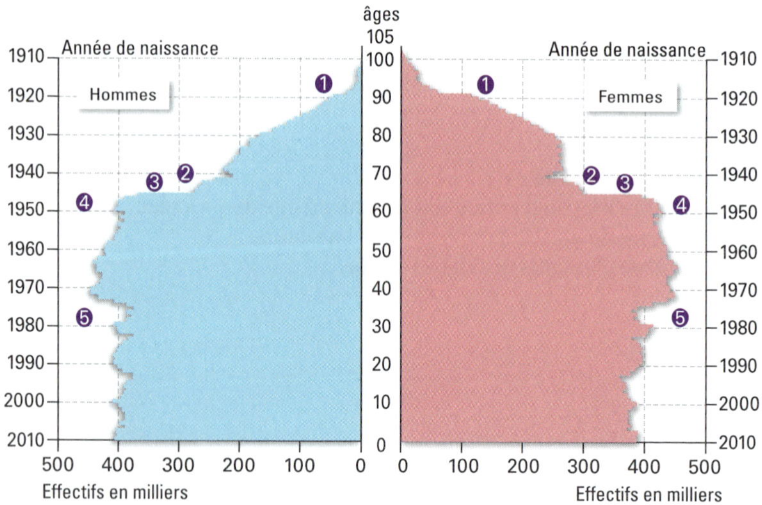

1 Fin du baby-boom
2 Passage des classes creuses à l'âge des fécondités
3 Déficit des naissances dû à la guerre de 1914-1918 (classes creuses)
4 Baby-boom
5 Déficit des naissances dû à la guerre de 1939-1945

La population en France au 1er janvier 2011 (INSEE, 2010)

DÉMARRONS ENSEMBLE

Il s'agit d'un exercice portant sur un document démographique classique, la pyramide des âges. Repérez bien les âges au 1er janvier 2011 (au centre) et les années de naissance de ceux qui sont représentés (à gauche pour les hommes, à droite pour les femmes). Question subsidiaire : regardez la colonne des âges, au centre, mais attention : il y a un piège !

CORRIGÉ

1. Réponse b.
À 2,01, le taux de fécondité français est très proche du seuil de remplacement de 2,1. C'est un cas presque unique en Europe.

> N'hésitez jamais à comparer la France en Europe : c'est son horizon géographique naturel et cela met en valeur votre culture.

2. La situation géographique de la France métropolitaine est une situation de carrefour, de lieu central en Europe, entre Europe du Nord et du Sud. Elle est ainsi au contact de six pays européens : Belgique, Luxembourg, Allemagne, Suisse, Italie et Espagne.
Ses quatre façades maritimes (mer du Nord, Manche, océan Atlantique, mer Méditerranée) représentent un atout majeur dans une économie mondialisée, où les échanges maritimes représentent 90 % des échanges de marchandises internationaux. La France se situe à proximité des grandes routes maritimes mondiales.
La France est ainsi un pays traversé de flux multiples, dont la position au cœur de l'Europe occidentale, à l'interface entre nord et sud, représente un lieu d'implantation idéal pour tous types d'activités. Il n'est donc pas étonnant que la France reçoive 40 milliards de dollars d'investissements directs étrangers par an.

> Faites le lien avec d'autres connaissances qui vous permettront de montrer la pertinence de votre réponse.

3. Les territoires ultramarins de la France sont répartis sur tous les continents et océans de la planète. Ils assurent donc au pays une présence stratégique en tout point du globe. Par ailleurs, ces territoires multiplient par 30 la zone économique exclusive de la France, au point qu'elle arrive au 2e rang mondial, derrière celle des États-Unis.

4. Voici les bonnes indications de légende.
- ❶ Déficit des naissances dû à la guerre de 1914-1918 (classes creuses)
- ❷ Passage des classes creuses à l'âge de la fécondité
- ❸ Déficit des naissances dû à la guerre de 1939-1945
- ❹ Baby-boom ❺ Fin du baby-boom

Question subsidiaire : Cet homme est mort. Il n'est donc pas sur la pyramide, qui ne représente que les personnes vivantes, bien sûr !

SUJET 34 | L'évolution démographique française

ÉTUDE DE DOCUMENT

Indicateurs démographiques 1950-2010 pour la France métropolitaine

	1950	1960	1970	1980	1990	2000	2010
Naissances (m)	858	816	848	800	762	775	797
Décès (m)	530	517	540	547	526	531	535
Excédent naturel (m)	328	299	308	253	236	244	262
Solde migratoire (m)	35	140	180	44	80	70	75
Variation totale (m)	363	439	488	297	316	314	337
Taux de natalité (t)	20,5	17,9	16,7	14,9	13,4	13,1	12,7
Taux de mortalité (t)	12,7	11,3	10,6	10,2	9,3	9,0	8,5
Taux de mortalité infantile (r)	51,9	27,4	18,2	10,0	7,3	4,4	3,6
Indice de fécondité (e)	2,93	2,73	2,47	1,94	1,78	1,87	2,00
Espérance de vie : Hommes (a)	63,4	67,0	68,4	70,2	72,7	75,3	78,1
Femmes (a)	69,2	73,6	75,9	78,4	80,9	82,8	84,8
Population (m)	42 010	45 904	51 016	54 029	56 893	59 267	63 136
Moins de 20 ans %	29,9	31,9	32,8	30,4	27,5	25,4	24,3
65 ans ou plus %	11,3	11,5	12,1	14,0	14,1	16,1	16,9

(a) années – (e) nombre d'enfants par femme – (m) milliers – (r) pour 1 000 naissances vivantes – (t) pour 1 000 habitants

Source : INSEE, Division des études et enquêtes démographiques.

1. Que présente le document ? La France d'outre-mer est-elle concernée ?

2. Quelle est l'unité utilisée pour le taux de mortalité ? l'espérance de vie ?

3. Quels sont les deux éléments qui composent la variation totale de la population ? Comment évoluent-ils ? En quoi la France est-elle une exception ?

4. Comment évolue la population française ? Que se passe-t-il à partir de 2000 sur le plan de la fécondité ?

5. Qu'est-ce qui montre le vieillissement de la population française ?

DÉMARRONS ENSEMBLE

C'est le moment ou jamais de se souvenir des définitions des indicateurs utilisés ici ! N'hésitez pas à surligner les lignes du tableau, afin d'en faciliter la lecture. Demandez-vous ce que chaque indicateur représente et quel lien il a avec les autres. Par exemple, les naissances sont une quantité, le taux de natalité est une proportion. Les deux dernières lignes permettent de mesurer la jeunesse ou la vieillesse relative de la population en comparant la proportion des jeunes et des plus agés.

CORRIGÉ

1. Le document est un tableau statistique qui présente **l'évolution des grands indicateurs démographiques de la France de 1950 à 2010**. La France d'outre-mer n'est pas concernée, car le titre précise qu'il s'agit de la France **métropolitaine**.

2. Les unités utilisées sont :
- taux de mortalité : **pour 1 000 habitants** (12,7 signifie 12,7 ‰).
- espérance de vie : le **nombre d'années** (65,5 signifie 65,5 année, c'est-à-dire 65 ans et 6 mois).

3. La variation totale de la population a une **composante naturelle**, issue du solde naturel, et une **composante migratoire**.
De 1950 à 1970, pendant la période du **baby-boom**, l'excédent naturel est élevé (autour de 300 000 par an) et le solde migratoire augmente massivement. À partir de la **crise de 1974**, le solde migratoire diminue nettement. L'excédent naturel recule (creux en 1990) avant de se reprendre.
Ce comportement est assez similaire chez les autres pays d'Europe. Mais **en France, c'est l'excédent naturel qui fait l'essentiel de la croissance totale de la population**.

> Citez un ou deux chiffres en appui de votre démonstration, ce qui montre que vous savez utiliser les données.

4. La population française continue d'augmenter et atteint aujourd'hui **plus de 63 millions** (65 millions avec l'outre-mer). À partir de 2000, on assiste à une **reprise de l'indice de fécondité** qui atteint 2,01 en 2011.

5. Entre 1950 et 2010, la part des jeunes dans la population totale diminue de 30 % à 24,3 %, tandis que la proportion de personnes âgées augmente de 11,3 à 16,9 %. **Le vieillissement est modéré mais incontestable**.

SUJET 35 | Les migrations intérieures

ÉTUDE DE DOCUMENT

1. Que représente le document ? Exprimez l'information sur un département de votre choix.

2. Quelles sont les régions dont le bilan migratoire est négatif ? Comment l'expliquer ?

3. Quelles sont les régions dont le bilan migratoire est positif ? Comment l'expliquer ?

4. Quel type de mouvement migratoire cette carte ne montre-t-elle pas ?

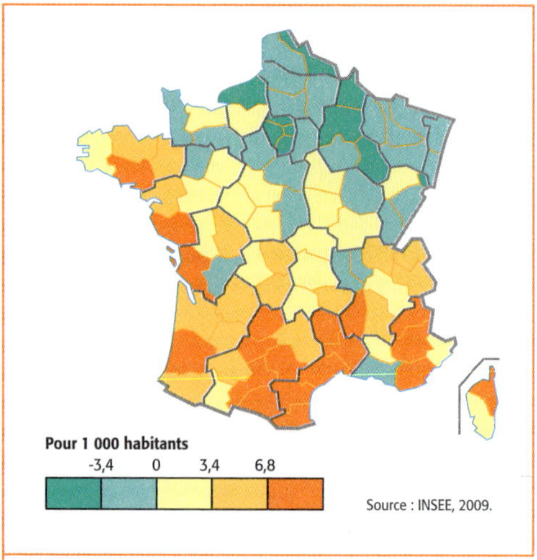

Les migrations interdépartementales de la population totale sur 5 ans

DÉMARRONS ENSEMBLE

« Exprimer l'information » signifie que vous devez choisir un département et formuler l'information apportée par la carte à son sujet. Les questions 2 et 3 sont des questions classiques de description/explication d'une carte. En revanche, la question 4 demande une réflexion critique : quelle est l'unité géographique de base de la carte ?

CORRIGÉ

1. Le document est une carte qui représente les migrations interdépartementales de la population totale sur 5 ans, autrement dit, **quel pourcentage de la population totale a migré vers un autre département sur les 5 dernières années** (en total net, c'est-à-dire le bilan entrées-sorties).

Explicitez le titre du document afin de montrer au correcteur que vous en avez bien compris le fonctionnement.

2. Les régions à bilan migratoire négatif se trouvent **au nord-est d'une ligne Bretagne-Alpes**. Cet espace correspond à des régions en **désindustrialisation avancée**, comme la Lorraine, le Nord ou la Seine-Maritime. Ont aussi un solde négatif les **grandes régions urbaines** : Paris, Lyon, Marseille et Lille.

3. À l'inverse, les régions à solde positif se trouvent **dans l'ouest et le sud**. Cela correspond aux **littoraux atlantique et méditerranéen, voire aux Alpes**, à l'exception des grandes régions urbaines (Lyon, Marseille). Cette attractivité s'explique par **l'héliotropisme** et **l'halieutropisme** (attraction des régions ensoleillées et littorales) de régions en plein développement.

4. Cette carte à l'échelle départementale ne montre évidemment pas les **mouvements intra-départementaux**, c'est-à-dire qui se font à l'intérieur d'un même département, par exemple l'exurbanisation, qui délaisse les agglomérations pour privilégier les périphéries bien reliées au centre.

GÉOGRAPHIE

Les espaces productifs en France

Un territoire de l'innovation : le plateau de Saclay (Île-de-France)

FICHES

BILAN

SUJETS CORRIGÉS

33 Les espaces industriels en France

L'industrie française est aujourd'hui située au 5e rang mondial et au 2e rang européen. La réorganisation de ce secteur a entraîné une forte diminution et une redistribution des emplois industriels sur le territoire. Quel est le nouveau visage de l'espace industriel français ?

I L'évolution de l'espace industriel : le poids des héritages

- L'**héritage industriel du XIXe siècle** est de moins en moins visible sur le territoire. Les industries étaient traditionnellement localisées dans les régions riches en matières premières (charbon, fer) qui offraient une main-d'œuvre importante (Nord-Pas-de-Calais, Lorraine).
- L'**essor industriel des Trente Glorieuses** a permis la modernisation de l'appareil productif (nucléaire, aéronautique), mais la **crise** a touché les secteurs industriels traditionnels (sidérurgie, charbon, textile) au milieu des années 1970. La production et l'emploi industriel ont chuté, les délocalisations à l'étranger se sont multipliées. Des activités nouvelles se sont implantées dans ces régions pour compenser les fermetures d'usines et réhabiliter les friches industrielles.
- Pour faire face à la crise et à la concurrence internationale, une politique de **décentralisation industrielle** est menée par l'État dans les années 1970 : l'aménagement des **zones industrialo-portuaires** (ZIP) du Havre ou de Dunkerque entraîne le glissement de la sidérurgie sur les littoraux. Des entreprises s'implantent dans l'Ouest (Citroën à Rennes, électronique) et dans le Sud, de plus en plus attractif : aéronautique à Toulouse (Airbus), informatique en région PACA. C'est l'effet « sun belt ».

Transfert d'une usine pour réduire les coûts de production ou se rapprocher du marché.

Anciennes usines et entrepôts abandonnés.

Attractivité pour les entreprises et la main-d'œuvre des régions situées au sud et à l'ouest du pays.

II De nouvelles dynamiques industrielles

1. Les facteurs de localisation ont changé

- Les régions situées à l'est d'une ligne Le Havre/Marseille demeurent les plus industrialisées, mais de nouvelles logiques de localisation s'imposent. La **proximité d'une métropole** est privilégiée par les industries de pointe. La ville offre en effet des services de qualité, une main-d'œuvre qualifiée et un accès facile aux moyens de transport rapides comme les autoroutes, le TGV ou l'avion.

▪ Le **cadre de vie** est déterminant : la proximité du littoral ou de la montagne est recherchée par les entreprises pour attirer des ingénieurs, des chercheurs et des cadres supérieurs.

▪ Enfin, les **régions frontalières** ou les **zones portuaires** sont dynamisées par la mondialisation et l'intégration européenne.

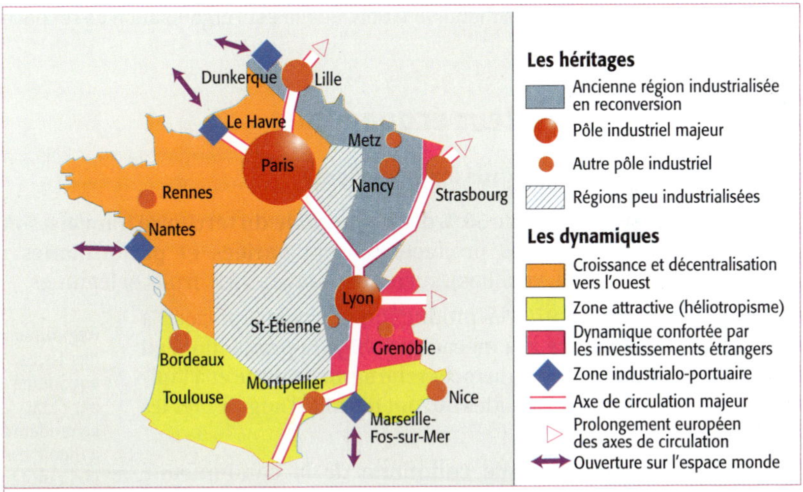

L'espace industriel français

2. Le nouvel espace industriel français

▪ **Le centre industriel du pays reste localisé en Île-de-France et dans le couloir du Rhône**. L'Île-de-France regroupe plus de 15 % des emplois industriels. Elle est au premier rang pour la recherche et les industries de pointe. La région lyonnaise et le couloir rhodanien, jusqu'à Fos-Marseille et l'Alsace, attirent les investissements étrangers. La **périphérie atlantique** (Bretagne, Normandie, Pays-de-la-Loire) est dotée d'industries de pointe et agroalimentaires.

▪ L'évolution la plus importante touche le **développement rapide de parcs technologiques en zone périurbaine**. Les activités y sont complémentaires : la recherche et l'**innovation** (laboratoires), la formation (universités, grandes écoles) et les technologies de pointe.

▪ **Les pôles de compétitivité** sont des associations d'entreprises, de centres de recherche et de formation engagés dans des projets communs. Il en existe aujourd'hui 71 sur le territoire national, créés par une loi de 2005 et soutenus par des aides financières de l'État.

34 Les espaces agricoles français

La France est la troisième puissance agricole européenne. Si elle emploie moins de 3 % de la population active, elle n'en demeure pas moins un secteur économique performant qui s'appuie sur une puissante industrie agroalimentaire intégrée à la mondialisation. Quelle est l'organisation de l'espace agricole français ?

I Un puissant secteur économique

1. La France, une grande puissance agricole

- L'agriculture occupe plus de **50 % de la superficie du territoire français**, soit 27 millions d'hectares. Les productions sont **variées** et **performantes** : céréales, viandes (bœuf, volailles), sucre (betterave), vins, fruits et légumes.
- Depuis les années 1970, la production agricole française a augmenté de 40 % grâce à la mécanisation de la production, au remembrement des terres, à la recherche agronomique et à l'utilisation d'engrais et de pesticides qui ont permis d'augmenter les rendements.
- La **PAC** (**Politique agricole commune** de la communauté européenne, créée en 1962) a permis, en garantissant un revenu stable aux agriculteurs, la modernisation du secteur agricole français.

Regroupement des terres encouragé par l'État.
Le rendement agricole est la quantité produite par hectare.

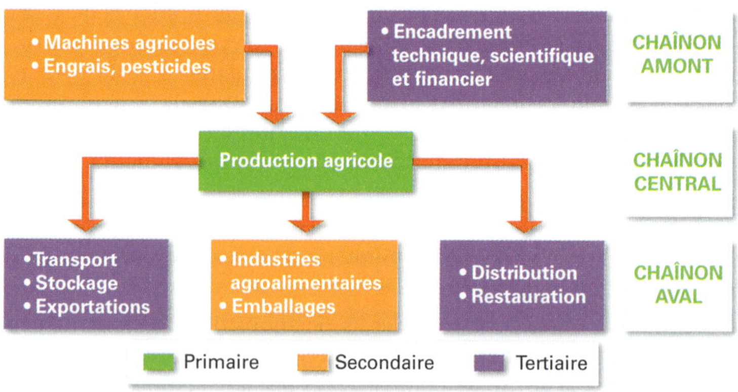

L'organisation du secteur agroalimentaire

- L'agriculture s'appuie désormais sur une puissante industrie agroalimentaire dominée par de grandes **firmes transnationales** (comme Danone) et de nombreuses petites et moyennes entreprises, employant plus de 400 000 personnes.

2. Un secteur qui connaît de profonds bouleversements

- Victime de son succès, la PAC a entraîné la mise en place d'une agriculture productiviste et multiplié les situations de surproduction. Aujourd'hui, la PAC reste la principale source de financement des agriculteurs sous la forme de subventions.
- L'agriculture est de plus en plus **vulnérable face à la mondialisation**. La concurrence internationale fait fluctuer les prix agricoles et le revenu moyen des agriculteurs baisse régulièrement (moins 20 % en dix ans).
- La **population agricole est vieillissante** et le **nombre d'exploitants diminue** (4 millions dans les années 1950, 600 000 aujourd'hui). De moins en moins nombreux, les agriculteurs se trouvent à la tête d'exploitations toujours plus vastes.

> Une agriculture productiviste recherche la **production maximale**, souvent au détriment de la qualité et de l'environnement.

II Les espaces agricoles, entre spécialisation et mutation

- **La modernisation de l'agriculture française a débouché sur une spécialisation des régions agricoles** et le recul de la polyculture. Le Bassin parisien est une région de grande culture céréalière avec de vastes exploitations très modernes. Le Bassin aquitain produit également des céréales (maïs). L'ouest de la France s'est spécialisé dans la production laitière et l'élevage intensif hors-sol (porcs, poulets). Les cultures délicates (vignes, fruits et légumes, fleurs) sont présentes dans les vallées de la Loire, de la Garonne et en Provence. Les régions de moyenne montagne sont des régions d'élevage bovin.
- **Les nouvelles attentes des consommateurs pourraient modifier cette organisation régionale.** Rejetant de plus en plus une alimentation sans saveur, dont la production est souvent néfaste pour l'environnement, ils sont de plus en plus nombreux à soutenir les expériences **d'agriculture raisonnée** (utilisant moins d'engrais et de pesticides), voire **d'agriculture biologique** (qui n'en utilise pas). Ils sont également nombreux à vouloir consommer des aliments locaux en se mettant en contact direct avec les producteurs.

> La polyculture associe plusieurs productions agricoles.

> L'élevage hors-sol est pratiqué dans des hangars où les bêtes, souvent dans un espace réduit, sont nourries avec des aliments industriels.

35 Les espaces de services en France

La croissance de l'emploi en France au cours des trente dernières années est essentiellement due à l'essor des services. Comment ceux-ci modifient-ils l'organisation des territoires ?

I Des activités essentiellement urbaines

En France, le secteur tertiaire (les services) représente les **2/3 des richesses** produites et emploie **76 % de la population active**. Les activités de services sont publics (organisés par l'État) ou privés. Dans ce cas, ils sont aux mains de grandes entreprises de taille mondiale (les FTN, **firmes transnationales**) ou d'une multitude de petites et moyennes entreprises (PME).

Services publics	Services privés
Administration, hôpitaux Enseignement Police Transports publics	Services aux entreprises ou aux particuliers : banques, services de conseils, assurances, commerces, entretien, distribution, loisirs, sports, etc.

À l'échelle nationale, les services sont surtout concentrés en ville. Ils déterminent la hiérarchie urbaine : plus une ville offre de services rares et spécialisés, plus son influence est grande. Ainsi, les plus petites villes proposent des services élémentaires de proximité (supermarchés, boulangeries, collèges et lycées, médecins généralistes) tandis que les **métropoles** proposent des services appartenant au **secteur tertiaire supérieur** (enseignement supérieur, hôpital, conseils, médecins spécialistes, etc.).

Classement des villes et de leurs aires d'influence les unes par rapport aux autres.

À l'échelle locale des métropoles, les services culturels (musées, théâtres), les commerces de luxe, les sièges sociaux des entreprises, les services financiers sont souvent localisés en **centre-ville**, ou parfois dans des **quartiers d'affaires** situés un peu à l'écart (La Défense à Paris, la Part-Dieu à Lyon).

Certains services, consommant beaucoup d'espace, sont situés en périphérie des grandes villes, le long des axes de communication, où le prix de l'immobilier est moins cher : les aéroports, les centres commerciaux, les grandes salles de cinéma, les services de stockage. Grâce à l'essor des technologies de l'information et des communications (Internet), les services aux entreprises se multiplient dans ces **espaces périurbains**.

II L'évolution contrastée des activités de service

1. Les territoires délaissés par les services

- Dans les espaces ruraux, la tendance actuelle est à la **fermeture de services** publics (écoles, bureaux de poste, gares) mais aussi privés (commerces).
- L'accessibilité aux services doit permettre d'éviter la « déprise rurale ». Des solutions de regroupement des activités sont parfois envisagées : création de maisons médicales rurales, offre commune de services publics. Ils sont souvent aidés financièrement par les communes.

Synonyme de dépeuplement et de vieillissement des campagnes.

2. Des espaces récréatifs toujours plus nombreux

- Le tourisme occupe une place particulière parmi les activités de service. Il nécessite un déplacement des touristes vers des sites particuliers et des aménagements pour les accueillir.
- Les zones urbaines et périurbaines abritent les musées, les monuments historiques et les parcs d'attractions. Elles attirent de nombreux touristes lointains : Chinois, Américains, Japonnais.

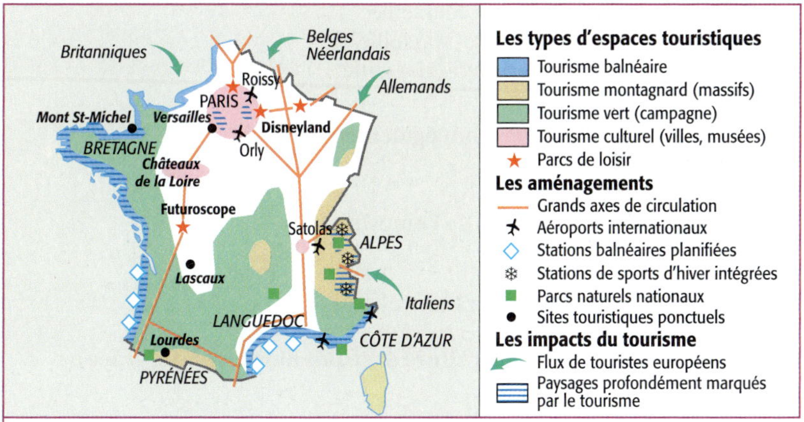

Les espaces touristiques et leur impact en France

- Les **littoraux** et les **espaces ruraux** à proximité des grandes villes sont privilégiés pour les séjours de courte durée et bien desservis par les **transports**.
- Les littoraux méditerranéens et atlantiques (40 % des séjours en France), les montagnes (17 % des séjours, surtout dans les Alpes du Nord) bénéficient de nombreuses infrastructures d'accueil (hébergement, restauration).
- Le **tourisme vert** (rural) est plus diffus, souvent en **moyenne montagne**.

Quiz express

Vérifiez que vous avez bien retenu les points importants **des fiches 33 à 35**.

Les espaces industriels en France

1 Les régions de la « révolution industrielle » étaient localisées :

☐ **a.** en ville.
☐ **b.** près des gisements miniers (pays noirs).
☐ **c.** sur les littoraux.

2 Une friche industrielle est :

☐ **a.** une zone industrielle abandonnée.
☐ **b.** une zone agricole reconvertie en zone industrielle.
☐ **c.** une zone industrielle en reconversion.

3 Où sont localisées la majorité des industries en France ?

☐ **a.** À l'est de la ligne Le Havre-Marseille
☐ **b.** Au sud de la ligne Le Havre-Marseille
☐ **c.** À l'ouest de la ligne Le Havre-Marseille

4 Les parcs technologiques sont également appelés :

☐ **a.** technopoles.
☐ **b.** parcs technopolitains.
☐ **c.** technopôles ou territoires de l'innovation.

Les espaces agricoles français

5 La modernisation de l'agriculture a été possible en partie grâce à :

☐ **a.** la PAC.
☐ **b.** la mécanisation.
☐ **c.** l'industrie agroalimentaire.

6 L'élevage hors-sol est synonyme :

☐ **a.** d'élevage à la chaîne.
☐ **b.** d'élevage en batterie, dans des hangars.
☐ **c.** d'élevage en plein air.

7 L'agriculture raisonnée :

- [ ] **a.** minimise l'emploi d'OGM (organismes génétiquement modifiés).
- [ ] **b.** abandonne l'utilisation d'engrais et de pesticides.
- [ ] **c.** diminue l'emploi d'engrais et de pesticides.

8 Le nombre d'agriculteurs et d'exploitations agricoles :

- [ ] **a.** a augmenté.
- [ ] **b.** a stagné.
- [ ] **c.** a diminué.

Les espaces de services en France

9 Les firmes transnationales sont des entreprises :

- [ ] **a.** localisées dans l'Union européenne.
- [ ] **b.** ayant des filiales (agences, usines) dans plusieurs pays.
- [ ] **c.** appartenant à des investisseurs étrangers.

10 Les sièges des entreprises de services se localisent aujourd'hui :

- [ ] **a.** en centre-ville.
- [ ] **b.** dans les quartiers des affaires parfois excentré du centre-ville.
- [ ] **c.** dans les espaces périurbains.

11 L'accessibilité, c'est-à-dire une bonne desserte en moyens de transport, détermine la localisation des services.

- [ ] **a.** Vrai
- [ ] **b.** Faux

12 Le type de tourisme qui domine en France est :

- [ ] **a.** le tourisme vert.
- [ ] **b.** le tourisme de montagne (sports d'hiver).
- [ ] **c.** le tourisme balnéaire (sur les littoraux).

RÉPONSES

1. b • **2.** a • **3.** a • **4.** c (une technopole est une ville accueillant de nombreux services tandis qu'un technopôle est un parc technologique) • **5.** a et b • **6.** b • **7.** c • **8.** c • **9.** b • **10.** a et b • **11.** a • **12.** c

SUJET 36 | Les espaces productifs en France

QUESTIONS DE COURS

1. Qu'est-ce que le tertiaire supérieur ?
❒ **a.** Le 3e étage d'un immeuble de bureaux, où siège le chef d'entreprise.
❒ **b.** Les activités de service situées en haut de l'échelle.
❒ **c.** Les activités de service à forte valeur ajoutée.

2. Quels sont les nouveaux facteurs de localisation industrielle ?

3. Montrez que l'agriculture française est intégrée dans un vaste complexe agro-industriel.

4. Quels sont les grands types de tourisme en France ? Citez un exemple.

DÉMARRONS ENSEMBLE

Vous pouvez trouver des idées dans votre expérience personnelle. Au brouillon, notez tous les types de tourisme en pensant aux différentes régions de France.

CORRIGÉ

1. Réponse c. La réponse a est farfelue, bien sûr, et la réponse b trop vague.

2. Parmi les nouveaux facteurs de localisation des industries :
– la **proximité d'une métropole**, avec ses services haut de gamme, ses réseaux de communication à grande vitesse (autoroutes, LGV, aéroports) ;
– la **proximité du littoral** et **d'infrastructures de communication performantes**, tels les ports modernes, véritables plates-formes multimodales ;
– les **espaces frontaliers** dynamisés par l'intégration européenne ;
– le **cadre de vie**, soleil ou montagne, qui est un plus appréciable.

3. L'agriculture française est intégrée dans un vaste complexe agro-industriel : l'exploitation agricole se situe **au centre d'un dispositif** qui associe **activités d'amont** (machines, engrais, pesticides, encadrement scientifique et financier) **et d'aval** (industries agroalimentaires, commerce, transport, export).

4. La France est le 1er pays touristique mondial avec tous les types de tourisme : tourisme littoral, essentiellement balnéaire, par exemple sur la Côte-d'Azur ; tourisme montagnard, d'hiver (sports d'hiver) et d'été, dans les Alpes du Nord ; tourisme culturel (musées, monuments), à Paris ou au Mont-Saint-Michel ; tourisme vert, dans les campagnes, par exemple les chambres d'hôtes à la ferme ; moins importants sont le tourisme thermal (dans les villes d'eau, comme Vichy), religieux, (de pèlerinage, comme à Vézelay), gastronomique (dans la région lyonnaise)…

> Mettez votre réponse en perspective en rappelant le rang de la France, que votre réponse va permettre de mieux comprendre.

SUJET 37 | Les espaces productifs agricoles

ÉTUDE DE DOCUMENT

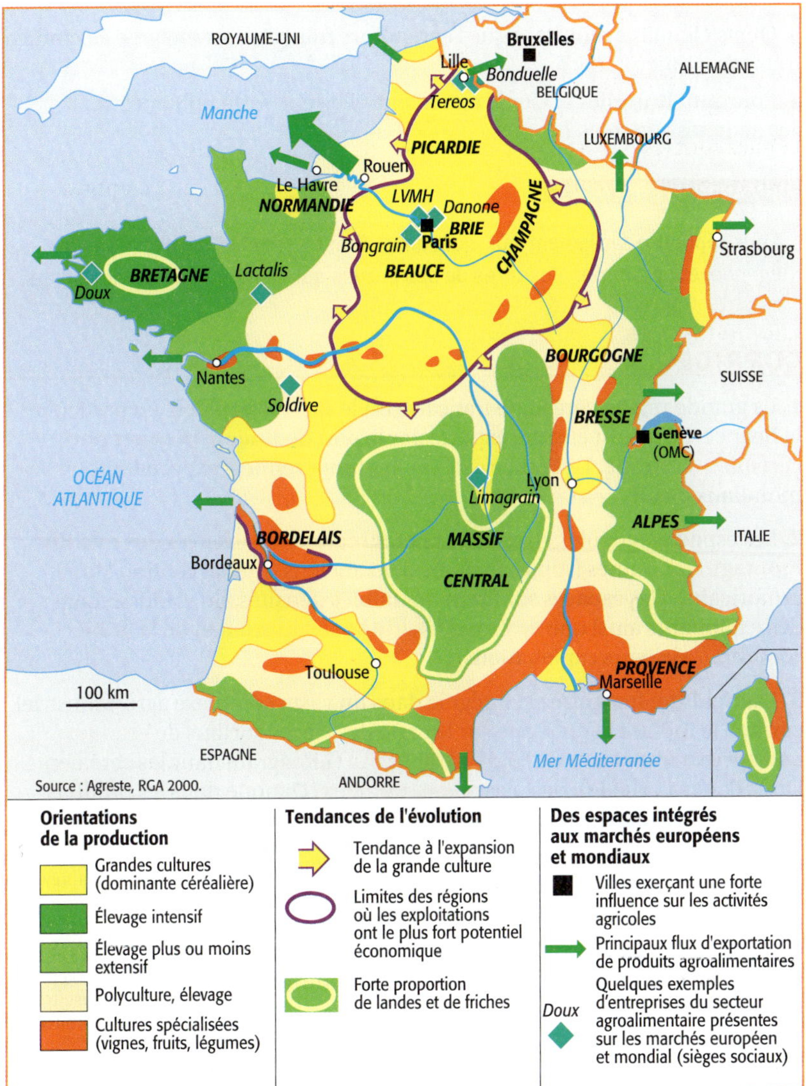

Les espaces agricoles français

1. Quelle est la grande région de production céréalière française ? Par où le blé est-il exporté ?

2. Quels sont les espaces agricoles en déclin ?

3. Quels éléments montrent que l'agriculture française est intégrée aux industries agroalimentaires ?

4. Pourquoi Bruxelles et Genève exercent-elles une forte influence sur les activités agricoles ?

DÉMARRONS ENSEMBLE

Pour répondre facilement aux questions, il est essentiel de bien observer la légende, et notamment les titres de ses parties qui donnent d'utiles indications.

CORRIGÉ

1. La grande région céréalière française est le **Bassin parisien**, en particulier la Beauce. Le blé est ensuite exporté par le port de **Rouen, premier port céréalier d'Europe**. La France est l'un des tout premiers exportateurs mondiaux de blé.

2. Les espaces agricoles en déclin sont les **régions intérieures des massifs montagneux**, jeunes (Alpes, Pyrénées) ou anciens (Massif central, Massif armoricain). Ces espaces souffrent des faibles densités, du vieillissement des exploitants ainsi que **de l'insuffisante spécialisation et de la faible rentabilité** de leurs exploitations.

3. L'agriculture française est intégrée dans un vaste complexe agro-industriel, comme le montre la présence sur la carte des sièges sociaux de **grandes entreprises françaises de l'agroalimentaire** (Limagrain dans les céréales, Doux dans la volaille), parfois **transnationales** (Danone dans les produits laitiers, LVMH dans les spiritueux).

4. Bruxelles exerce une forte influence sur l'agriculture française, car c'est là qu'est discutée et votée la PAC (Politique agricole commune) qui organise les activités agricoles de l'UE. Genève est le siège de l'OMC (Organisation mondiale du commerce), où se règlent notamment les litiges commerciaux entre pays exportateurs.

N'utilisez pas d'abréviations sans les avoir développées entre parenthèses : vous pourrez ensuite les réutiliser seules.

SUJET 38 | Les investissements directs étrangers en France

ÉTUDE DE DOCUMENT

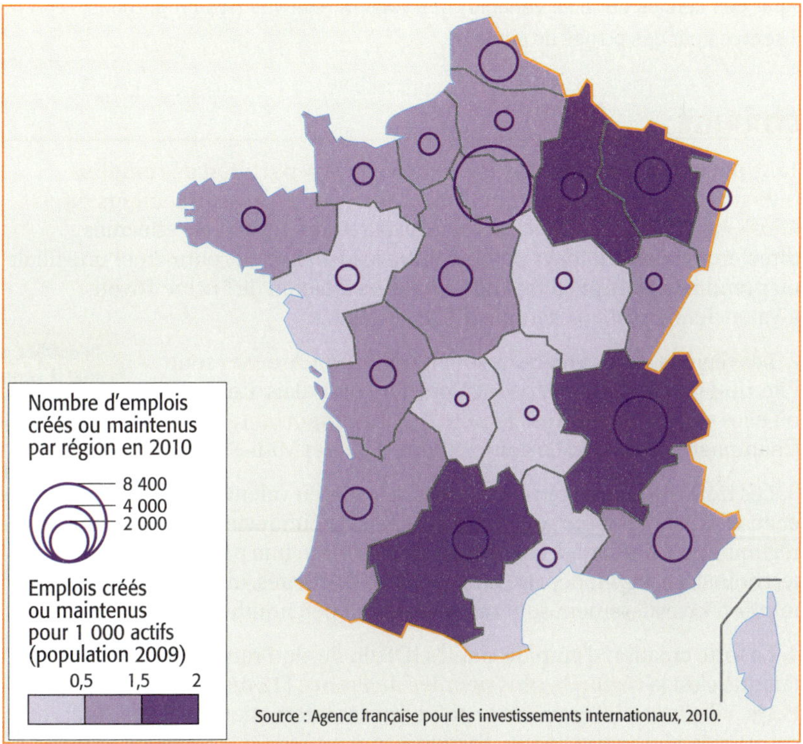

Les emplois industriels créés par les investissements directs étrangers

1. Que représente le document ? Que sont les investissements directs étrangers (IDE) ?

2. Dans quelles régions les créations d'emplois par les IDE sont-elles les plus nombreuses ? Quelles sont celles où elles sont proportionnellement les plus importantes ?

3. Quelles sont les trois régions où les emplois créés sont faibles, à la fois en valeur absolue et relative ? À quel grand ensemble appartiennent-elles ?

4. Comment pouvez-vous expliquer la forte création d'emplois par les IDE en Île-de-France ?

DÉMARRONS ENSEMBLE

Attention à bien différencier les valeurs absolues [les quantités, représentées par des cercles de taille variable] des valeurs relatives [les proportions, représentées par des plages de couleur].

CORRIGÉ

1. Le document est une carte qui représente la **répartition des emplois industriels créés** (ou maintenus) **en France par les investissements directs étrangers** (IDE). Les IDE sont des investissements étrangers effectués directement dans un pays par une firme transnationale, pour créer une filiale ou prendre le contrôle d'une entreprise. La création de l'usine Toyota à Valenciennes est un exemple d'IDE japonnais.

2. Les régions où les créations sont **les plus nombreuses** sont l'Île-de-France, Rhône-Alpes et Nord-Pas-de-Calais. Celles où elles sont **proportionnellement les plus importantes** sont Champagne-Ardenne, Lorraine, Rhône-Alpes et Midi-Pyrénées.

N'oubliez pas que la connaissance des noms de toutes les régions françaises fait partie des connaissances requises à l'examen.

3. Les trois régions les plus délaissées, à la fois en valeur relative et absolue, sont la Bourgogne, l'Auvergne et le Limousin. Ces régions appartiennent à la « **diagonale du vide** », une partie du territoire français en déprise d'hommes et d'activités, où les motifs d'investissement sont manifestement peu nombreux.

4. La forte création d'emplois par les IDE en Île-de-France tient d'abord au fait que c'est la **région la plus peuplée de France** (12 millions) où se trouve **Paris, ville mondiale**, qui est le point d'accès international au pays, mais qui est aussi le plus grand centre d'activités, notamment de pointe, de France. **Lieu central** par excellence, Paris est un pôle d'attraction pour les IDE, preuve supplémentaire du processus de métropolisation à l'œuvre dans le pays.

GÉOGRAPHIE

L'organisation du territoire français

Le centre historique de Paris : le Louvre et la pyramide

FICHES

BILAN

SUJETS CORRIGÉS

36 Paris, ville mondiale

Si Paris bénéficie d'une image positive et de sérieux atouts dans le contexte de la concurrence européenne et mondiale, elle doit néanmoins renforcer son attractivité. Quels éléments font de Paris une ville mondiale et quels défis lui reste-t-il à relever ?

I L'agglomération parisienne concentre les pouvoirs

1. Une métropole puissante

- L'agglomération parisienne regroupe **la commune de Paris et les départements les plus proches** qui l'entourent : le Val-de-Marne (94), la Seine-Saint-Denis (93) et les Hauts-de-Seine (92). Mais Paris exerce son influence bien au-delà de cette petite couronne, il est donc difficile de lui fixer des limites géographiques.
- L'agglomération parisienne abrite 9,6 millions d'habitants, dont 2,2 millions dans Paris. Elle concentre tous les **lieux du pouvoir politique** : palais de l'Élysée, Hôtel Matignon, Assemblée nationale, Sénat.
- Paris est également une **métropole économique et culturelle.** La richesse produite dans l'agglomération représente environ 29 % du PIB national. Les sièges sociaux de 14 des 20 premières entreprises françaises sont à La Défense, le **centre des affaires** de la capitale. Paris accueille de grandes universités et de grands musées nationaux (Le Louvre, Orsay).

> Sièges sociaux : Lieu centralisant la direction et l'administration d'une entreprise.

- Paris exerce son **influence** sur tout le territoire national. Les réseaux de trains à grande vitesse sont organisés en étoile autour de la métropole qui domine la hiérarchie urbaine.

2. Une métropole de rang mondial

- La mondialisation renforce la concentration des hommes et des activités dans les plus grandes villes comme Paris. Même si celle-ci est une mégapole de près de 10 millions d'habitants, elle est peu peuplée au regard des autres métropoles européennes et mondiales.

> Mondialisation : Mise en relation des différentes parties du monde par l'intermédiaire de nombreux échanges de toutes natures.

> Mégapole : Ville de plus de **10 millions d'habitants**.

- Paris fait néanmoins partie du groupe restreint des **villes mondiales** comme New York, Tokyo et Londres, par l'importance de ses **fonctions de commandement** et sa capacité à rayonner dans le monde.

- Paris est la **première ville touristique** avec près de 27 millions de touristes par an. Considérée comme la capitale mondiale du luxe et de la gastronomie, son patrimoine culturel et architectural (Tour Eiffel, Notre-Dame), les équipements de loisirs (Disneyland Paris), de congrès (Parc des expositions) et son accessibilité (aéroports de Roissy et d'Orly, lignes de TGV) expliquent son attractivité.
- Paris est également un **centre économique et financier** : avec 3 millions de m^2 de bureaux, 3 500 entreprises et 15 FTN parmi les 50 premières du monde, le quartier de La Défense est le premier quartier d'affaires européen, véritable vitrine de l'économie française. Paris est, de plus, la ville qui accueille le plus d'investissements étrangers au monde.
- Enfin, Paris est un **centre politique à l'échelle européenne et mondiale** : on y trouve les ambassades ou consulats de plus de 180 pays et le siège de l'UNESCO (Organisation des Nations unies pour l'éducation, la science et la culture).

II De nouveaux défis à relever

1. Le défi du dynamisme et de la diversification sociale

- L'agglomération parisienne présente néanmoins **certaines faiblesses**. Sa contribution à la richesse nationale et le nombre d'emplois diminuent, le classement de ses universités à l'échelle mondiale est insuffisant, sa bourse ne peut rivaliser avec celle de Londres. Les réseaux de transport terrestres sont saturés et ses aéroports sont à rénover. Sa fonction résidentielle recule, Paris court le risque de devenir une « ville musée ».
- L'agglomération parisienne est également marquée par de **forts contrastes socio-économiques.** Ainsi, le centre de la capitale et le département des Hauts-de-Seine à l'ouest concentrent les populations les plus aisées, tandis que les quartiers et les banlieues à l'est et au nord de la capitale, comme la Seine-Saint-Denis, accueillent les foyers plus modestes et concentrent les **zones urbaines sensibles**.

2. La nécessité d'une politique d'aménagement de l'agglomération

- Depuis les années 1960, l'aménagement du territoire a consisté à freiner le développement de Paris, la **décentralisation** devant permettre de rééquilibrer l'organisation du territoire notamment par la création de villes-nouvelles autour de Paris. Aujourd'hui, il s'agit au contraire d'accroitre la **compétitivité** de l'agglomération pour soutenir l'économie du pays.

■ Le **projet du « Grand Paris »**, lancé en 2007, est basé sur la création d'un réseau de transports en commun autour de la capitale. Financé par l'État, il doit favoriser la recherche et l'innovation au moyen de pôles de compétitivité (Saclay).

Regroupement sur un même territoire d'entreprises, d'écoles supérieures, d'organismes de recherche qui travaillent ensemble autour de projets innovants.

■ Dans le cadre de ce projet, des contrats sont passés entre l'État et les communes afin de construire 70 000 logements par an et maîtriser l'étalement urbain. Les entreprises de BTP, de transports mais aussi les citoyens, par l'intermédiaire d'enquêtes publiques, sont étroitement associés au projet.

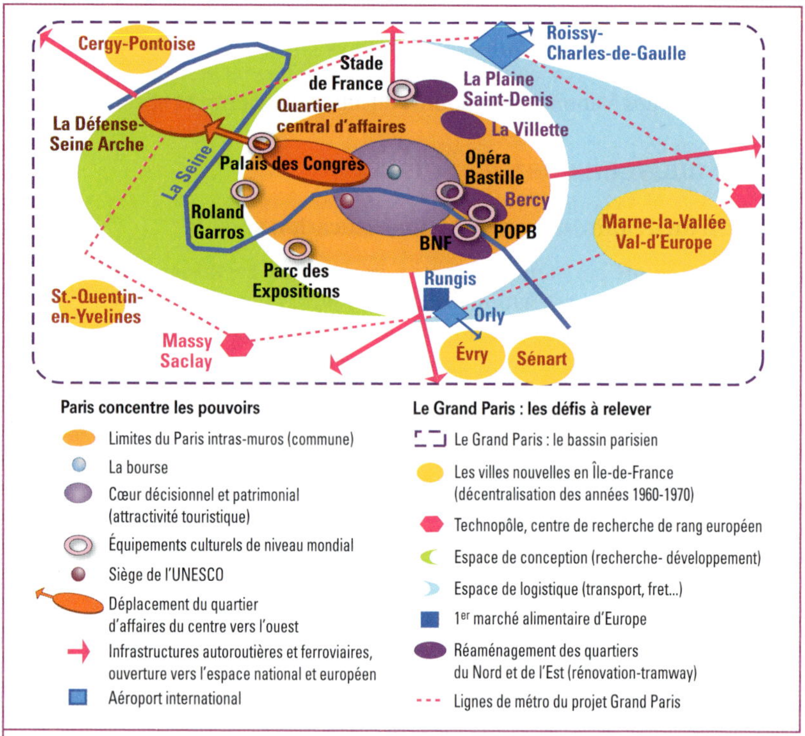

Paris, une ville mondiale en mutation

■ L'agglomération parisienne **participe à la mondialisation**. Afin de conforter son statut de ville mondiale, de nouveaux aménagements sont nécessaires pour que Paris reste le centre du développement économique de la France.

37 Une distribution contrastée des activités

Le territoire français est transformé par la mondialisation. La production de richesses se concentre dans les territoires capables de participer aux échanges mondiaux. Quels sont les espaces qui permettent à la France d'être intégrée à la mondialisation ?

I La mondialisation encourage la métropolisation

1. La mondialisation renforce le dynamisme des grandes villes

- Les pouvoirs publics et les entreprises ont valorisé les métropoles, et notamment l'**agglomération parisienne**, particulièrement bien reliées à l'Europe et au reste du monde. Ainsi, Paris concentre les fonctions de décisions politiques et économiques. Les aéroports parisiens, dont le hub de Roissy, assurent 70 % du trafic aérien français et l'essentiel des échanges internationaux.
- En dehors de l'aire urbaine parisienne, **cinq villes françaises** (Marseille, Lyon, Lille, Strasbourg, Nice) concentrent suffisamment de services de hauts niveaux (aéroport, centre de recherche, présence de FTN) pour rayonner au niveau européen.

Grand aéroport où convergent toutes les correspondances du réseau aérien.

2. L'émergence de territoires périurbains dynamiques

- De nouveaux espaces productifs, les **territoires de l'innovation,** se sont multipliés sous l'effet de la mondialisation. Ainsi, les grandes entreprises s'implantent de plus en plus dans des technopôles, souvent situés dans un espace périurbain, bénéficiant d'une main-d'œuvre qualifiée et bien reliés aux réseaux de transport internationaux.
- Certains espaces résultent d'une politique menée par l'État et les collectivités locales : ce sont les 71 pôles de compétitivité. Dix-huit d'entre eux ont une vocation mondiale (Aerospace Valley à Toulouse, Paris-Saclay, Cosmetic Valley dans la Beauce) ; les autres sont créateurs d'emplois à l'échelle régionale.

Parc technologique regroupant des activités de pointe et de formation, comme les écoles et les laboratoires de recherche.

Regroupent sur un même territoire des entreprises, des organismes de recherche, afin qu'ils élaborent en commun des projets innovants.

II La mondialisation privilégie les interfaces

1. La littoralisation des activités

■ À partir des années 1950, la politique d'aménagement de **zones industrialo-portuaire** (ZIP) a adapté la France à la littoralisation des activités. Les aménagements de moyens de transport et de plates-formes multimodales ont participé à l'insertion de l'industrie française à l'espace mondial.

> Plates-formes multimodales : Lieu de correspondance entre différents modes de transport.

■ Ainsi, le port de **Fos-Marseille** et du **Havre**, respectivement au 38e et 50e rang mondial, enregistrent un trafic très important. La Seine et le Rhône permettent de faire la connexion entre l'espace maritime mondial et l'intérieur du pays. Des ports secondaires, comme Dunkerque, Saint-Nazaire ou Toulon assurent une desserte de proximité vers l'Europe du Nord et vers la Méditerranée.

■ Les **activités touristiques** permettent à certains littoraux d'être des espaces attractifs : Côte d'Azur, côte normande, Languedoc, Landes.

2. Des régions frontalières toujours plus dynamiques

■ Avec la création de la CEE en 1957, devenue l'Union européenne en 1993, le poids des régions frontalières au sein de l'espace français a été renforcé. Grâce à la **libre circulation des biens, des services et des personnes**, les régions frontalières sont devenues des interfaces.

> Interfaces : Lieu privilégié d'échanges entre un espace et le reste du monde. Elle peut être linéaire (littoral, frontière) ou ponctuelle (aéroport, port).

■ Les régions du Nord et de l'Est ont bénéficié de la **politique de reconversion** des zones minières et sidérurgiques, en partie financée par l'Union européenne dès les années 1970. L'ouverture des frontières a favorisé l'essor des investissements étrangers.

■ Environ 320 000 frontaliers français travaillent à l'étranger, où ils bénéficient de salaires plus élevés. L'**essor du travail transfrontalier** permet de stimuler les économies locales mais tend aussi à faire monter les prix du foncier (terrains, logements) et sature les axes routiers.

III Les territoires en marge de la mondialisation

1. Les périphéries du territoire français

■ Les **espaces ruraux** situés au centre du pays ou à l'écart des grands axes de transport, la plupart des **espaces montagnards**, mais aussi les territoires ultramarins s'insèrent mal dans la mondialisation.

> Ultramarins : Adjectif utilisé pour caractériser les **territoires d'outre-mer**.

L'éloignement, les contraintes du milieu (pente, altitude), la dispersion (pour les DROM-COM) et le faible peuplement expliquent le **manque de dynamisme** des espaces en marge. L'État n'a pas jugé prioritaire leur aménagement car ceux-ci étaient peu rentables : les entreprises y ont peu investi et leur raccordement au réseau Internet a été plus lent qu'ailleurs.

Même s'ils sont parcourus par des axes de transport autoroutiers ou des lignes à grande vitesse, certains de ces territoires ne disposent pas d'échangeur autoroutiers ou de gare TGV. Ils sont alors victimes de « **l'effet tunnel** » car ils ne sont pas desservis, faute d'accès, et ne font que subir les nuisances (bruit, pollution) des aménagements de transports.

2. Les politiques en faveur des espaces peu intégrés à la mondialisation

L'État s'allie aux collectivités territoriales autour de **projets d'équipement**. Des lignes de trains à grande vitesse pourvues de nombreuses gares sont à l'étude (LGV Sud Europe-Atlantique). En concertation avec les opérateurs téléphoniques, des antennes relais sont posées pour réduire la **fracture numérique**.

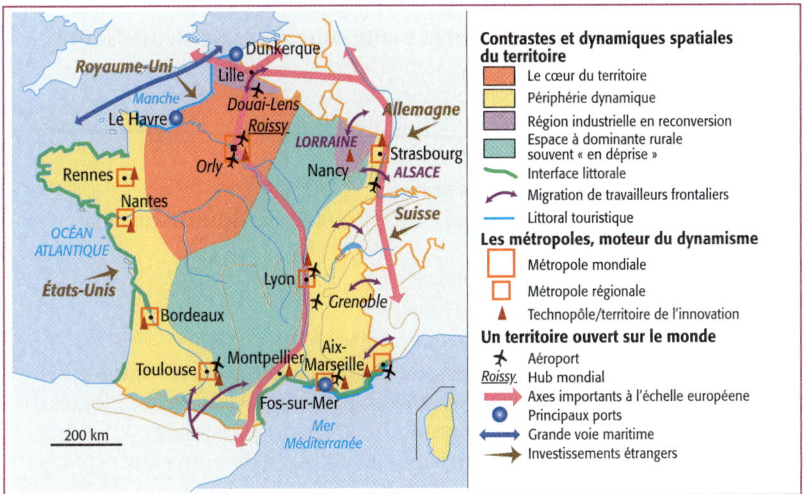

L'organisation du territoire français dans la dynamique de la mondialisation

Les **territoires français ultra-marins** bénéficient de financements publics et européens afin de soutenir les différents secteurs économiques, participer à la formation professionnelle, adapter les services de santé et d'éducation et moderniser les transports.

Quiz express

Vérifiez que vous avez bien retenu les points importants **des fiches 36 et 37**.

Paris, ville mondiale

1 Une agglomération est synonyme de :

☐ **a.** ville.
☐ **b.** aire urbaine.
☐ **c.** ville-centre et ses banlieues les plus proches.

2 L'agglomération parisienne concentre :

☐ **a.** 9,6 millions d'habitants.
☐ **b.** 2,2 millions d'habitants.
☐ **c.** 11,7 millions d'habitants.

3 Les départements constituant la petite couronne parisienne sont :

☐ **a.** les Hauts-de-Seine, la Seine-Saint-Denis et les Yvelines.
☐ **b.** les Hauts-de-Seine, la Seine-Saint-Denis, le Val-de-Marne.
☐ **c.** la Seine-Saint-Denis, le Val-de-Marne, l'Essonne.

4 Les zones urbaines sensibles sont :

☐ **a.** des quartiers ou des cités qui concentrent les difficultés sociales et économiques.
☐ **b.** des quartiers industriels délaissés.
☐ **c.** des quartiers résidentiels fermés.

5 Les villes nouvelles situées autour de Paris avaient pour fonction :

☐ **a.** d'accueillir des entreprises tournées vers les nouvelles technologies.
☐ **b.** d'accueillir les nouveaux migrants de la région parisienne.
☐ **c.** de rééquilibrer la région parisienne en offrant de nouveaux espaces économiques et résidentiels.

6 Orly est le principal aéroport international de Paris.

☐ **a.** Vrai
☐ **b.** Faux

L'organisation du territoire français

7 Les espaces les plus dynamiques du territoire français sont :

- ☐ **c.** les métropoles.
- ☐ **d.** les interfaces terrestres et maritimes (frontières et littoraux).
- ☐ **e.** les espaces agricoles.

8 L'atout principal d'un territoire pour les acteurs économiques est :

- ☐ **a.** l'accessibilité grâce aux réseaux de transport.
- ☐ **b.** un cadre de vie agréable.
- ☐ **c.** une main-d'œuvre nombreuse.

9 Les régions Nord-Pas-de-Calais et Lorraine sont :

- ☐ **a.** les régions qui accueillent de nombreux technopôles.
- ☐ **b.** les régions qui ont bénéficié d'une reconversion industrielle.
- ☐ **c.** les régions frontalières les plus dynamiques.

10 Les « ZIP » sont :

- ☐ **a.** des zones industrielles prioritaires.
- ☐ **b.** des zones internationales parisiennes.
- ☐ **c.** des zones industrialo-portuaires.

11 On appelle « effet tunnel » le phénomène :

- ☐ **a.** qui unit, grâce à la construction de tunnels, les régions transfrontalières entre elles.
- ☐ **b.** qui laisse à l'écart des espaces qui ne sont que traversés par les lignes à grande vitesse.
- ☐ **c.** qui laisse de nombreux territoires sans connexion Internet.

12 Une interface est :

- ☐ **a.** un lieu privilégié pour le commerce.
- ☐ **b.** un lieu de contact favorable aux échanges de toutes natures.
- ☐ **c.** un espace parcouru par des flux internationaux de travailleurs.

RÉPONSES

1. c • **2.** a • **3.** b • **4.** a • **5.** c • **6.** b • **7.** a et b • **8.** a • **9.** b et c • **10.** a • **11.** b • **12.** b

SUJET 39 | L'organisation du territoire français

QUESTIONS DE COURS

1. Qu'est-ce que le phénomène de métropolisation ?
❐ **a.** La concentration croissante des hommes dans les grandes métropoles.
❐ **b.** L'augmentation du nombre de grandes métropoles.
❐ **c.** Le renforcement des fonctions de commandement des grandes métropoles.

2. Quels éléments montrent que Paris est une capitale politique nationale et mondiale ?

3. Qu'est-ce que la littoralisation de l'économie ?

4. Le cartographe n'a pas eu le temps de finir ce schéma. Pouvez-vous l'aider en remettant chaque élément de légende à sa place ?

– Espace à dominante rurale en déprise
– Région industrielle en reconversion
– Périphérie dynamique
– Hub aéroportuaire mondial et régional
– Technopôle, centre d'innovation
– Cœur du territoire
– Axe majeur à grande vitesse
– Principaux ports
– Métropole régionale
– Métropole mondiale
– Voie maritime mondiale

Mais le cartographe est aussi distrait : il a oublié quelque chose. Quoi ?

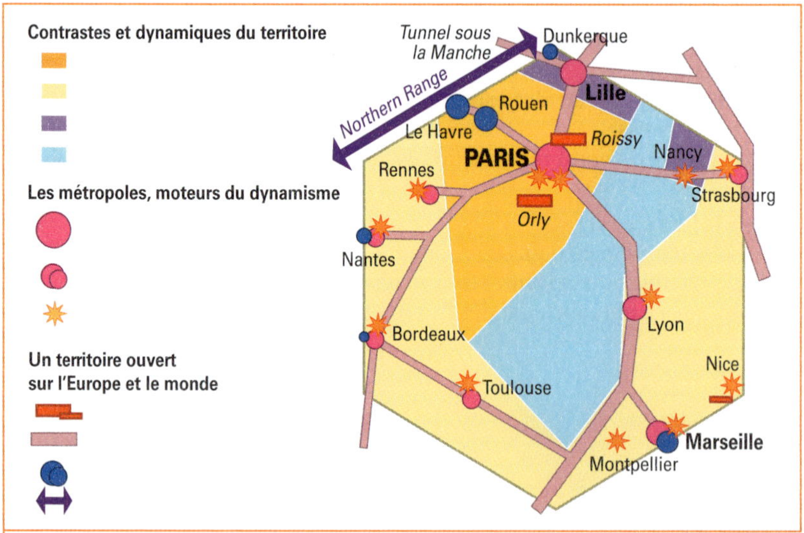

L'organisation du territoire français

DÉMARRONS ENSEMBLE

Regroupez vos idées dans les trois parties de la légende. Vous pouvez commencer par les métropoles, puis par la 3e partie, qui traite des réseaux de communication.

CORRIGÉ

1. Réponses a et c.

2. Paris est la capitale politique nationale qui rassemble les sièges du **pouvoir exécutif** (Élysée, Matignon) **et législatif** (Assemblée nationale et Sénat). C'est aussi une capitale politique mondiale car elle abrite les **ambassades** de plus de 180 pays et de grandes **organisations internationales**, comme l'UNESCO. Paris est donc un **grand centre de décision politique à toutes les échelles**.

3. La **littoralisation** de l'économie est la concentration croissante des hommes et des activités sur les littoraux, notamment près des plates-formes multimodales comme Le Havre ou Marseille-Fos. La **mondialisation** est à la base de ce processus, que complète **l'attraction des littoraux**, par exemple pour le développement du tourisme balnéaire.

4. Voici le schéma avec sa légende complète... sans oublier la Corse !

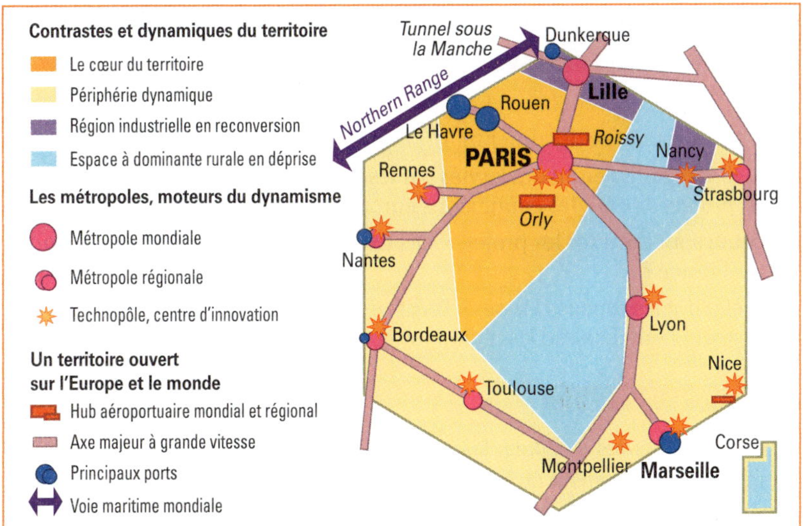

L'organisation du territoire français

SUJET 40 | Les contrastes territoriaux : le rôle du TGV

ÉTUDE DE DOCUMENT

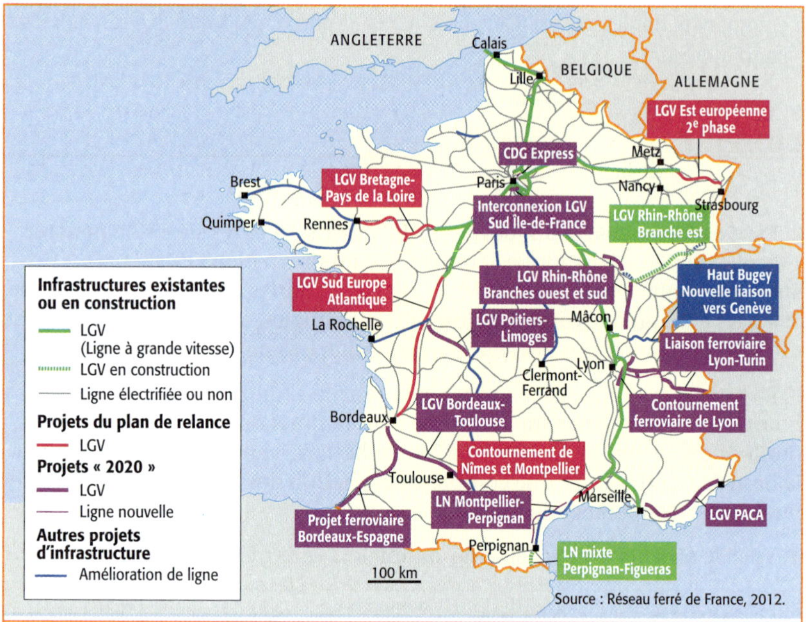

Les effets spatiaux des LGV (Lignes à Grande Vitesse)

1. Que représente ce document ?

2. Quelles régions seront desservies par les prolongements de LGV existantes ? Quels projets de LGV les connexions européennes favorisent-elles ?

3. À quoi sont destinés les projets CDG Express et Interconnexion LGV Sud Île-de-France ?

4. Quels sont les espaces laissés à l'écart des LGV ? Comment appelle-t-on l'effet spatial qui délaisse les régions situées entre deux gares TGV ?

DÉMARRONS ENSEMBLE

Cette carte permet d'aborder les grands thèmes de l'organisation du territoire français : aménagement du territoire, connexion européenne et mondiale, interconnexion des réseaux. Attention à bien différencier les différentes échelles du raisonnement : nationale, européenne, mondiale.

CORRIGÉ

1. Ce document est une carte de Réseau Ferré de France (entreprise en charge de la gestion du réseau ferroviaire français) qui présente le réseau ferroviaire et les différents **projets de Lignes à Grande Vitesse** (LGV).

2. Les régions qui vont être desservies par les prolongements de LGV existantes sont la **Bretagne**, par la LGV Bretagne-Pays de la Loire prolongée entre Le Mans et Rennes, et tout **l'Ouest et le Sud-Ouest**, par le prolongement depuis Tours de la LGV Sud Europe Atlantique et la LGV Bordeaux-Toulouse. Le **Sud méditerranéen** n'est pas en reste avec la LGV PACA.
Certains projets favorisent les connexions européennes, comme les voies nouvelles vers **l'Espagne**, la LGV Lyon-Turin vers **l'Italie** ou la LGV est-européenne vers **l'Allemagne**.

3. Le projet **CDG Express** doit relier par navettes cadencées l'aéroport **Roissy-Charles-de-Gaulle à Paris**, ce qui renforcera la plate-forme multimodale de Roissy, et donc le rôle mondial de Paris.
L'interconnexion LGV Sud Île-de-France doit permettre de désengorger la capitale et d'améliorer l'interconnexion du réseau à grande vitesse français en contournant la capitale, avec des **liaisons directes entre l'Europe du Nord et l'Europe du Sud**.

4. Les espaces laissés à l'écart sont tout le **Nord-Ouest** (Picardie, Normandie) et surtout le **Massif central**. À plus grande échelle, les régions entre deux gares TGV sont aussi délaissées, car affectées par l'effet spatial connu sous le nom d'**effet-tunnel**.

> Montrez que vous raisonnez par échelles.

SUJET 41 | Les inégalités spatiales en France

ÉTUDE DE DOCUMENT

1. Comment appelle-t-on ce type de carte ? En fonction de quel paramètre la carte est-elle déformée ? Qu'est-ce qu'indiquent les couleurs ?

2. Quelle est la région où l'offre de réseau à très haut débit est la moins chère et concerne la population la plus importante ? Quelles autres grandes régions peut-on citer ?

3. Pourquoi cette carte semble-t-elle parsemée de pois ? Quel phénomène géographique ces « pois » traduisent-ils ?

4. Quelles sont les zones ou les régions où le très haut débit n'est possible que sur devis, donc à des tarifs très élevés ?

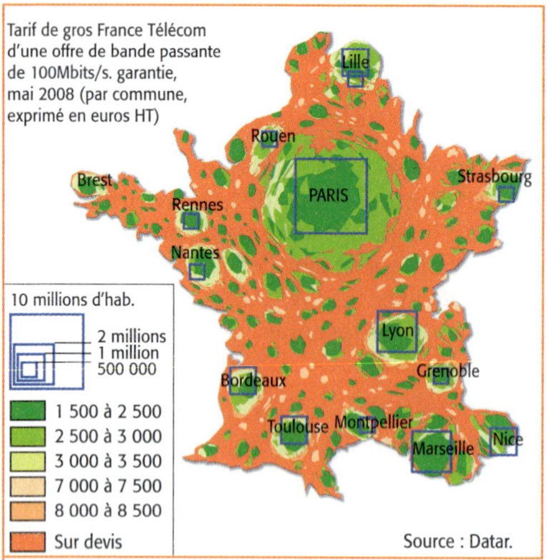

L'offre de réseaux à très haut débit

DÉMARRONS ENSEMBLE

Plus la population est importante, plus est grande la déformation de la carte. On voit facilement le poids de Paris dans la population française. Les couleurs indiquent le coût de l'accès au très haut débit : en vert, le très haut débit est peu cher, donc très accessible ; en jaune ou orange, il est très cher donc peu accessible ; en rouge... ce n'est pas prévu, les tarifs risquent d'être prohibitifs.

CORRIGÉ

1. Cette carte est une **carte en anamorphose** : la carte est déformée en fonction d'un paramètre, ici la **population**. Les couleurs varient en fonction du tarif de gros d'un opérateur télécom à une offre de bande passante de 100 Mbits/seconde garantie : elles mesurent donc le **coût du très haut débit**.

2. La région où l'offre est la moins chère et concerne une population importante est **l'Île-de-France**. Les autres régions comparables – mais moins importantes – sont les **grandes métropoles** (Lyon, Lille, Marseille) et d'une façon plus générale les **périphéries dynamiques** du territoire : Ouest, Midi, Alsace.

3. La carte semble parsemée de pois parce que l'offre de très haut débit est surtout **concentrée sur les grandes villes**, les métropoles : c'est en ces lieux que l'on peut toucher la population la plus nombreuse et à plus hauts revenus. Ce renforcement des infrastructures à très haut débit dans les grands centres traduit le **phénomène de métropolisation**.

4. En revanche, le très haut débit n'est possible que sur devis, à des tarifs certainement prohibitifs, dans les lieux éloignés des métropoles, dans le rural profond. À cet égard, la classique « **diagonale du vide** », des Ardennes aux Pyrénées, est la plus mal lotie.

GÉOGRAPHIE

La France et l'Union européenne

Des réseaux de transport performants (TGV, Eurostar et Thalys, gare du Nord à Paris.)

FICHES

BILAN

SUJETS CORRIGÉS

38 L'Union européenne, un territoire en construction

La construction de l'Union européenne est un projet original, ambitieux et ouvert. Il laisse aux États membres le choix d'adhérer ou non aux politiques communautaires mises en place. Pourquoi peut-on qualifier l'Union européenne de territoire en construction ?

▶ Voir carte sur le rabat avant de l'ouvrage.

I L'Union européenne, un projet géopolitique

■ L'Union européenne (UE) est une organisation régionale initiée par six États d'Europe de l'Ouest en 1951. Depuis les **traités de Rome en 1957** (CEE) et le **traité de Maastricht en 1992 (Union européenne)**, le nombre d'États membres est passé de 6 à 27. La chute du mur de Berlin et l'implosion de l'URSS en 1991 ont entraîné un élargissement sans précédent à 12 pays d'Europe centrale et orientale dans les années 2000.

Association d'États qui délèguent, par un traité, l'exercice de certaines compétences à des institutions communes.

■ La construction européenne est portée par des pays qui ont surmonté leurs divisions pour s'unir autour de **valeurs communes** comme la démocratie, les Droits de l'homme et le libéralisme. L'UE a pour ambition de s'élargir à tous les pays européens : une union à 27 membres n'est pas définitive (la Croatie doit intégrer l'Union européenne le 1er juillet 2013).

Politique économique qui atténue le rôle de l'État en diminuant les règlementations, les interventions et la part du secteur public dans l'économie.

■ La prise de décision au sein de l'UE nécessite des **institutions communautaires** : le Parlement européen siège à Strasbourg (et à Bruxelles), la Commission et le Conseil européen sont à Bruxelles, la Banque centrale européenne est à Francfort. Des décisions concernant des domaines très variés, comme l'agriculture, l'environnement, la recherche ou la justice y sont prises et s'imposent aux pays membres. Ces derniers restent néanmoins **souverains** (un gouvernement élu, un territoire délimité par des frontières).

II Une union d'États à géométrie variable

■ **Le marché unique**, mis en place en 1993 à l'intérieur de l'UE, permet aux marchandises, aux capitaux et aux services de circuler librement.

■ Une personne ayant la nationalité d'un pays membre est de fait un **citoyen européen** : il élit ses représentants au parlement européen et peut être éligible à des mandats locaux, même s'il n'a pas la nationalité du pays de résidence.

- Pourtant, cette union à 27 ne concerne pas tous les domaines. Ainsi, en 1987, 5 pays ont signé les **accords Schengen** permettant la libre circulation des hommes entre ces pays. Élargi en 1995, il concerne aujourd'hui 22 États membres de l'UE et trois autres États y sont associés.
- Depuis 2002, seuls 17 des 27 États européens ont adopté l'**euro** comme **monnaie unique.** Certains pays, comme le Royaume-Uni, le Danemark ou la Suède refusent d'intégrer la **zone euro**, souhaitant conserver leur souveraineté dans le domaine monétaire. D'autres ne peuvent pas encore y adhérer car ils ne remplissent pas les conditions économiques nécessaires. Une Europe « à la carte » est donc possible.

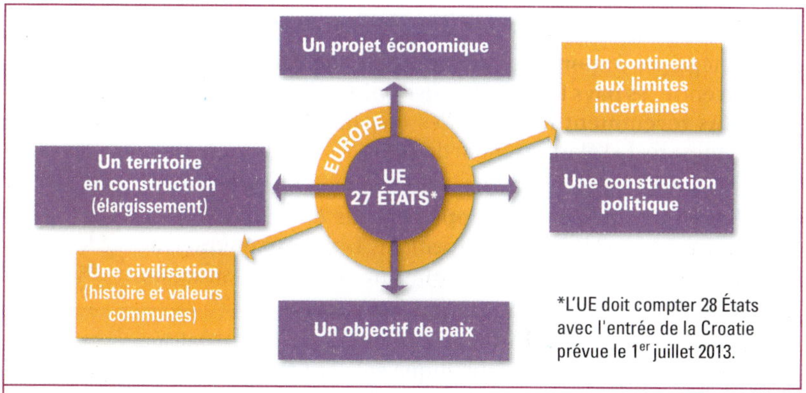

L'Union européenne, un projet géopolitique

III L'Union européenne, un espace attractif

- L'Union européenne est devenue un **centre d'impulsion de la mondialisation.** Elle se caractérise par un haut niveau de richesse et de développement, des métropoles mondiales et des territoires aménagés, mis en valeur et ouverts aux échanges.
- L'UE est donc un espace attractif au sein du continent européen. C'est pourquoi les **candidatures d'adhésion** se multiplient : Turquie, Serbie, Macédoine, Monténégro, Albanie et Bosnie-Herzégovine. Elles posent la question des limites de l'Europe.
- Pour répondre en partie à l'attente des pays candidats, l'UE a mis en place en 2004 une **politique de voisinage** qui consiste à aider financièrement les États partageant des frontières avec elle. Depuis 2008, **l'Union pour la Méditerranée** doit promouvoir l'intégration économique et les réformes démocratiques dans 16 pays voisins situés au sud de l'UE, en Afrique du Nord et au Moyen-Orient.

39 Les contrastes territoriaux dans l'Union européenne

L'Union européenne présente d'importants contrastes entre territoires riches et développés et régions en retard de développement. Comment l'UE tente-t-elle de répondre à ces disparités ?

I Des inégalités de richesse et de développement

1. Les inégalités à l'échelle européenne

- Des inégalités importantes de richesse et de développement existent entre les **pays fondateurs de l'Union européenne** et les **pays plus récemment intégrés**. Ces inégalités augmentent au fur et à mesure de l'élargissement de l'UE.
- Les **pays d'Europe de l'Ouest et du Nord**, riches et développés, s'opposent aux **pays d'Europe centrale et orientale**, plus pauvres et en retard de développement. Les **États méditerranéens** (Portugal, Espagne, Grèce) sont dans une situation intermédiaire.
- L'**Europe du Sud** possède une économie peu industrialisée caractérisée par un secteur touristique souvent très important. Son rattrapage économique a commencé dans les années 1990 mais il est fragilisé par un fort endettement (Grèce).
- L'**Europe orientale** constitue la périphérie la plus lointaine de l'UE. Son agriculture est peu productive et ses services sont encore insuffisants. Elle constitue un réservoir de main-d'œuvre peu coûteuse attirant les délocalisations d'usines du nord-ouest de l'Europe.

Le développement est le processus par lequel un groupe social ou un État évolue vers une augmentation des richesses, de meilleures conditions de vie et un régime politique démocratique.

La **dette publique** est l'ensemble des sommes dues par un État qui a contracté des emprunts.

2. Les inégalités à l'échelle des régions européennes

- La logique de la mondialisation met les territoires en **concurrence** et favorise les territoires les mieux connectés au reste du monde : ainsi l'**Europe rhénane** est le cœur démographique et économique de l'Union européenne. Les régions proches, comme le bassin de Londres, l'Italie du Nord ou la Bavière profitent de son dynamisme.
- Les territoires présentant de fortes contraintes, comme les massifs montagneux, les régions situées au nord de l'Europe ou les territoires insulaires sont souvent en retard de développement.

II Les politiques européennes pour réduire les inégalités

- La solidarité entre les régions fait partie du projet européen. Créés en 1975, le Fonds européen de développement régional (**FEDER**) et le Fonds social européen (**FSE**) participent aujourd'hui à la « politique de cohésion » entre les États membres.

> Politique ayant pour objectif de **réduire les écarts de développement** entre des régions.

- Des **aides financières** tentent d'améliorer l'accessibilité des territoires (construction d'infrastructures de transport), de favoriser l'activité économique et de participer à la formation professionnelle des régions en retard.
- Le développement durable est aussi au cœur des préoccupations européennes : dépollution des régions industrielles en reconversion, aide au développement rural des régions isolées.
- Si grâce à ces aides, des pays comme l'Espagne et l'Irlande ont pu rattraper leur retard, les **disparités à l'intérieur des États membres** ont aujourd'hui tendance à s'accentuer. Les régions espagnoles, irlandaises, hongroises et polonaises se dépeuplent et sont particulièrement touchées par le chômage.

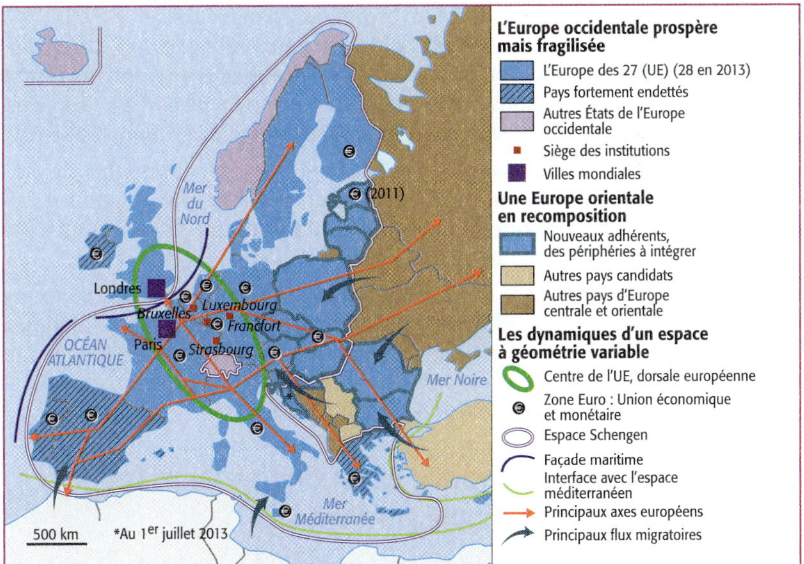

Les contrastes spatiaux de l'Union européenne

40 Les réseaux de transport français dans l'Union européenne et le monde

Comment la France s'intègre-t-elle par ses réseaux de transport dans l'espace européen ? Comment cette intégration européenne modifie-t-elle le territoire national ?

I Les réseaux de transport ont favorisé la centralisation parisienne

- Les réseaux de transport français ont longtemps été marqués par leur centralisation autour de Paris. Les routes royales, devenues nationales, les voies ferrées puis les autoroutes devaient relier rapidement la capitale aux villes principales de province (Marseille, Lyon, Lille, Nantes, Bordeaux). Toutes les **lignes à grande vitesse** (LGV) passent donc par la capitale.

> Désignent l'ensemble des lignes, régionales ou nationales, parcourus par des moyens de transport (automobile, train, avion).

- Cependant, ce réseau centralisé est aujourd'hui atténué. Les autoroutes dessinent un réseau qui couvre progressivement tout le territoire. Il s'organise toujours selon une logique nord-sud où Paris, Lyon et Lille représentent des **nœuds majeurs**, mais il se déploie de plus en plus vers l'est et l'ouest (route des estuaires, ensemble autoroutier reliant la Belgique à l'Espagne sans passer par Paris, mais aussi liaison Bordeaux-Lyon par Clermont-Ferrand).
- Les espaces **les mieux desservis** restent donc les **espaces les plus densément peuplés**, générant le plus de trafic : Paris et les métropoles régionales, les grandes vallées (Seine, Rhône, Rhin) et quelques littoraux (Côte d'Azur, Languedoc, Normandie, Bretagne).
- Au contraire, les espaces **les moins bien desservis** sont les **zones de montagne**, les **espaces ruraux** et l'**intérieur des territoires ultramarins**. Éloignés des grands axes, faiblement peuplés et présentant des reliefs accidentés, la construction d'infrastructures y serait trop coûteuse (ponts, tunnels, LGV). Ces espaces sont souvent victimes de « **l'effet tunnel** ».

II L'intégration à l'espace européen et au monde modifie les réseaux de transport

- Avec l'élargissement de l'Union européenne vers l'est, l'enjeu des transports est primordial pour que la France garde sa position naturelle de **carrefour**, point de passage terrestre obligé entre la péninsule ibérique (Espagne, Portugal) et l'Europe du Nord.

- La France a donc poursuivi la construction d'**infrastructures autoroutières** (11 000 km en 2011) connectées avec le réseau européen, et maintenu son avance par l'inauguration de voies ferrées à grande vitesse (2 000 km de LGV). La **connexion ferroviaire avec nos voisins européens** est achevée au nord (Eurostar vers Londres ; TGV Thalys vers Bruxelles, Cologne et Amsterdam) et à l'est (LGV Rhin-Rhône ; connexion du TGV Est avec l'Inter City Express allemand). Le raccordement est en cours au sud, vers l'Espagne (LGV Sud Europe Atlantique et Lyon-Barcelone) et l'Italie (Lyon-Turin).
- Ces connexions nécessitent de **lourds investissements** et d'**importants travaux** (franchissement des Alpes et des Pyrénées). Dans le cadre du projet de transports transeuropéens, ils peuvent être en partie financés par l'Union européenne.
- L'insertion française dans l'espace mondial renforce aussi la place des aéroports parisiens, notamment **Roissy** (au 2e rang européen et 4e rang mondial). Ils concentrent 55 % du trafic aérien en France, loin devant Nice et Lyon, les deux autres aéroports français internationaux.
- Enfin, l'espace français est connecté au réseau des voies maritimes mondiales grâce aux **équipements portuaires du Havre et de Marseille**. Dunkerque et Saint-Nazaire sont des ports régionaux ayant un rayonnement européen.

Les réseaux de transport en France : une connexion inégale du territoire à l'Europe

41 Gérer les risques naturels en France : la forêt méditerranéenne

Le territoire français est soumis à des risques majeurs variés. Comment l'exemple de la forêt méditerranéenne révèle-t-il la vulnérabilité accrue de certains espaces face aux risques ?

I Les risques naturels en France

- Les risques (→ p.162) naturels résultent d'aléas d'origine climatique (tempêtes, cyclones, vagues de froid, canicules, sècheresses), hydrologique (inondations, avalanches) ou lithosphérique (séismes, éruptions volcaniques).
- Le territoire métropolitain est relativement épargné par les aléas, mais les **DROM** sont des espaces soumis aux cyclones et aux séismes. Les **littoraux atlantiques** sont néanmoins parfois victimes de tempêtes (Xynthia en février 2010), les **vallées fluviales** concentrent les risques d'inondation, et les **Alpes** présentent l'essentiel des risques d'avalanches.
- Les **aménagements humains** amplifient les risques ou en sont à l'origine. En bétonnant les sols pour aménager des routes, en défrichant la forêt pour agrandir l'espace agricole ou pour créer des pistes de skis, les hommes font disparaître le couvert végétal qui retenait l'eau ou la neige. Ils augmentent ainsi les risques d'inondations et d'avalanches.

> L'aléa est le **phénomène naturel ou technologique dangereux**, plus ou moins probable, sur un espace donné. Il ne devient un **risque** que lorsqu'il touche les sociétés humaines et leurs aménagements.

II La gestion des risques dans la forêt méditerranéenne

1. La forêt méditerranéenne, un milieu fragile

- Le climat méditerranéen se caractérise par des **étés chauds et secs**. Si les périodes de sécheresse estivale augmentent les **risques de feux de forêt**, ils sont le plus souvent déclenchés par l'action de l'homme.
- Depuis les années 1950, la forêt méditerranéenne est en **mutation**. Les activités liées à l'exploitation du bois (sylviculture) ont diminué, les populations sont parties s'installer en ville (exode rural) et l'arrière-pays méditerranéen s'est peu à peu dépeuplé. Les forêts, moins entretenues et pas toujours débroussaillées, sont devenues plus **vulnérables**.

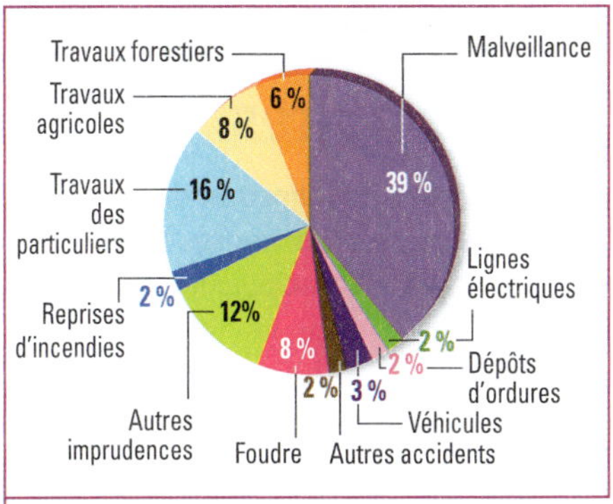

Les causes d'incendie (1997-2010)

Vigie et tour de guet

- Avec l'essor du **tourisme de masse**, les littoraux méditerranéens sont devenus plus attractifs. Les régions situées en proximité de la forêt méditerranéenne ont été reconquises par des **néoruraux**. La vulnérabilité face aux risques est donc devenue plus grande, surtout pour les zones urbaines situées à proximité des forêts.

La vulnérabilité est la capacité d'une société à faire face à un risque.

2. La forêt méditerranéenne, un milieu à protéger

- À l'échelle du territoire français, la prévention des feux de forêt est basée sur des actions concrètes : lois rendant le débroussaillement obligatoire (juillet 2011), campagnes d'information sur l'utilisation du feu en milieu agricole, sensibilisation du grand public. Le **conservatoire de la forêt méditerranéenne** finance ces programmes de prévention.

La prévention anticipe la manifestation des risques.

- Deux **bulletins météo** quotidiens viennent compléter un **système de veille** (tours de guet, patrouilles au sol) chargé de détecter les menaces ou les départs de feux. Le **système européen d'information sur les feux de forêt (EFFIS)** permet de surveiller l'ensemble de l'espace forestier méditerranéen.

- La protection des biens, des personnes et du milieu face aux incendies est confiée aux sapeurs-pompiers, à la sécurité civile, aux services départementaux, mais aussi aux citoyens bénévoles. Les opérations sont coordonnées par la protection civile européenne et les moyens sont mutualisés (prêt de Canadairs).

La protection permet de limiter les effets des risques.

42 Gérer les risques technologiques en France : les marées noires

Dans le contexte de la mondialisation, les espaces maritimes sont devenus des espaces parcourus par de nombreux flux. Ces espaces, fragiles et instables, sont particulièrement vulnérables aux risques technologiques comme les marées noires.

I Les risques technologiques en France

▪ Les activités industrielles, le transport et le stockage de certains produits, la production d'énergie nucléaire sont à l'origine de risques technologiques. Ils peuvent entraîner des pollutions de l'air, de l'eau et des sols de façon régulière, mais aussi des catastrophes, plus exceptionnelles. Les risques d'explosions, d'apparition de nuages toxiques et de marées noires sont considérés comme des risques majeurs. Ils entraînent d'importantes conséquences humaines, matérielles et environnementales.

Réalisation du risque potentiel lorsqu'il engendre des dégâts considérables et/ou des pertes humaines.

▪ Ainsi, **la pollution atmosphérique** est liée aux activités industrielles ou encore à l'émission de CO_2 par la circulation automobile. **La pollution des sols** est la conséquence du stockage de produits radioactifs ou chimiques et à l'utilisation d'**intrants** (engrais, pesticides) dans l'agriculture. **La pollution des eaux** est causée par l'utilisation de produits chimiques d'origine agricole (à l'origine de la formation d'algues vertes) mais aussi par les **marées noires**.

II Des littoraux français exposés aux marées noires

▪ La France est une façade maritime de l'UE. À ce titre, son espace maritime, situé à l'ouest et au nord du territoire, est parcouru par une des **routes maritimes** (vers Rotterdam) les plus fréquentées du monde (70 % des transports d'hydrocarbures dans l'UE).

▪ 30 % de la pollution des eaux marines atteignent les côtes, principalement à cause de fuites de **pétroliers** et des déballastages, plus rarement suite à des **naufrages** (Erika en 1999, Prestige en 2002) ou des explosions de plates-formes off shore en mer du Nord, pourtant beaucoup plus médiatisés. Ces marées noires sont de véritables catastrophes écologiques pour la faune et la flore.

Consiste à vidanger des compartiments d'un bateau rempli d'eau de mer (dégazages).

Les plates-formes off shore sont des installations d'exploitation de pétrole en pleine mer.

III Des espaces maritimes à protéger

- L'ampleur des marées noires rend la **coopération internationale nécessaire**. Le naufrage de l'Erika a touché aussi bien la France (Pays basque, Vendée, sud de la Bretagne) que les côtes portugaises ou espagnoles. Les barrages flottants et les produits dispersant ont été peu efficaces, le nettoyage des côtes se faisant à l'aide de pelleteuses, mais surtout au seau et à la pelle.
- La France joue aujourd'hui un **rôle moteur** en matière de prévention et de protection des risques de pollution maritime au sein de l'UE. Un **système de surveillance européen des routes maritimes et des navires** a été mis en place depuis 2009 : contrôles accrus des cargaisons, suivi des navires, obligations des doubles coques pour les pétroliers. Le **rail d'Ouessant**, sorte d'autoroute maritime, permet de séparer le trafic des navires, au large de l'île la plus occidentale de la Bretagne, limitant ainsi les risques de collisions.

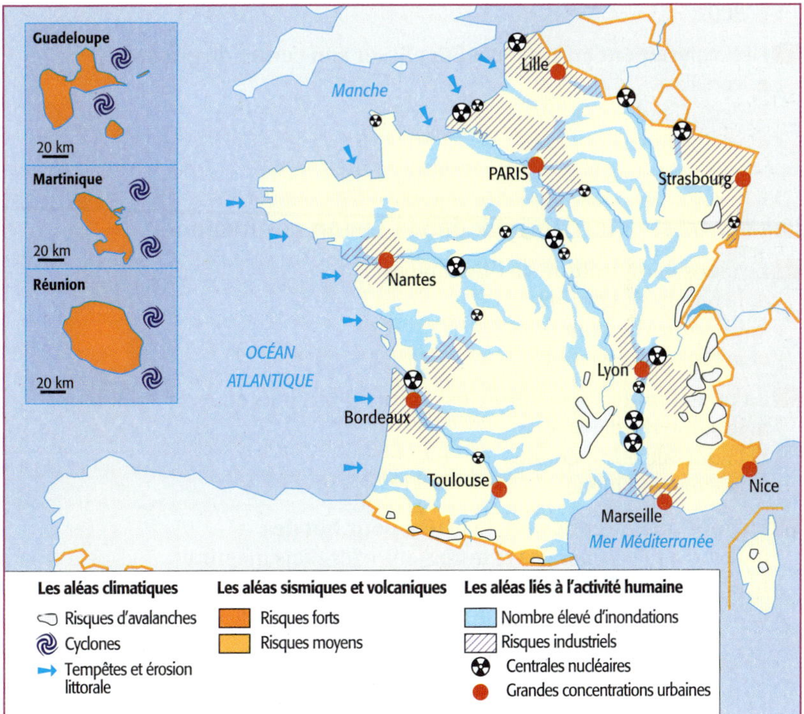

Les risques en France

Quiz express

Vérifiez que vous avez bien retenu les points importants **des fiches 38 à 42**.

L'Union européenne, un territoire en construction

1 Les accords Schengen concernent :

- [ ] **a.** la libre circulation des hommes.
- [ ] **b.** la libre circulation des capitaux.
- [ ] **c.** la libre circulation des marchandises.

2 L'euro est entré en circulation en :

- [ ] **a.** 1993.
- [ ] **b.** 1999.
- [ ] **c.** 2002.

3 L'élargissement européen a fait glisser son centre de gravité :

- [ ] **a.** vers l'est.
- [ ] **b.** vers le sud.
- [ ] **c.** vers le nord.

Les contrastes territoriaux dans l'Union européenne

4 Le cœur économique de l'Europe est :

- [ ] **a.** le bassin de Londres.
- [ ] **b.** l'Europe rhénane.
- [ ] **c.** la région parisienne.

5 La mégalopole européenne est aujourd'hui plus souvent appelée :

- [ ] **a.** le sillon rhodanien.
- [ ] **b.** la dorsale européenne.
- [ ] **c.** la « banane bleue ».

6 La politique de cohésion de l'UE a pour but de :

- [ ] **a.** favoriser les échanges culturels entre les États membres.
- [ ] **b.** promouvoir l'éducation aux langues européennes.
- [ ] **c.** lutter contre les inégalités de développement entre les régions européennes.

Les réseaux de transports français dans l'UE et le monde

7 Les moyens de transport français qui se sont les plus développés en liaison avec l'Union européenne et poursuivent leur développement sont :

- ☐ **a.** les LGV (lignes de train à grande vitesse).
- ☐ **b.** les autoroutes.
- ☐ **c.** les voies aériennes.

8 Le principal axe de circulation en France est :

- ☐ **a.** l'axe nord-sud du Rhin.
- ☐ **b.** l'axe nord-sud du Rhône.
- ☐ **c.** le tunnel sous la Manche.

Les risques naturels en France, l'exemple de la forêt méditerranéenne

9 La forêt méditerranéenne est particulièrement vulnérable aux incendies à cause de :

- ☐ **a.** la sécheresse estivale.
- ☐ **b.** la foudre qui tombe plus souvent au sud.
- ☐ **c.** la fréquentation touristique.

10 Lequel de ces risques n'est pas uniquement d'origine naturelle ?

- ☐ **a.** Un séisme
- ☐ **b.** Une tempête
- ☐ **c.** Un feu de forêt

Les risques technologiques en France, l'exemple des marées noires

11 Les marées noires sont le plus souvent causées :

- ☐ **a.** par des naufrages.
- ☐ **b.** par des collisions.
- ☐ **c.** par des opérations de nettoyage des cuves en pleine mer.

12 Les effets des inondations sont amplifiées par :

- ☐ **a.** le bétonnage des sols.
- ☐ **b.** l'arrachage des haies.
- ☐ **c.** les défrichements.

13 La pollution des sols à cause des engrais et pesticides peut entraîner :

- ☐ **a.** la contamination de l'air.
- ☐ **b.** la contamination des nappes phréatiques.
- ☐ **c.** la contamination de l'eau de mer (algues vertes).

RÉPONSES

1. a • **2.** c • **3.** a • **4.** a • **5.** b (le terme de banane bleue, longtemps employé, est aujourd'hui oublié) • **6.** c • **7.** a • **8.** b. • **9.** a et c • **10.** c • **11.** c • **12.** a, b et c • **13.** b et c

SUJET 42 | La France et l'Union européenne

QUESTIONS DE COURS

1. Qu'est-ce qui a été mis en place en 1993 avec l'entrée en vigueur du traité de Maastricht ?

❒ **a.** La zone euro.

❒ **b.** L'espace Schengen.

❒ **c.** Le marché unique.

2. Qu'est-ce qu'un risque ?

3. Dans quelle mesure le littoral français est-il exposé aux marées noires ?

4. Pourquoi la forêt méditerranéenne est-elle particulièrement sensible au risque d'incendie ?

DÉMARRONS ENSEMBLE

Regroupez vos idées en trois parties : les raisons naturelles qui sensibilisent la zone au risque d'incendie, les raisons humaines qui aggravent ces causes naturelles, et enfin les mutations récentes qui augmentent la vulnérabilité.

CORRIGÉ

1. Réponse c. La zone euro est mise en place en 1999 (et l'euro en 2002) et l'espace Schengen en 1997 au traité d'Amsterdam.

2. Un risque est **le produit d'un aléa par une vulnérabilité**. Un aléa est un événement qui se produit de façon aléatoire : il peut être **naturel** (typhon, tsunami, inondation, etc.) ou **technologique** (explosion, marée noire, etc.). La **vulnérabilité est le degré d'exposition des populations humaines** à ces aléas. On distingue donc des **risques naturels** et des **risques technologiques**.

3. Le littoral français s'ouvre sur **quatre façades maritimes** et toutes sont longées par des **voies maritimes d'importance mondiale** (Northern Range ou Méditerranéenne vers Suez). Ainsi, **70 % des hydrocarbures** qui sont acheminés vers l'UE passent le long des façades atlantique et Manche-mer du Nord françaises. La côte bretonne est particulièrement exposée en raison de l'intense trafic, mais aussi de sa configuration physique (récifs).
Les marées noires sont le **résultat d'accidents technologiques** : explosions de plates-formes pétrolières en mer du Nord, fuites ou dégazages de pétroliers, plus rarement naufrages (comme l'Erika en 1999). On estime que 30 % du pétrole déversé atteint les côtes, provoquant une catastrophe écologique.

4. La forêt méditerranéenne est un milieu fragile, particulièrement sensible au risque d'incendie en raison de ses spécificités :
– des spécificités climatiques : l'été méditerranéen est chaud et très sec, souvent orageux (foudre) et venté (mistral), ce qui attise les flammes ;
– des spécificités humaines : le milieu forestier méditerranéen est en déprise dans l'intérieur des terres, en raison de l'exode rural et de la littoralisation, et mal ou pas débroussaillé, ce qui le rend sensible à la moindre flamme ;
– des vulnérabilités qui augmentent : le littoral est très attractif. La pression touristique provoquée un reflux vers l'arrière-pays le plus proche du littoral, plus abordable financièrement. L'arrière-pays se redensifie donc, mais avec des populations néo-rurales parfois absentéistes (résidences secondaires) ou qui entretiennent mal les espaces.
La zone méditerranéenne est devenue plus vulnérable. Le risque est donc plus important.

Il faut bien sûr réutiliser la définition d'un risque pour évaluer celui qui pèse sur la forêt méditerranéenne.

SUJET 43 | La construction européenne

ÉTUDE DE DOCUMENT

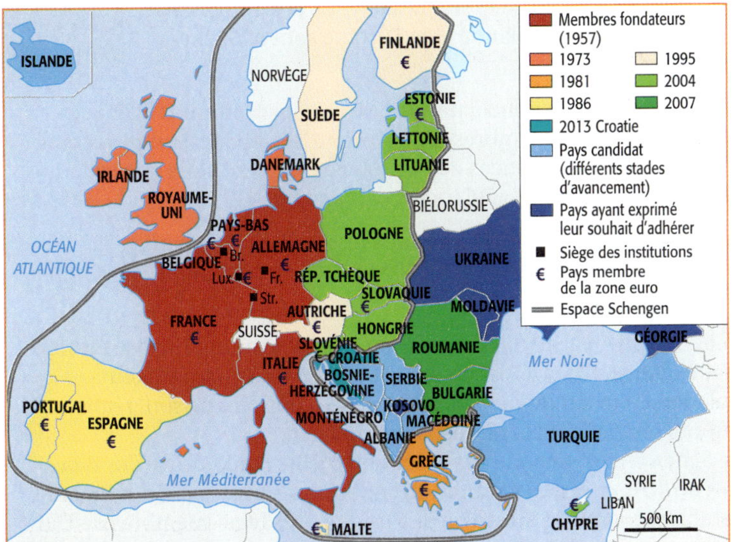

L'Union européenne

1. Combien l'Union européenne comptait-elle de membres en 1957 ? en 1995 ? Aujourd'hui ? Qu'en déduisez-vous ? Quels sont les pays candidats à l'entrée dans l'UE ?

2. Quelle est la différence entre élargissement et approfondissement de l'UE ? Quelle ville est le siège de la Banque centrale européenne (BCE) ?

3. Qu'est-ce que la zone euro ? Combien compte-t-elle de membres ?

4. Qu'est-ce que l'espace Schengen ? Montrez à travers cet exemple que l'Union européenne est un ensemble hétérogène.

DÉMARRONS ENSEMBLE

L'étude mêle questions de lecture de carte, questions de cours et questions de réflexion. Utilisez bien la légende, notamment pour la question 2.

CORRIGÉ

1. L'Union européenne comptait **6 membres fondateurs** en 1957, quand elle ne s'appelait encore que Communauté économique européenne (CEE). Elle en comptait 15 en 1995 et 27 aujourd'hui. La Serbie doit intégrer l'UE le 1er juillet 2013. L'UE est donc **en phase d'élargissement**. Les pays de l'ex-Yougoslavie (Serbie, etc.), mais aussi l'Islande et la Turquie sont officiellement candidats.

L'Union européenne ne s'appelle ainsi que depuis 1992. Avant cette date, elle n'était encore que la CEE.

2. **L'élargissement** correspond à un **processus géographique** : l'UE augmente le nombre de ses membres. **L'approfondissement** est un **processus institutionnel** : les compétences de l'Union augmentent alors que celles des États membres diminuent. La BCE siège à Francfort.

3. La zone euro est une **union économique et monétaire** qui partage la même monnaie, l'euro, depuis 1999 (2002 pour les populations). Elle compte aujourd'hui **17 membres**.

4. L'espace Schengen a été mis en place en 1987 et institutionnalisé en 1997 par le traité d'Amsterdam. C'est un **espace de libre circulation** pour les populations, sans frontières intérieures. Les contrôles ne sont réalisés qu'aux frontières extérieures de l'espace Schengen.
L'espace Schengen est néanmoins assez hétéroclite : on y trouve des États membres de l'UE, comme la France ou l'Allemagne, mais aussi des États non-membres, comme la Suisse ou la Norvège. Des États-membres de l'UE n'en font pas partie, tels le Royaume-Uni et l'Irlande. L'Union est donc un **ensemble assez hétérogène**.

SUJET 44 | Les contrastes territoriaux dans l'Union européenne

ÉTUDE DE DOCUMENT

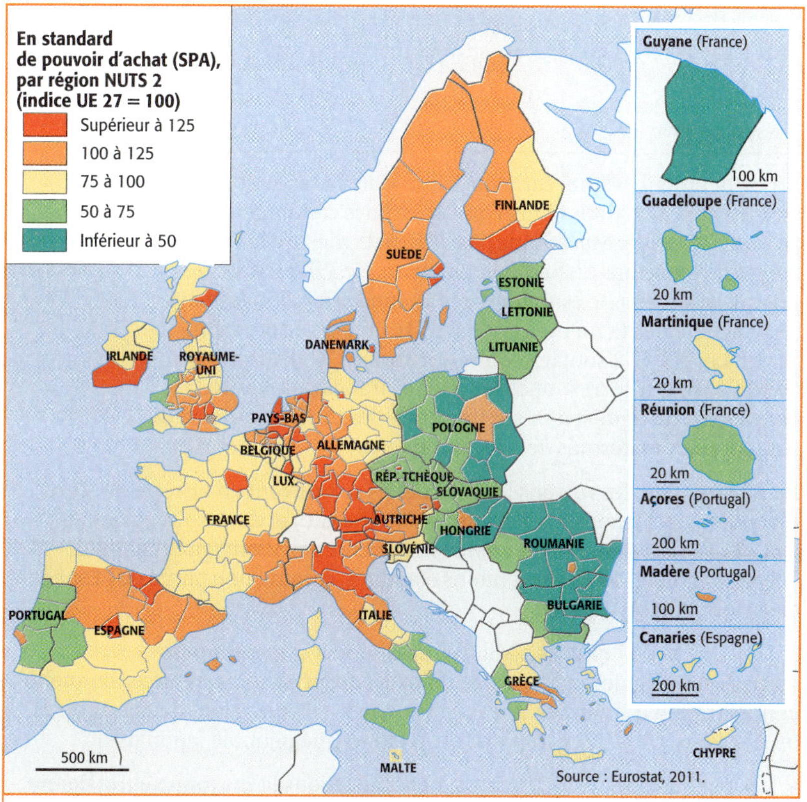

Le PIB par habitant dans l'Union européenne en 2011

1. Que représente ce document ? Définissez les termes PIB SPA et NUTS 2.
2. Où se trouvent les régions dont le PIB/hab. est au-dessus de la moyenne européenne ?
3. Comment s'appelle cette région riche dont l'arc va de Londres à Milan ?
4. Quelles sont les régions dont le PIB/hab. est nettement en dessous de la moyenne ? Comment pouvez-vous l'expliquer ?

DÉMARRONS ENSEMBLE

Sur cette carte, on vous demande de raisonner globalement, sans regarder le détail. Pour vous aider, vous pouvez vous éloigner de la carte. Un conseil : n'oubliez pas les régions d'outre-mer, qui se trouvent dans le cartouche à droite.

CORRIGÉ

1. Le document est une carte qui représente la **répartition du PIB/hab. SPA** dans l'UE et quelques pays candidats en 2011 (Turquie, Croatie, Macédoine). Le PIB/hab. mesure la richesse moyenne créée par un habitant en un an. Ce PIB est **corrigé selon le standard de pouvoir d'achat**, qui varie selon les pays (on n'achète pas la même chose avec 1€ en France et en Bulgarie). Les NUTS 2 sont les **unités territoriales statistiques de niveau 2**, ce qui correspond aux régions françaises. Les NUTS permettent de représenter sur une carte des unités territoriales comparables en termes démographiques.

> Nomenclature des Unités Territoriales Statistiques. Le niveau NUTS 0 correspond aux États, le NUTS 3 aux départements.

2. Globalement, les régions les plus riches se trouvent en **Europe du Nord** (Scandinavie, Danemark, Royaume-Uni, Irlande) et dans **l'arc qui va de Londres à Milan** en passant par le Benelux et l'Allemagne rhénane. On peut rajouter des régions moins étendues, comme une partie de l'Espagne et surtout **l'Île-de-France**.

3. L'arc qui va de Londres à Milan correspond à la **mégalopole centre-européenne** (également appelée dorsale européenne) : une exceptionnelle concentration d'hommes et d'activités, qui n'a d'équivalent dans le monde qu'aux États-Unis (Megalopolis) et au Japon (mégalopole japonaise).

4. Les régions dont le PIB/hab. est nettement sous la moyenne européenne sont les **régions du sud et surtout de l'est** de l'Europe. L'est de l'Europe est en retard en raison de son passé communiste. Le Sud a longtemps été en retard, plus rural, moins industrialisé que le Nord, depuis le XIXe siècle. N'oublions pas les **régions d'outre-mer**, qui sont également souvent en dessous de la moyenne (Guadeloupe, Réunion, Guyane surtout).

GÉOGRAPHIE

Le rôle mondial de la France et de l'Union européenne

La fusée Ariane (Kourou, Guyane)

FICHES

BILAN

SUJETS CORRIGÉS

43 La présence française dans le monde : le cas de la Guyane

Vaste territoire peu peuplé, la Guyane est l'un des trois départements français d'Amérique. Longtemps isolée du reste du continent, elle se tourne aujourd'hui vers ses voisins afin de renforcer la présence française dans la région. Quel enjeu géopolitique la Guyane représente-t-elle pour la France ?

I La Guyane : une présence française en Amérique latine

- **Française depuis le XVIIe siècle**, l'ancienne colonie de Guyane est devenue un **département** en 1946. Située à 7 000 km de la métropole, elle est le **plus vaste département français**, soit 16 % du territoire national.
- La Guyane est bordée au nord par l'océan Atlantique et partage ses frontières avec le Surinam à l'ouest et avec le Brésil au sud et à l'est. Seul territoire ultramarin continental, elle est recouverte à 94 % par la **forêt dense**, fragment de l'immense **Amazonie**.
- La Guyane n'est peuplée que de 220 000 habitants dont 90 % se regroupent sur une étroite **bande côtière** où sont localisées les **principales villes**, Cayenne, Kourou et Saint-Laurent-du-Maroni. La quasi-totalité des activités économiques s'y concentrent : élevage, riziculture, cultures maraîchères, artisanat, commerce. L'intérieur forestier, souvent perçu comme dangereux par la population, n'abrite que 11 % des Guyanais.
- **Le centre spatial guyanais** (CSG), situé à Kourou, fournit près du quart des emplois en Guyane. Cette base de lancement des fusées européennes Ariane (et depuis peu de lanceurs russes) représente plus du 16 % du PIB guyanais. Elle bénéficie d'une latitude idéale pour placer en orbite les gros satellites géostationnaires et d'une large ouverture sur l'océan, limitant ainsi les risques d'accident.
- La Guyane représente un **enjeu géostratégique majeur** : elle permet une présence militaire française sur le continent américain. Les troupes armées, environ 2 000 hommes, garantissent la sécurité du territoire. Ils luttent contre l'orpaillage illégal, l'immigration clandestine et la pêche illicite dans la zone économique exclusive (ZEE).

> Latitude : Position géographique par rapport à l'équateur.

> L'orpaillage est la recherche et l'exploitation artisanale de l'or dans les rivières.

II Un territoire qui cherche à s'intégrer au continent américain

- La Guyane est séparée du reste du sous-continent par la **forêt amazonienne**. Peuplée essentiellement sur sa façade atlantique, pratiquant des langues, **français** et **créole**, qui ne sont pas parlées en Amérique du Sud, elle appartient incontestablement à l'**aire caraïbe**.

- La France cherche donc à **renforcer l'intégration de la Guyane à l'Amérique latine**, notamment par son **réseau de transport**. Ainsi, depuis mai 2011, un pont sur le fleuve Oyapock relie la Guyane au **Brésil**. L'axe RN1/RN2 assure désormais la liaison sur 450 kilomètres entre la frontière du Surinam, à l'ouest, et la frontière brésilienne, à l'est.

- Mais cette réalisation fait craindre l'augmentation des **flux migratoires**, notamment illégaux. La Guyane constitue en effet un **îlot européen**, riche et prospère, au milieu d'un « océan de pauvreté ». Les migrants représenteraient aujourd'hui 40 % de la population : Brésiliens, Haïtiens, Surinamais. Même s'ils participent au dynamisme démographique du département, ils sont nombreux à travailler sur des sites d'orpaillages illégaux dans la forêt ou à peupler les bidonvilles qui se multiplient autour de Cayenne.

Le pont sur l'Oyapock (avril 2011)

Les transports en Guyane

- La circulation entre les deux rives de l'Oyapock reste difficile. Côté brésilien, seul un chemin de terre mène jusqu'au pont et côté français, les lourdeurs administratives et un coût de « passage » élevé limitent les migrations. Le pont devient une « frontière » et la Guyane ne joue pas encore le rôle d'**interface** entre la France-Union européenne et l'Amérique latine. Les échanges restent très limités.

44 La France, une influence mondiale

La présence française dans le monde est le fruit d'un passé colonial et militaire, mais aussi d'une histoire qui lui a permis un certain rayonnement culturel. Quels sont les aspects du rayonnement international de la France ?

I La France, un pays ouvert sur le monde

- La France dispose d'une présence planétaire grâce à ses territoires ultramarins présents sur tous les continents : les **départements et régions d'outre-mer** (DROM) comme la Guadeloupe, la Martinique, la Guyane, Mayotte et La Réunion ; **des collectivités d'outre-mer** (COM) telles que la Polynésie française, Saint-Barthélemy, Saint-Martin, Saint-Pierre-et-Miquelon, Wallis et Futuna, ainsi que la Nouvelle-Calédonie et les Terres australes et antarctiques (Kerguelen, Crozet, Saint-Paul, Nouvelle-Amsterdam).
- Ces territoires assurent à la France la deuxième plus grande **zone économique exclusive** du monde, soit 11 millions de km^2 d'espaces maritimes. Ces ZEE lui procurent un avantage important pour l'exploitation des ressources (minerais, pêche).
- La France entretient aussi des relations privilégiées avec ses anciennes colonies, notamment en Afrique, qui sont les principales destinataires de l'aide publique au développement.
- L'image de la France, pays des Droits de l'homme, de la démocratie et terre d'asile, reste très forte : environ 165 000 réfugiés vivent aujourd'hui en France. La lutte contre l'immigration clandestine modifie cependant cette image.

L'APD est un ensemble de dons et de prêts en faveur des pays du Sud.

II Une influence géopolitique encore forte

- La France fait partie de toutes les organisations internationales : elle est l'un des cinq membres permanent au **Conseil de sécurité de l'ONU** où elle bénéficie d'un droit de véto. Elle dispose du second réseau diplomatique mondial, derrière les États-Unis, par l'intermédiaire de ses consulats et ses ambassades.
- La France est également une puissance militaire qui possède l'**arme nucléaire**. L'armée française est présente à l'étranger où elle effectue des missions sous mandat international de l'ONU ou de l'OTAN, dont elle a réintégré le commandement en 2009 (elle l'avait quitté en 1966). Elle lutte contre la piraterie en Somalie dans le cadre d'une coopération européenne.

III Un rayonnement culturel important

- Le français reste, avec près de 220 millions de francophones, une **langue internationale parmi les plus parlées du monde**. Les sommets de la francophonie réunissent tous les deux ans l'ensemble des pays qui reconnaissent le français comme langue officielle.

- Le rayonnement linguistique de la France s'appuie sur le réseau des **lycées français à l'étranger** (461 établissements), les centres culturels et l'Alliance française. Des **médias** comme TV5 Monde, France 24 ou Radio France international (RFI) sont reçus par plus de 200 millions de foyers.

L'Alliance française est un réseau de 1 016 associations enseignant la langue et la civilisation française, subventionnées par l'État français.

- La France défend la diversité culturelle dans le monde. Elle agit au sein de l'Organisation mondiale du commerce (OMC) pour que l'**exception culturelle** soit reconnue dans les échanges internationaux, permettant ainsi à la production audiovisuelle nationale de rester performante.

- Depuis la fin du XXe siècle, le nombre d'**expatriés français** ne cesse de croître. Ils seraient entre 1,5 et 2 millions à avoir quitté la France, dont plus de la moitié âgés de moins de 35 ans et résidant dans un pays européen. Ils sont les relais de la présence française dans le monde.

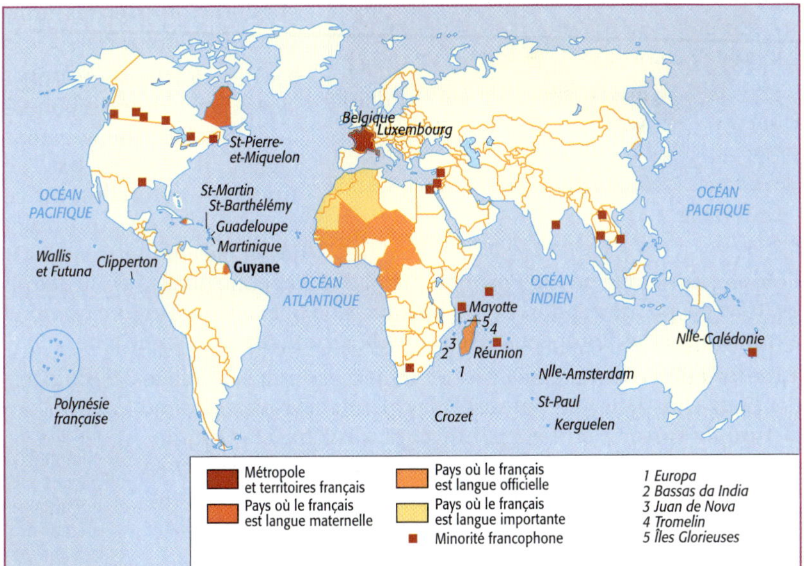

Les pays francophones

45 L'attractivité de l'Union européenne : la candidature de la Turquie

L'adhésion de la Turquie à l'Union européenne fait débat. Pourtant, elle est déjà en partie intégrée à l'UE. Comment expliquer ce paradoxe ?

I La Turquie, un candidat officiel à l'entrée dans l'UE

La Turquie

Peuplée de 75 millions d'habitants, la Turquie possède 3 % de son territoire sur le continent européen et le reste du pays est séparé de l'Europe par les détroits du Bosphore et des Dardanelles. La candidature de la Turquie pose donc une question qui interroge encore les géographes : où fixer les frontières de l'Europe ?

Si des caractéristiques physiques peuvent correspondre à des frontières (fleuve, montagne), **il n'existe pas de frontières naturelles**, car ce sont les hommes qui fixent les limites des territoires. Or l'Europe ne s'arrête pas au Bosphore. Trait d'union entre deux rives, le détroit est traversé par deux ponts et des centaines de bateaux. La Turquie est donc européenne si les Européens et les Turcs la reconnaissent comme telle.

La Turquie s'est intéressée très tôt au projet européen. Alliée des États-Unis et de l'Europe de l'Ouest pendant la guerre froide, la Turquie s'associe en 1963 par l'accord d'Ankara à la Communauté économique européenne, puis dépose officiellement sa demande d'adhésion en 1987. En 1995, elle signe avec l'UE un accord d'union douanière, mais les négociations d'une adhésion ne démarrent réellement qu'en 2005.

Une union douanière est un accord commercial entre plusieurs États qui adoptent les mêmes droits de douane vis-à-vis des autres pays.

II Un pays déjà intégré au territoire européen

■ La Turquie réalise les **trois quarts de son commerce extérieur avec l'Union européenne**. La présence d'un milieu d'affaires dynamique et d'une main-d'œuvre qualifiée et bon marché en font un partenaire économique en développement.

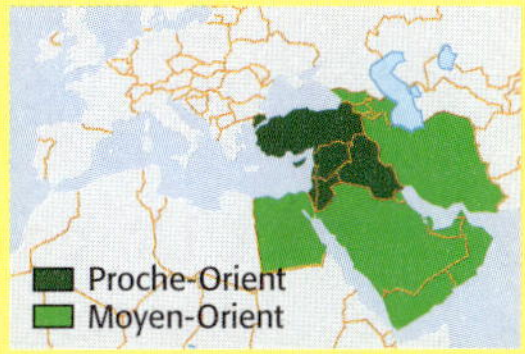

■ La Turquie a une position stratégique pour la politique extérieure européenne : **carrefour** entre les pays balkaniques et ceux du Moyen-Orient, elle est le seul État musulman à **soutenir Israël** et à s'affirmer comme **médiateur au** Proche-Orient. Elle contrôle également l'approvisionnement en **eau** de l'Irak et de la Syrie grâce à ses barrages sur le Tigre et l'Euphrate. L'eau devenant rare, le rôle joué par la Turquie pourrait s'accroître et servir la diplomatie européenne.

■ On estime à 3 ou 4 millions les Européens d'origine turque ; ils entretiennent des liens étroits avec leur pays d'origine (migrations, investissements). De plus, la Turquie, devenue la 10e destination touristique mondiale, accueille de nombreux visiteurs européens. La Turquie est donc déjà intégrée au territoire européen, indépendamment du processus d'adhésion à l'UE.

III Les obstacles à l'adhésion de la Turquie

■ Afin de devenir membre de l'Union européenne, tout candidat doit répondre aux **critères de Copenhague**, comme garantir la démocratie, les Droits de l'homme et respecter les minorités présentes sur son territoire.

■ De nombreuses questions freinent encore le processus d'adhésion de la Turquie à l'UE. L'État turc refuse de reconnaître aux **Kurdes**, peuple sans État vivant au sud-est de la Turquie, leurs droits culturels. L'armée turque occupe toujours le nord de l'île de **Chypre**, alors que le sud, d'origine grecque, est membre de l'Union européenne. La Turquie souhaite une réunification du pays à laquelle s'oppose la partie grecque de l'île.

■ Enfin, l'État turc refuse de reconnaître le **génocide des Arméniens**, perpétré par l'armée turque en 1915 pendant la Première Guerre mondiale. Pour l'État turc, il y a eu effectivement des massacres, mais dans un contexte de guerre et il s'agissait alors de l'empire Ottoman.

■ Même si la Turquie a mené des réformes, de nombreux aspects sont encore à améliorer : protection du droit des femmes et des enfants, liberté d'expression et de religion, lutte contre la torture etc. De nombreux chefs d'État européens s'opposent à l'entrée de la Turquie dans l'UE : son poids démographique modifierait les équilibres de l'Union et son intégration nécessiterait de lourds investissements. Ils privilégient des formes d'association avec elle.

46 Réalité et limites de la puissance européenne

L'UE rayonne sur ses États voisins et s'impose comme un acteur majeur des échanges internationaux. Quelles sont les forces et les faiblesses de la puissance européenne dans le monde ?

▶ Voir carte sur le rabat avant de l'ouvrage.

I L'Union européenne rayonne sur son voisinage

■ L'Union européenne est devenue un **centre attractif**, pôle de stabilité et de croissance. Sa force d'attraction s'exerce sur son voisinage. Cinq pays sont aujourd'hui des candidats officiels à l'adhésion à l'UE : l'Islande, la Serbie, la Macédoine, le Monténégro et la Turquie. Trois autres sont des candidats potentiels : l'Albanie, la Bosnie-Herzégovine et le Kosovo.

■ Afin d'assurer la stabilité et la prospérité économique de ces régions proches, l'UE a mis en place en 2004 une **politique européenne de voisinage**. Cette aide économique, de plus de 2,5 millions d'euros annuels, permet d'atténuer les écarts de richesse et de développement à l'intérieur du continent.

■ La Méditerranée est une aire de relations privilégiées de l'Union européenne. Les liens historiques entretenus entre les rives nord et sud permettent les coopérations entre les États. En 2008, l'**Union pour la Méditerranée** se définit comme une « union de projets » et fixe des objectifs concrets en termes de protection de l'environnement et de flux migratoires.

II L'Union européenne, une puissance majeure de la Triade

1. Les attributs de la puissance européenne dans le monde

■ L'Union européenne est un membre de la Triade. Elle est la première puissance économique et commerciale du monde devant les États-Unis, la Chine et le Japon. Elle réalise près de 20 % des échanges mondiaux et 28 % du PIB mondial. Elle accueille plus de 40 % des flux d'investissement étrangers mondiaux.

■ L'UE est une puissance financière attractive : ses places boursières se sont regroupées pour rivaliser avec New York et Tokyo. Elles attirent plus de 40 % des flux d'investissement étrangers mondiaux.

> La Triade regroupe les pôles majeurs de l'économie mondiale : l'Amérique du Nord, l'Union européenne et l'Asie orientale (Japon, Chine littorale, Corée du Sud, Taiwan, Singapour).

- L'UE participe à la **gouvernance économique mondiale**. Membre de l'OMC, elle abrite 161 FTN classées parmi les 500 premiers groupes mondiaux. Les points forts de son économie reposent sur les secteurs de l'énergie, de la banque et de l'assurance, de l'automobile, mais aussi de l'électronique, de la chimie-pharmacie, de la distribution (Carrefour) et de l'aéronautique (Airbus).

Démarche de concertation et de prise de décision qui implique, de façon responsable, les auteurs ou les populations concernées. Son objectif est d'aboutir à des décisions acceptables par la majorité pour le bien commun.

- Les ports situés entre Le Havre et Hambourg forment la façade maritime de la **Northern Range** qui constitue une **interface** dynamique. Rotterdam est une porte d'entrée du territoire européen et un nœud de redistribution des marchandises venues du monde entier.
- Avec 500 millions d'habitants, l'UE est enfin le plus grand marché de **consommation** du monde. La **main-d'œuvre** européenne, **très qualifiée**, participe à sa puissance économique.

2. Les limites de la puissance européenne dans le monde

- L'UE ne peut se comparer aux autres pays qu'elle précède dans le classement mondial. En effet, plus des 2/3 des échanges commerciaux sont **intra-européens**. Les politiques économiques des différents États membres sont peu coordonnées ; les États restent des **concurrents** dans le contexte de la mondialisation.
- Face aux grandes puissances mondiales, telles les États-Unis et la Chine, l'UE souffre d'un **manque d'unité politique**. Sans armée ni diplomatie commune, elle ne parvient pas à s'affirmer au sein de l'ONU, où elle n'est qu'un observateur.
- L'UE est de plus fragilisée par la **dette publique** de ses membres, la crise actuelle de l'euro, le vieillissement de sa population, les disparités économiques entre ses régions.
- Enfin, elle doit faire face à de nombreux **défis économiques** : la reconversion des activités industrielles en déclin, la dépendance énergétique et la compétitivité de ses activités agricoles et tertiaires face à la concurrence des pays émergents (Brésil, Chine).

Quiz express

Vérifiez que vous avez bien retenu les points importants **des fiches 43 à 46**.

Un territoire ultramarin : la Guyane

1 La Guyane est :
- ☐ **a.** un département français d'outre-mer.
- ☐ **b.** une collectivité d'outre-mer.
- ☐ **c.** une région française d'outre-mer.

2 La principale ville de Guyane est :
- ☐ **a.** Kourou.
- ☐ **b.** Cayenne.
- ☐ **c.** Mana.

3 La Guyane permet à la France :
- ☐ **a.** d'être présente militairement sur le continent américain.
- ☐ **b.** de multiplier les échanges économiques avec les pays d'Amérique latine.
- ☐ **c.** de se fournir en produits agricoles exotiques.

La France, une influence mondiale

4 Une zone économique exclusive est :
- ☐ **a.** une organisation commerciale.
- ☐ **b.** un espace maritime de 200 milles marins à partir des côtes.
- ☐ **c.** un port où sont transformées les ressources maritimes.

5 La francophonie réunit :
- ☐ **a.** les lycées français du monde.
- ☐ **b.** les Alliances françaises du monde.
- ☐ **c.** 65 États parlant français dans le monde.

6 Les Français expatriés sont surtout installés :
- ☐ **a.** aux États-Unis.
- ☐ **b.** au Canada (Québec).
- ☐ **c.** dans un pays membre de l'Union européenne.

La candidature de la Turquie à l'adhésion à l'Union européenne

7 La Turquie est :

- ☐ **a.** un candidat officiel à l'entrée dans l'UE.
- ☐ **b.** un candidat potentiel à l'entrée dans l'UE.
- ☐ **c.** un candidat ayant été refusé à l'entrée dans l'UE.

8 La Turquie est déjà intégrée à l'Union européenne par :

- ☐ **a.** ses échanges commerciaux et économiques.
- ☐ **b.** ses flux migratoires.
- ☐ **c.** son poids démographique.

9 Le principal sujet de tension entre la France et la Turquie concerne :

- ☐ **a.** la question chypriote.
- ☐ **b.** la question kurde.
- ☐ **c.** la question du génocide arménien.

Réalités et limites de la puissance européenne

10 L'Union européenne réalise près de :

- ☐ **a.** 20 % du PIB mondial.
- ☐ **b.** 30 % du PIB mondial.
- ☐ **c.** 40 % du PIB mondial.

11 L'UE européenne est insérée aux échanges mondiaux grâce à :

- ☐ **a.** sa façade maritime atlantique.
- ☐ **b.** sa façade maritime méditerranéenne.
- ☐ **c.** sa façade maritime du Nord (Northern Range).

12 L'UE trouve ses principales faiblesses :

- ☐ **a.** dans son manque d'unité politique.
- ☐ **b.** dans son manque d'unité économique.
- ☐ **c.** dans ses inégalités régionales.

RÉPONSES

1. a et c • **2.** b • **3.** a • **4.** b • **5.** c • **6.** c • **7.** a • **8.** a et b • **9.** c • **10.** b • **11.** c • **12.** a et c

SUJET 45 | Le rôle mondial de la France et de l'Union européenne

QUESTIONS DE COURS

1. La France est un membre permanent du Conseil de sécurité de l'ONU avec droit de veto.

❒ **a.** Oui.
❒ **b.** Non.
❒ **c.** Non, mais elle cherche à le devenir.

2. Qu'est-ce que la politique européenne de voisinage ?

3. La France est-elle une grande puissance militaire ?

4. Quelles sont les limites de la puissance de l'Union européenne ?

DÉMARRONS ENSEMBLE

Vous pouvez commencer par les limites économiques dans le contexte mondial, puis analyser les fragilités internes, et finir sur la crise de la dette européenne qui montre que vous savez exploiter l'actualité dans votre réflexion. N'oubliez pas de faire une phrase de conclusion.

CORRIGÉ

1. Réponse a. C'est un des atouts majeurs de son influence mondiale.

2. La politique européenne de voisinage (PEV), lancée en 2004, a pour but de stabiliser l'environnement régional de l'Union à travers une aide économique. Cette politique concerne le **Partenariat oriental** avec les pays de l'Est (Caucase, Ukraine), mais aussi le **Partenariat euroméditerranéen**, avec les pays du sud de la Méditerranée (du Maroc au Liban). Le budget de la PEV pour la période 2007-2013 s'élève à 12 milliards d'euros.

3. La France est toujours **une grande puissance militaire** : elle dispose de la **force nucléaire** et d'une **armée ultra-moderne**, pourvue d'équipements de pointe (avion de combat Rafale). Ses **capacités d'intervention** sont réelles : Côte d'Ivoire et Libye en 2011. Toutefois, ce n'est pas une puissance militaire comparable aux États-Unis : la France ne dispose que d'**un seul porte-avion nucléaire** et ses **capacités de projection de forces sont limitées**. La France demeure **une puissance moyenne**.

4. La puissance et le rayonnement international de l'UE connaissent **des limites de plus en plus manifestes**.

Son **modèle économique** souffre d'une concurrence de plus en plus vive des autres membres de la Triade ou des pays émergents. Les produits européens se concurrencent souvent plus qu'ils ne se complètent. Le **vieillissement de la population européenne** en fait plutôt une zone de dépression démographique, menaçant ses capacités d'innovation.
Surtout, l'Union élargie doit gérer **27 égoïsmes nationaux** parfois inconciliables : ses divisions politiques et diplomatiques affaiblissent son impact international. Il n'est ainsi pas rare que les États membres prennent des positions de politique étrangère opposées, comme lors de l'intervention américaine en Irak en 2003. La crise de l'espace Schengen suite aux révolutions arabes de 2011 montre que **l'intégration européenne est fragile**.
La récente **crise de l'euro et de la dette souveraine européenne** confirme ces divisions en même temps qu'elle rappelle les faiblesses d'économies profondément endettées. Le Portugal, l'Italie, l'Espagne et surtout la Grèce – en faillite partielle en mars 2012 et sous tutelle européenne – sont dans une situation telle que l'avenir de la monnaie unique est menacé.
La puissance de l'Union européenne est donc une réalité… à conjuguer de plus en plus au passé.

SUJET 46 | L'UE dans les migrations internationales

ÉTUDE DE DOCUMENT

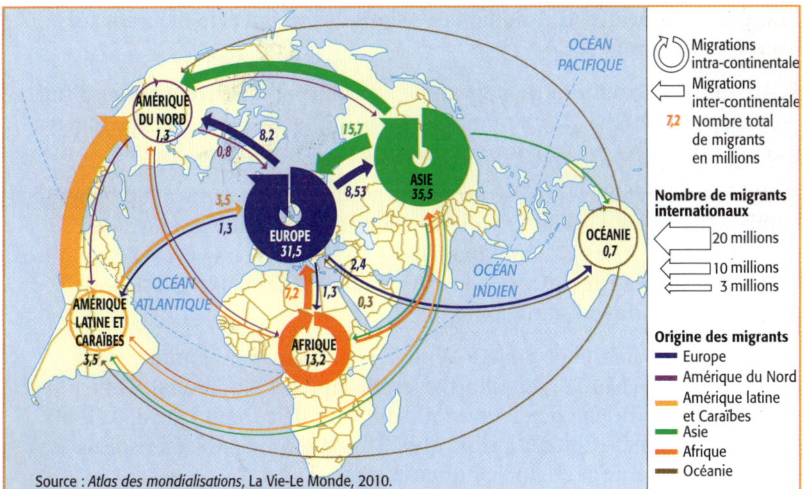

L'Union européenne dans les migrations internationales

1. Que représente le document ? Choisissez une flèche et exprimez l'information contenue.

2. Quel est le nombre total de migrants extra-européens présents en Europe ? et de migrants intra-européens ?

3. Avec quels continents le bilan migratoire européen apparaît-il positif ? négatif ?

4. Comment expliquer la différence entre le nombre de migrants intracontinentaux en Europe et en Amérique du Nord ? Au total, quelle zone est le premier centre migratoire mondial ?

DÉMARRONS ENSEMBLE

La carte utilise des flèches, mais en fait comptabilise l'origine des étrangers présents dans chaque zone. Par exemple, la flèche bleue d'Europe vers l'Amérique du Nord indique que 8,2 millions d'Européens vivent actuellement en Amérique du Nord.

CORRIGÉ

1. Le document est une carte qui représente la **répartition des migrations internationales** par grande zone géographique. La flèche de l'Asie vers l'Europe indique que 15,7 millions d'Asiatiques vivent actuellement sur le continent européen.

2. Au total, **27,5 millions de migrants extra-européens** vivent aujourd'hui en Europe. À ceux-ci, il faut rajouter **31,5 millions de migrants européens** qui ont quitté leur pays mais pour un autre pays européen.

3. Le bilan migratoire européen est **positif** avec toutes les zones majoritairement composées de **pays du Sud** : Amérique latine (+2,2 millions), Afrique (+5,9 millions), Asie (+7,2 millions). Il est en revanche **négatif** avec les autres zones, constituées de **pays du Nord** : Océanie (-2,1 millions) et surtout Amérique du Nord (-7,4 millions).

4. Il existe une différence majeure entre les migrants intracontinentaux en Amérique du Nord (1,3 million) et en Europe (31,5 millions). Cette différence vient du fait que l'Amérique du Nord ne compte que deux États (les États-Unis et le Canada), alors que l'Union européenne en compte 27 et le continent européen une cinquantaine.
Cependant, au total, tous types de migrants confondus, **l'Europe est le premier centre migratoire mondial**, ce qui témoigne de son rayonnement.

SUJET 47 | L'UE dans le commerce mondial

ÉTUDE DE DOCUMENT

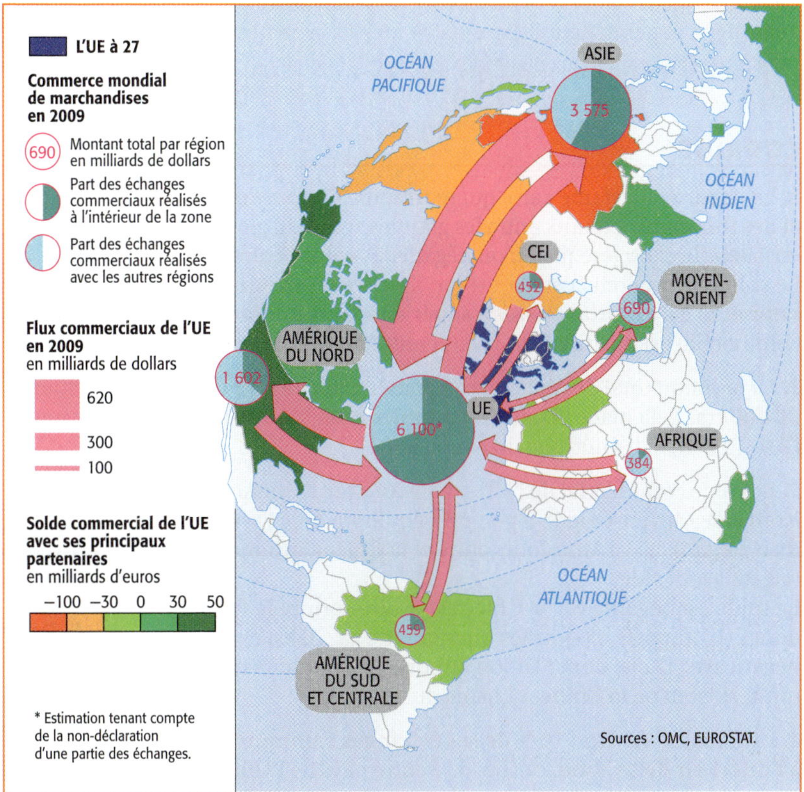

L'Union européenne dans le commerce mondial de marchandises

1. Que représente ce document ? Définissez ce qu'est un solde commercial.

2. Quelle est le montant total des échanges commerciaux de l'UE ? À quel rang mondial cela place-t-il l'Union européenne ?

3. Avec quels ensembles géographiques le solde commercial de l'UE est-il positif ? Négatif ? Donnez deux exemples permettant d'expliquer cela.

4. Quelle est la part des échanges commerciaux de l'UE réalisée à l'intérieur de sa zone ? Comment peut-on l'expliquer ?

DÉMARRONS ENSEMBLE

Attention à bien différencier les cercles, qui représentent le montant total des échanges et permettent donc d'établir un classement par zone, et les flèches, qui représentent les flux commerciaux en direction et en provenance de l'UE.

CORRIGÉ

1. Le document est une carte qui représente **l'importance des échanges et des flux commerciaux** entre les grandes zones du globe. Elle met également en valeur le caractère positif ou négatif des **soldes commerciaux de l'UE.**
Le solde commercial est la **différence entre les exportations et les importations**. Si les exportations sont supérieures aux importations, le solde commercial est positif ; dans le cas contraire, il est négatif.

2. Le montant total des échanges commerciaux de l'UE est de **6 100 milliards de dollars**. Cela place l'Union au **premier rang mondial**, assez loin devant l'Asie (3 578) et l'Amérique du Nord (1 602).

3. Le solde commercial de l'UE est **positif** avec l'Amérique du Nord et le Moyen-Orient, à peu près équilibré avec l'Afrique, mais **négatif** avec l'Amérique latine et la CEI, et fortement négatif avec l'Asie.
Le solde est négatif avec la CEI, c'est-à-dire surtout la Russie, dont l'UE importe d'énormes quantités de gaz. Il est également négatif avec l'Asie, dont l'Union importe des produits manufacturés, surtout de la Chine, « l'usine du monde ».

La CEI est la **Communauté des États Indépendants** qui associe sur un plan essentiellement commercial les pays de l'ex-URSS. Mais la Russie est le poids lourd de cette organisation par ailleurs moribonde.

4. L'UE réalise environ **70 % de ses échanges commerciaux à l'intérieur de sa zone**, c'est-à-dire entre pays de l'Union. Ce chiffre montre que les économies européennes sont fortement **interdépendantes** et coopèrent largement entre elles. On peut y voir l'une des principales manifestations du succès du marché unique mis en place en 1993. Le partage d'une monnaie unique facilite également le développement des échanges dans la zone euro.

ÉDUCATION CIVIQUE

La République et la citoyenneté

La mairie de Soulac en Gironde

FICHES

BILAN

SUJETS CORRIGÉS

47 Valeurs, principes et symboles de la République

La République française, née de la Révolution de 1789, a créé et promu des valeurs, des principes et des symboles qui sont parfois visibles dans l'espace public. Tout citoyen doit les (re)connaître afin de comprendre les composantes de sa citoyenneté.

I Des valeurs associées à une devise : Liberté-Égalité-Fraternité

- Les **valeurs** d'une société sont les idées qui guident le jugement moral de chacun, elles doivent permettre **d'atteindre un idéal**.
- « **La liberté** consiste à faire tout ce qui ne nuit pas à autrui » (Déclaration des Droits de l'homme et du citoyen, 1789). **L'égalité** s'éprouve d'abord devant la loi. Tout citoyen dispose des mêmes droits et devoirs. **La fraternité** se veut une garantie de paix. Aujourd'hui, le terme de solidarité est plus souvent employé.

La DDHC est écrite en août 1789. Texte universel, elle inspire d'autres déclarations par la suite.

II Des principes républicains

- Les **principes** sont des fondements sur lesquels repose une société. Ils sont à la fois une règle de départ et un modèle à respecter. Ils renforcent les valeurs de la république et favorisent leur application.
- La république est **indivisible**. Le territoire français est unifié, la république est une. Les services publics de l'État font appliquer **partout la même loi** : il n'y a pas de lois « régionales ». Selon la Constitution, la France est « indivisible ».
- La république est **laïque**. L'État demeure **neutre en matière religieuse** : il respecte toutes les croyances depuis la loi de séparation des Églises et de l'État de 1905. L'école est laïque : la loi du 15 mars 2004 réaffirme ce principe qui figure dans le règlement intérieur des établissements scolaires.
- La république est **démocratique et sociale**. Ceux qui dirigent le pays sont issus du peuple, ils ont été choisis par lui et œuvrent pour le servir : la république est une démocratie, **le pouvoir est entre les mains du peuple**.
- La république a une vocation sociale, elle doit l'assistance aux démunis et aux plus pauvres.

L'école gratuite et obligatoire depuis 1882 et la création de la sécurité sociale en 1945 en sont des exemples.

III Des symboles, pour une nation

La République inscrit dans sa Constitution des symboles et un emblème officiels, qui sont les représentations concrètes de ses valeurs et principes.

Communauté de ceux qui ont une culture commune, de ceux qui décident de vivre ensemble sur un espace approprié et partagé : le territoire national.

1. La langue nationale

L'article 2 de la Constitution rappelle que « la langue de la République est le français ». Instrument de la citoyenneté, la langue permet de communiquer, de s'exprimer et donc d'exercer ses droits. Elle est le **ciment de la nation**.

2. Un emblème le drapeau

- Le **drapeau tricolore, bleu, blanc, rouge** associe les couleurs de la monarchie (blanc) et celles de Paris (bleu et rouge) lors de la Révolution de 1789.
- À l'occasion de la fête nationale du 14 juillet 1880, le drapeau tricolore est officiellement adopté comme **unique emblème de la République**.

3. Des symboles

Incarnation de la République, Marianne porte un bonnet phrygien, celui des esclaves devenus libres dans l'Antiquité.

Marianne est représentée par un buste dans les mairies, mais aussi en « Semeuse » sur les euros français.

- **L'hymne national** est *La Marseillaise*. Écrit en 1792 par Rouget de Lisle, il est popularisé par les soldats du Midi. Il est aujourd'hui chanté lors de manifestations politiques et sportives.
- **La fête nationale** est célébrée le **14 juillet**. En 1790, la paix est fêtée un an après la prise de la Bastille. En 1880, le 14 juillet devient fête nationale.
- **La devise Liberté, Égalité, Fraternité** est visible sur les frontons des mairies et des écoles dès 1880.

48 Nationalité, citoyennetés française et européenne

La France compte 65 millions d'habitants en 2011, mais tous ne sont pas des citoyens français. Notre pays confère par ailleurs aux Français une citoyenneté européenne. Comment caractériser ces citoyennetés ? Quels sont les droits des étrangers vivant sur le sol national ?

I La citoyenneté française est liée à la nationalité

La citoyenneté est la qualité commune des citoyens qui exercent ensemble leurs droits et participent à la vie politique. Pour être citoyen, il faut avoir la nationalité française, c'est-à-dire appartenir à la nation française. Comment s'obtient-elle ?

1. Automatiquement

- Par le **droit du sang** si l'un de nos parents au moins est français ou par le **droit du sol** si on est né en France.
- **Né en France de parents étrangers**, on devient français à 18 ans.

2. Par demande

- Un étranger majeur peut devenir français **par naturalisation** après 5 années de résidence sur le territoire, deux années seulement pour ceux qui « rendent des services importants à la France ». La loi de juillet 2011 précise que tout déclarant doit démontrer une connaissance suffisante de la langue, de la culture et des valeurs de la République.
- Un étranger peut devenir français par **déclaration lors d'un mariage** en justifiant de sa résidence sur le territoire pendant au moins un an à compter du mariage.

Des étrangers chantant *La Marseillaise* au cours d'une cérémonie d'accueil dans la citoyenneté française (2008)

3. La langue française, un élément de la citoyenneté

La cohésion de la nation repose sur le **partage d'une langue commune**. Les lois scolaires de Jules Ferry en 1881-1882 imposent le français comme la langue de la république. Tout citoyen doit maîtriser correctement la langue de son pays.

II Citoyennetés française et européenne

1. Des droits politiques

- **Seuls peuvent élire et être élus des Français**, jouissant de tous leurs droits civiques.
- Cette exclusivité a été partiellement remise en cause au profit des citoyens de l'Union européenne résidant en France. Ils peuvent voter pour les **élections municipales et les élections européennes**.
- Les étrangers qui ne viennent pas d'un pays membre de l'UE n'ont pas pour l'instant le droit de vote en France.

Un tribunal peut prononcer une **interdiction des droits civiques** : droit de vote, droit de témoigner, droit de porter une arme…

2. Droits civils, économiques et sociaux pour tous

- Tous les habitants du pays, citoyens français ou non, bénéficient des **mêmes droits**. Ainsi, les droits civils qui désignent l'ensemble des prérogatives attachées à la personne sont reconnus à tous.
- Le droit au travail, le droit de propriété, le droit à la santé et le droit à l'éducation sont quelques-uns des **droits économiques et sociaux** reconnus aux habitants de la France.

3. Les droits du citoyen européen

- Le **traité de Maastricht** (1992) définit une **citoyenneté européenne**. En plus des droits précédents, les citoyens européens jouissent du droit de pouvoir **circuler librement à l'intérieur de l'Europe** sans montrer ni visa ni passeport aux frontières. Ils sont libres de s'installer et de faire des études dans n'importe quel État de l'UE, les diplômes étant reconnus entre les différentes universités (programmes Erasmus et Socrates).
- La citoyenneté européenne est matérialisée par des **symboles communs** :
– une journée de l'Europe, le 9 mai, en souvenir de la déclaration de R. Schuman du 9 mai 1950, qui préfigure la CECA (→ fiche 14) ;
– un hymne européen : l'*Ode à la joie* de Beethoven ;
– une devise : « unie dans la diversité ».

49 Le droit de vote en France

Le droit de vote a été l'objet d'une longue conquête effectuée à des rythmes différents pour les hommes et les femmes. Comment fut-il acquis? Comment vote-t-on aujourd'hui ?

I Une conquête progressive

- Le suffrage universel (ou droit de vote des citoyens) est pour la première fois adopté en 1792. Il demeure cependant sans application et est progressivement supprimé au profit du suffrage censitaire.

Seuls les citoyens payant un certain montant d'impôts, le cens, ont le droit de voter.

- **L'année 1848 marque la proclamation officielle du suffrage universel**. Le nombre d'électeurs passe de 300 000 à près de 9 millions. Il concerne alors les hommes d'au moins 25 ans. Il faut attendre **1944** pour que les **femmes** accèdent au vote qui devient, seulement à cette date, véritablement universel.
- En 1974, la majorité est abaissée à **18 ans**. En 2000, une loi sur la **parité** favorise l'accès à égalité des hommes et des femmes aux mandats électoraux. Aujourd'hui, le corps électoral comprend environ 45 millions de personnes.

II Voter, un acte citoyen

1. Un droit ou un devoir ?

- « Voter est un droit et un devoir civique » lit-on sur la carte d'électeur. Le vote est un droit, nul n'est obligé juridiquement de l'exercer.
- L'**abstentionnisme** consiste à ne pas aller voter. De plus en plus important, il traduit la passivité des électeurs. Il est aussi le signe d'un rejet de la classe politique. Dans les deux cas, la légitimité des élus s'affaiblit.

2. Les conditions du vote

Un électeur doit être civilement **majeur**. Il doit être **français**, sauf pour les élections ouvertes aux ressortissants de l'UE. Il doit jouir de ses droits civils et politiques et être inscrit sur les **listes électorales**.

Il faut penser ici au droit d'aller et venir. En perdant ce droit civil, les personnes incarcérées perdent aussi un droit civique.

3. La privation des droits civiques

- Prononcée par un tribunal comme peine principale ou complémentaire, la durée de cette interdiction ne peut excéder 10 ans.

■ La privation des droits civiques peut avoir différentes conséquences : la perte du droit de vote, l'inéligibilité et l'interdiction d'être fonctionnaire.

III Le vote : modalités et débats

1. Différents modes de scrutin

Ensemble des opérations de vote et de calculs pour départager les candidats aux élections. Il est **uninominal** (oppose différents candidats) ou de **liste** (oppose des listes).

■ Le **scrutin majoritaire** est caractérisé par l'élection à la majorité absolue : le candidat qui obtient la moitié des voix plus une est élu. Sinon, un second tour est organisé à la majorité relative : celui qui obtient le plus de voix est élu.

■ Le **scrutin proportionnel** donne à chaque liste ou parti un nombre de sièges en fonction du nombre de voix obtenues.

Élections au suffrage universel direct	Mode de scrutin	Durée du mandat	Conditions d'éligibilité
Législatives (députés)	Uninominal majoritaire	5 ans	Avoir 18 ans
Cantonales (conseillers généraux)	Uninominal majoritaire	3 ans (depuis 2011) Remplacés en 2014 par les conseillers territoriaux.	Avoir 18 ans Une attache dans le département d'élection
Présidentielle	Uninominal majoritaire	5 ans	Avoir 18 ans 500 signatures d'élus Déclaration patrimoniale
Municipales	Liste majoritaire ou proportionnelle	6 ans	Avoir 18 ans Français ou ressortissants de l'UE Résidence ou attache dans la commune

2. Débats

■ Certains hommes et femmes politiques veulent développer la **démocratie participative** qui implique les citoyens sur de grandes questions par le biais du référendum par exemple.

■ La question du vote de tous les étrangers en France est régulièrement posée, mais n'a abouti à aucune loi actuellement.

Consultation des citoyens par le président de la République sur un projet de loi. Les citoyens votent en répondant par « oui » ou « non » à la question posée.

Quiz express

Vérifiez que vous avez bien retenu les points importants **des fiches 47 à 49**.

Valeurs, principes et symboles de la République

1 Les valeurs de la république sont :

☐ **a.** Travail, Famille, Patrie.
☐ **b.** Liberté, Égalité, Solidarité.
☐ **c.** Liberté, Égalité, Fraternité.

2 La France est une république :

☐ **a.** catholique.
☐ **b.** laïque.
☐ **c.** socialiste.

3 L'unique emblème de la France est :

☐ **a.** l'hymne national.
☐ **b.** la langue.
☐ **c.** le drapeau.

4 La plupart des symboles républicains ont été officiellement adoptés par l'État :

☐ **a.** sous la IIIe République.
☐ **b.** sous la Révolution.
☐ **c.** sous la Ve République.

Nationalité, citoyennetés française et européenne

5 Le « droit du sang » signifie que l'on devient français :

☐ **a.** en fonction de son groupe sanguin.
☐ **b.** si on naît en France.
☐ **c.** si on naît d'un parent au moins français.

6 On peut être français en naissant dans un pays étranger.

☐ **a.** Vrai
☐ **b.** Faux

7 Pour devenir français, un étranger doit :

- ☐ **a.** parler correctement le français.
- ☐ **b.** travailler en France.
- ☐ **c.** faire une demande ou une déclaration dans ce sens.

8 Les étrangers peuvent voter en France :

- ☐ **a.** quelle que soit leur origine.
- ☐ **b.** s'ils ont rendu de grands services au pays.
- ☐ **c.** s'ils viennent d'un pays membre de l'UE et uniquement aux élections municipales et européennes.

Le droit de vote en France

9 Le suffrage universel date de :

- ☐ **a.** 1789.
- ☐ **b.** 1848.
- ☐ **c.** 1913.

10 La France compte environ :

- ☐ **a.** 35 millions d'électeurs.
- ☐ **b.** 40 millions d'électeurs.
- ☐ **c.** 45 millions d'électeurs.

11 Quelles conditions faut-il obligatoirement remplir pour pouvoir voter à toutes les élections ?

- ☐ **a.** Être majeur.
- ☐ **b.** Être marié.
- ☐ **c.** Être un homme.
- ☐ **d.** Être Français.

12 Les élections législatives servent à élire :

- ☐ **a.** les députés.
- ☐ **b.** les conseillers généraux.
- ☐ **c.** les maires.

RÉPONSES

1. c • **2.** b • **3.** c • **4.** a (même s'ils existent sous la Révolution, les régimes qui se sont succédé ensuite ne les adoptent pas officiellement avant la IIIe République) • **5.** c • **6.** a (en fonction du droit du sang) • **7.** a et c • **8.** c (par contre, ils peuvent devenir très rapidement français s'ils ont rendu « de grands services aux pays ») • **9.** b • **10.** c • **11.** a et d • **12.** a

SUJET 48 | La République et la citoyenneté

QUESTIONS DE COURS

1. La Fête nationale de la République française est célébrée le :

❒ **a.** 11 novembre.
❒ **b.** 1er mai.
❒ **c.** 14 juillet.

2. Citez deux symboles de la République française.

3. Citez deux droits que confère la citoyenneté européenne.

4. « La France est une république démocratique ». Expliquez le sens de cette affirmation extraite de l'article 1 de la Constitution de 1958.

CORRIGÉ

1. Réponse c.

2. L'hymne national est *La Marseillaise*. La devise de la France est « Liberté, Égalité, Fraternité ». Ce sont deux symboles de la République française.

3. Le traité de Maastricht, signé en 1992, définit une citoyenneté européenne. Les citoyens européens peuvent circuler librement à l'intérieur de l'Union européenne sans montrer ni visa ni passeport aux frontières. Ils sont libres de s'installer et de faire des études dans n'importe quel État membre. Les diplômes sont reconnus entre les différentes universités.

4. La république est le régime politique de la France : il implique la participation aux débats politiques, à la « res publica » ou « chose publique » par un nombre plus ou moins élevé de citoyens tout au long de son histoire. Or en France, les gouvernants sont élus par tout le peuple grâce au suffrage universel. La séparation des pouvoirs et le pluralisme politique renforcent le caractère démocratique de la république française.

Il n'est pas automatiquement associé à la république. La République populaire de Chine n'est pas une démocratie. Une démocratie n'est pas obligatoirement une république (le Royaume-Uni par exemple).

SUJET 49 | La laïcité et l'école

ÉTUDE DE DOCUMENT

a. Dans les écoles, les collèges et les lycées publics, le port de signes ou tenues par lesquels les élèves manifestent ostensiblement une appartenance religieuse est interdit. Le règlement intérieur rappelle que la mise en œuvre d'une procédure disciplinaire est précédée d'un dialogue avec l'élève.

Loi du 15 mars 2004, article L141-5-1.

> **b.** Les agents contribuant au service public de l'éducation, quels que soient leur fonction et leur statut, sont soumis à un strict devoir de neutralité qui leur interdit le port de tout signe d'appartenance religieuse, même discret. Ils doivent également s'abstenir de toute attitude qui pourrait être interprétée comme une marque d'adhésion ou au contraire comme une critique à l'égard d'une croyance particulière.
>
> Circulaire du 18 mai 2004 relative à la mise en œuvre de la loi n° 2004-228 du 15 mars.

1. Quels types d'établissements scolaires sont mentionnés dans ces deux textes ? Lesquels ne le sont pas ?

2. À quel personnage de la fin du XIXe siècle associez-vous l'instauration de l'école laïque et des lois scolaires en France ?

Vous avez rencontré ce personnage en 4e et en 3e.

3. Que dit la loi du 15 mars ?

4. À l'aide de la circulaire du 18 mai, montrez que la laïcité s'applique de manière stricte aux fonctionnaires contribuant au service public de l'éducation.

CORRIGÉ

1. Les établissements scolaires publics, écoles, collèges et lycées, sont mentionnés dans ces deux textes de loi. Les établissements privés ne le sont pas puisqu'ils assurent le plus souvent un enseignement religieux. Dans ces derniers établissements, c'est le règlement intérieur qui détermine si le port de signes visibles ou « ostensibles » est autorisé.

2. L'instauration des lois scolaires en France est décidée en 1881-1882 par Jules Ferry. L'école devient alors gratuite, obligatoire jusqu'à 13 ans et laïque.

3. La loi du 15 mars stipule que les élèves ne peuvent pas manifester de manière ostentatoire leur appartenance religieuse par des signes trop visibles. Un foulard, un niqab ne laissant voir que les yeux, une kippa ou encore une croix peuvent déranger des personnes qui n'ont pas la même confession, voire aucune croyance. Les signes discrets ne sont cependant pas interdits, la laïcité respectant la liberté de conscience.

La liberté de conscience englobe à la fois les croyances religieuses et les convictions athées.

4. En France, le principe de laïcité est imposé par l'État en 1905. Il indique que le pouvoir politique n'est soumis à aucune influence religieuse. Ce principe est appliqué dans toutes les administrations, y compris l'institution scolaire. La circulaire du 18 mai s'adresse aux adultes, agents de la fonction publique. Elle précise que pour eux, cette interdiction est absolue dans un souci de stricte neutralité et d'impartialité, en cohérence avec le principe de laïcité.

SUJET 50 | Devenir français

ÉTUDE DE DOCUMENT

Discours de M. le Préfet des Hauts-de-Seine, prononcé par Mme André Desvignes, chef du Bureau de la nationalité

Mesdames, Messieurs,

Je suis heureux de vous accueillir pour cette cérémonie solennelle de vos remises de vos décrets de naturalisation. [...]

Dans cette salle, nous avons mis le drapeau tricolore, et vous reconnaissez Marianne, deux symboles de notre communauté nationale dans laquelle vous faites officiellement votre entrée aujourd'hui : c'est un acte essentiel de votre vie, qui vous engage [...].

En sollicitant la nationalité française, vous avez exprimé votre désir d'adhérer aux valeurs fondamentales de la République et aux règles de la démocratie. La devise de la République – Liberté, Égalité, Fraternité – est désormais la vôtre. Vous avez décidé d'adopter les règles qui régissent notre société comme la laïcité, principe selon lequel la France garantit à chacun le libre exercice de son culte, à condition que cet exercice ne gêne pas les convictions d'autrui.

Jean-Philippe Moinet, *Rapport sur les cérémonies célébrant l'acquisition de la nationalité française*, annexes 7 à 10, avril 2006.

1. Identifiez la nature du document.

2. En quoi consiste cette cérémonie ?

3. Quels symboles sont présents dans cette salle? Quelles valeurs républicaines sont rappelées ? Pourquoi ?

4. À l'aide de vos connaissances et du document, indiquez au moins deux façons différentes de devenir français.

CORRIGÉ

1. Il s'agit d'un discours du préfet des Hauts-de Seine prononcé par la chef du bureau de la nationalité, madame Andrée Desvignes. Il n'y a pas de précision quant à la date ni sur le lieu où il a été prononcé.

2. Il s'agit d'une cérémonie de naturalisation. À la fin de la cérémonie, les personnes étrangères ayant accompli toutes les démarches nécessaires deviennent françaises.

3. La personne qui prononce ce discours mentionne le drapeau tricolore et Marianne. Ces deux symboles font référence à l'histoire de la France et notamment à la période révolutionnaire.
Pour les personnes qui entrent dans la « communauté nationale », les valeurs rappelées sont celles de la devise de la France : « Liberté, Égalité, Fraternité » et aussi celle de laïcité.
Ces symboles et valeurs font partie intégrante de la nation française. Chaque Français doit les connaître et les respecter.

> Votre programme de 4e sur la Révolution peut vous être très utile sur ce chapitre d'éducation civique.

4. Devenir français signifie acquérir la nationalité française. L'acquisition de la nationalité est automatique par le droit du sang appliqué en France. Cela signifie qu'est français celui dont un des deux parents à la nationalité française. Par le droit du sol, est français aussi automatiquement à sa majorité celui qui est né en France de parents non français ou sollicitation, comme dans le document. Il est possible aussi d'acquérir la nationalité française par demande. La naturalisation est une procédure administrative où le demandeur doit faire la preuve de sa résidence en France depuis 5 années généralement.

SUJET 51 | Le droit de vote

ÉTUDE DE DOCUMENT

Les critères du vote

Pour pouvoir voter, il faut être âgé d'au moins 18 ans et être inscrit sur les listes électorales. Longtemps fixé à 21 ans, l'âge électoral a été abaissé à 18 ans sous Giscard d'Estaing par la loi du 5 juillet 1974. Depuis 1997, l'inscription sur les listes électorales est automatique pour tout individu atteignant l'âge de 18 ans.
Théoriquement, avec près de 63 millions d'habitants, la France compte 45 millions d'électeurs potentiels. Pourtant, plusieurs millions d'électeurs manquent à l'appel alors que selon l'article L.9 du code électoral, « l'inscription sur les listes électorales est obligatoire ». Mais aucune mesure n'est prise pour que cette inscription soit effective.

D'après Politique.net, 2007.

1. Identifiez la nature du document.

2. Indiquez à quoi correspondent les années 1848 et 1944 en matière de droit de vote en France.

3. Donnez deux exemples d'élections auxquelles les citoyens peuvent participer en votant.

4. À l'aide du document et de vos connaissances, vous préciserez quels critères il faut remplir pour être citoyen français et pouvoir voter en France.

CORRIGÉ

1. Le document se compose d'un texte qui précise quels sont les critères du droit de vote en France et d'une photographie montrant une urne transparente au premier plan, remplie de bulletins. Le texte est extrait du site Internet *Politique.net* et date de 2007.

2. Le suffrage universel direct est instauré en France en 1848. En réalité, il s'agit d'un vote exclusivement masculin. Il faut attendre 1944 pour que les femmes françaises obtiennent le droit de voter. Elles votent effectivement pour la première fois en 1945.

3. Les citoyens français peuvent participer à différentes élections. Ils élisent ainsi leur maire lors des élections municipales qui ont lieu tous les 6 ans. Ils votent aussi à l'occasion de l'élection présidentielle qui a lieu tous les 5 ans.

4. Le vote est un droit dont dispose chaque Français. Si la nationalité française est la première des conditions requises pour pouvoir voter, elle ne suffit pas. Seules peuvent voter les personnes âgées d'au minimum 18 ans, la majorité légale depuis 1974. Hommes et femmes sont également concernés par ce devoir citoyen. L'inscription sur les listes électorales est une autre condition à remplir. Pour voter, il faut également jouir de ses droits civils et civiques.

Vous pourriez donner des exemples.

La vie démocratique

Un duel attendu...

28,63 %

27,08 %

... et une surprise

18,01 %

Une du quotidien *Le Parisien*, le 23 avril 2012

FICHES

BILAN

SUJETS CORRIGÉS

50 La vie politique en France

Les acteurs de la vie politique française sont des individus ou des groupes qui prennent une part active aux évolutions en cours, développent des idées différentes dans le cadre des règles de la Ve République. Quelle place occupe le citoyen dans la vie démocratique ?

I Les institutions de la Ve République en 2012

Adoptée en septembre 1958, la Constitution de la Ve République a subi plusieurs modifications depuis : l'âge minimum pour être électeur a été abaissé de 21 à 18 ans en 1974 ; le quinquennat a réduit le mandat présidentiel de 7 à 5 ans en 2002.

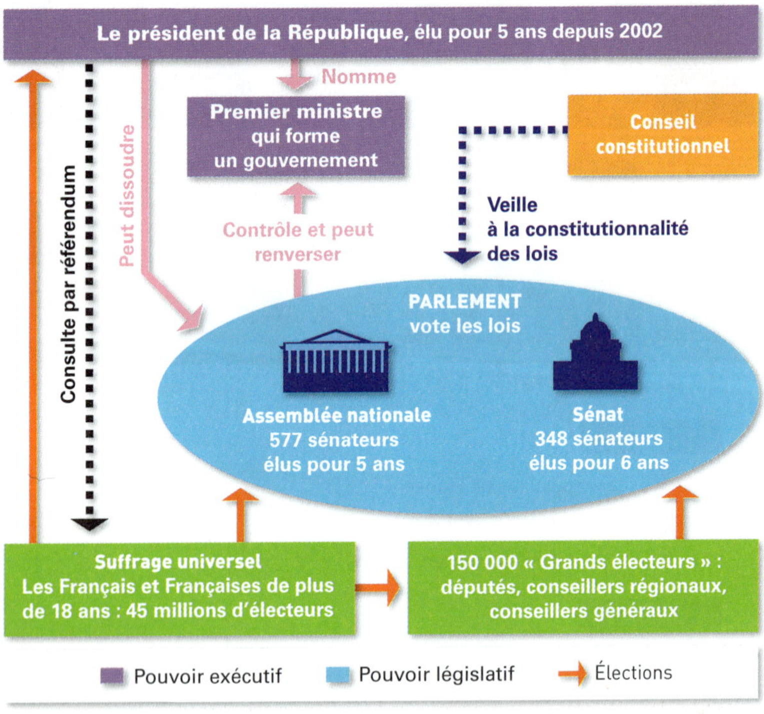

Les institutions de la Ve République

II Les partis politiques français

1. Le pluralisme politique en France

- Le pluralisme politique se caractérise par la reconnaissance de **plusieurs partis politiques au sein d'un régime**. De l'extrême gauche à l'extrême droite, il en existe aujourd'hui une quarantaine en France. C'est une garantie démocratique qui permet de proposer des candidats différents aux élections.
- Le **suffrage désigne le vote des citoyens** : c'est un engagement sans lequel la démocratie ne peut pas fonctionner.

2. Les principaux candidats à l'élection présidentielle de 2012

Extrême gauche	Gauche		Centre	Droite	Extrême droite
Front de gauche	Parti socialiste	Les Verts, Europe Écologie	Modem	UMP	Front national
Jean-Luc Mélenchon 	François Hollande 	Éva Joly 	François Bayrou 	Nicolas Sarkozy 	Marine Le Pen 

III L'implication des citoyens à toutes les échelles

- Depuis les lois de décentralisation de 1982 et 1983, l'État transfère en direction des collectivités territoriales (régions, départements et communes) une partie de ses pouvoirs. Le renforcement de la démocratie à l'échelon local n'empêche pas les électeurs de se prononcer aussi pour élire les députés du Parlement européen depuis 1979.

> Le **Conseil régional** prend en charge la construction des lycées ; le **Conseil général** (département) les collèges ; le **Conseil municipal** les écoles et les transports communaux.

- Au-delà des votes, le citoyen fait vivre les valeurs de la république en s'engageant pour l'intérêt général, en adhérant par exemple à une association. Permises par la loi Waldeck-Rousseau de 1901, les associations rassemblent actuellement 10 à 12 millions de bénévoles. Elles concernent tous les domaines : culturels, sociaux, sportifs....

51 La vie sociale

Dans une démocratie, les citoyens doivent défendre leurs droits économiques et sociaux, notamment dans le monde du travail. Différentes organisations se battent pour les préserver. Quelles actions mènent-elles pour défendre la démocratie sociale ?

I Le rôle et les actions des syndicats dans la vie professionnelle

- La **loi Waldeck Rousseau de 1884** autorise la liberté syndicale. Un syndicat est une association de personnes dont le but est de défendre les droits et les intérêts de ses membres.
- Au sein de l'entreprise, le syndicat peut disposer d'un local et de panneaux d'affichage. La négociation et les pétitions sont des **moyens d'action** courants.
- En cas de désaccord persistant, les salariés peuvent recourir au droit de grève qui s'accompagne souvent de manifestations.

II Les syndicats et les élections professionnelles

1. La question de la représentativité

- Les syndicats sont présents lors des élections professionnelles qui permettent d'élire pour quatre ans des **délégués du personnel** : représentants des salariés, syndiqués ou non, des membres des **comités d'entreprises**. Depuis 2008, tous les syndicats qui existent depuis 2 ans peuvent présenter des candidats.
- Les **conventions collectives** sont des accords signés entre employeurs et syndicats, elles s'appliquent à tous. Les syndicats sont des acteurs majeurs du dialogue social.

2. Une réelle désaffection

- Les **élections prud'homales** servent à désigner le **conseil des prud'hommes**. Les conseillers prud'homaux, issus du monde du travail, règlent les conflits entre employeurs et salariés du privé.
- Le nombre de syndiqués chute : si 17 % des salariés étaient syndiqués au début des années 1980, ils ne sont plus que 8 % en 2011. Les cinq **confédérations syndicales** (CGT, CFDT, FO, CGC, CFTC) n'échappent pas à cette désaffection. Elle a des causes multiples : la désindustrialisation, la montée de l'individualisme ou encore la précarisation du travail.

> Les branches industrielles étaient celles qui comptaient traditionnellement les plus forts taux de syndicalisation.

Manifestation du 1er mai 2010 à Marseille
Le 1er mai est la fête du Travail. Les syndicats défilent traditionnellement à cette occasion dans les grandes villes.

III Les groupements d'intérêts

- Les groupements d'intérêts ou lobbies sont des groupes qui font **pression sur les pouvoirs publics** pour défendre leurs avantages ou en obtenir. Ce ne sont pas des partis politiques, ils ne briguent pas le pouvoir.
- Ces groupes de pression constituent des relais nécessaires pour les dirigeants politiques parfois éloignés des problématiques de terrain. Ils permettent une remontée et une actualisation nécessaires des informations. Leurs actions se concentrent logiquement dans les métropoles de commandement : ils sont 3 000 à Bruxelles.

> Grandes villes, capitales politiques, économiques où se prennent les décisions.

- Il faut distinguer les ONG, les syndicats, les associations, qui sont des groupements qui défendent plutôt des **intérêts communs**, liés aux causes environnementales et sociales notamment, des groupes du secteur privé défendant des **intérêts particuliers**, liés au secteur marchand. Ces derniers font parfois valoir leurs intérêts aux dépens des citoyens.
- En juin 2006, Suez offre des invitations à des députés français pour la finale de la coupe du monde de football, quelques semaines avant la discussion d'un projet de loi portant sur sa fusion avec un autre groupe. Certains élus verts ont dénoncé ces méthodes et ont demandé l'ouverture d'une enquête. En franchissant certaines limites, les groupements d'intérêts peuvent être dangereux pour la **démocratie**.

52 L'opinion publique et les médias

L'opinion publique est l'ensemble des convictions qui sont plus ou moins partagées par l'ensemble de la population. Un citoyen doit se forger une opinion pour faire ses choix sur les questions de société. Les médias, toujours plus nombreux, jouent un rôle important dans sa formation. Comment le citoyen veille-t-il à conserver un esprit critique, c'est-à-dire libre et indépendant ?

I Les enjeux liés aux médias

1. L'ère des mass médias et du profit ?

Tout **support d'information**, radio, télévision, livre, presse, capable d'atteindre une **très large audience**. Internet en fait partie : 70 % des ménages français en sont équipés en 2012.

- Les médias sont des supports d'informations qui expriment et transmettent un message. Chaque citoyen français peut y accéder.
- Détenus par de grands groupes, soumis à des enjeux économiques, les médias ont besoin d'un public nombreux pour obtenir des contrats publicitaires. La **nécessité de vendre** ou de faire de l'audimat peut alors primer sur la **qualité de l'information**.

2. Un enjeu démocratique

- La **loi du 29 juillet 1881** affirme la liberté de la presse et permet la disparition de la censure. La liberté d'expression est un signe de vitalité de la démocratie.
- Le pouvoir politique reste cependant tenté de maintenir une emprise, quand ce ne sont pas les médias eux-mêmes qui choisissent d'orienter politiquement leur discours. Le citoyen doit donc demeurer **vigilant** quant à l'**objectivité** des messages transmis.
- L'image, fixe ou animée, ne dit pas nécessairement le « vrai ». Elle peut être manipulée, loin de toute règle déontologique. Elle peut aussi, comme le texte, adopter un point de vue.

La déontologie d'une profession précise les règles et les devoirs à respecter.

II Internet, un média comme les autres ?

- Comme pour tout média, l'accès libre à Internet est un **marqueur démocratique**. Il est censuré dans les États non démocratiques. Lors du printemps arabe en 2011, Internet a été à la fois un moyen (appels aux rassemblements) et une fin revendiquée par des populations désireuses de changements.

Place Tahrir en 2011 lors de la révolution égyptienne

- Média interactif, Internet offre une information abondante, mais également des inexactitudes ou de la désinformation. La **vigilance des internautes** et des pouvoirs publics est donc nécessaire.
- Internet renforce la mondialisation en lançant des actions qui dépassent les frontières.
- Il pose le problème de la protection de la **vie privée**. Le dévoilement d'informations personnelles devient plus grave en se développant sur les téléphones mobiles et les réseaux sociaux. La société des télécommunications est aussi celle d'une « traçabilité » des citoyens.

Les entreprises et les gouvernements collectent, conservent et exploitent des renseignements d'ordre personnel sur les citoyens.

III Les sondages d'opinion

- L'activité des instituts de sondage concerne les études marketing commandées par les entreprises sur tous les thèmes : consommation, santé, médias, politique…
- Les grands instituts comme IFOP (Institut français d'opinion publique) ou BVA (Brulé Ville et Associé) vendent leurs compétences pour déterminer les opinions ou préférences probables après étude d'un échantillon de la population.

Fraction représentative d'une population.

- Les sondages politiques d'opinion représentent moins de 20 % du chiffre d'affaires de ces instituts. En période électorale, la question est de savoir si le sondage reflète ou fabrique l'opinion des Français. C'est pourquoi une loi les interdit à la veille des scrutins afin de protéger le libre choix des électeurs.

Quiz express

Vérifiez que vous avez bien retenu les points importants **des fiches 50 à 52**.

La vie politique en France

1 Les institutions de la Ve République autorisent le président de la République :

- [ ] **a.** à dissoudre l'Assemblée nationale.
- [ ] **b.** à consulter le peuple par référendum.
- [ ] **c.** à nommer les sénateurs.

2 Le pluralisme politique, c'est :

- [ ] **a.** la possibilité de se présenter plusieurs fois à une élection.
- [ ] **b.** le fait qu'un élu puisse avoir plusieurs mandats.
- [ ] **c.** le choix entre plusieurs partis politiques.

3 Lequel des partis politiques suivants n'est pas un parti de gauche ?

- [ ] **a.** Le parti communiste
- [ ] **b.** L'UMP
- [ ] **c.** Le parti socialiste

4 En dehors du vote, l'engagement du citoyen passe par :

- [ ] **a.** la participation à la vie associative.
- [ ] **b.** la création d'activités à but lucratif.
- [ ] **c.** l'encadrement bénévole auprès des jeunes.

La vie sociale

5 Les syndicats en France sont autorisés depuis la loi Waldeck Rousseau qui date de 1905.

- [ ] **a.** Vrai
- [ ] **b.** Faux

6 En France, le droit de grève est un mode d'action que les syndicats associent traditionnellement à :

- [ ] **a.** des manifestations.
- [ ] **b.** des élections.
- [ ] **c.** des délocalisations.

7 Lors des élections professionnelles, les syndicats peuvent présenter des candidats :

☐ **a.** à condition d'exister depuis au moins deux ans.
☐ **b.** à condition de représenter au moins 10 % des salariés de l'entreprise.
☐ **c.** à condition d'avoir obtenu l'autorisation du patron.

8 Un groupement d'intérêt peut être aussi désigné par l'expression :

☐ **a.** « groupe passif ».
☐ **b.** « groupe de pression ».
☐ **c.** « hobby ».

L'opinion publique et les médias

9 Les médias sont vitaux pour la démocratie, car ils permettent de :

☐ **a.** gagner beaucoup d'argent avec les jeux.
☐ **b.** mesurer la liberté d'expression.
☐ **c.** de ne pas trop s'ennuyer chez soi.

10 Respecter la déontologie pour les médias, c'est :

☐ **a.** faire un travail honnête et sérieux dans les règles de la profession.
☐ **b.** respecter sa hiérarchie en obéissant à ce qui est demandé.
☐ **c.** ne rien écrire ou dire qui pourrait déplaire à quelqu'un.

11 Face aux autres médias, Internet se caractérise par :

☐ **a.** son interactivité.
☐ **b.** sa cherté.
☐ **c.** son accessibilité.

12 Les sondages d'opinion s'intéressent :

☐ **a.** exclusivement à la politique.
☐ **b.** à tous les domaines.
☐ **c.** aux questions religieuses surtout.

RÉPONSES

1. a et b (les sénateurs sont élus par un collège électoral) • **2.** c • **3.** b • **4.** a et c • **5.** b (elle date de 1184. En 1905 est votée la loi de séparation des Églises et de l'État) • **6.** a • **7.** a • **8.** b (un hobby est un loisir, ne confondez pas avec lobby qui est l'autre terme pour désigner les groupements d'intérêts) • **9.** b • **10.** a • **11.** a • **12.** b

SUJET 52 | La vie démocratique

QUESTION DE COURS

1. Le président de la République de 2007 à 2012, Nicolas Sarkozy, appartient au parti politique suivant :

❐ **a.** Parti socialiste

❐ **b.** Modem

❐ **c.** UMP

2. Quelles différences faites-vous entre un syndicat et un parti politique ?

3. Donnez une définition de média.

4. Quels enjeux économiques associez-vous aux médias ?

5. Expliquez avec deux arguments distincts, pourquoi on peut affirmer que la Ve République est une démocratie.

CORRIGÉ

1. Réponse c.

2. Un syndicat est une association qui défend les intérêts des professionnels d'un secteur. Un parti politique défend un programme et des idées en vue d'accéder au pouvoir au moyen des élections.

3. Les médias sont l'ensemble des supports d'informations, presse imprimée, livre, ordinateur, radio, télévision, affiche, vidéo pour les plus courants. Ils sont à la fois le moyen d'expression et de transmission du message.

Évitez absolument de placer l'expression « etc. » dans vos réponses. Elle est souvent mal perçue par les correcteurs. Bannissez en général tout ce qui évite de rédiger.

4. Les médias détenus par de grands groupes privés doivent comme toute entre prise générer des profits. Une partie importante de leurs recettes provient des contrats passés avec les annonceurs publicitaires. Les médias du service public (France 2, France Inter) doivent veiller à l'équilibre de leur budget.

5. Une démocratie se caractérise par la séparation des pouvoirs, exécutif, législatif et judicaire. Le président de la République et le gouvernement disposent du pouvoir exécutif. Le Parlement, constitué de l'Assemblée nationale et du Sénat, détient le pouvoir législatif. Le pouvoir judiciaire est indépendant des deux autres pouvoirs. La démocratie donne le pouvoir au peuple par le suffrage universel direct. Les Français des deux sexes âgés de 18 ans peuvent élire le président de la République depuis 1962, mais aussi leurs députés et d'autres représentants aux échelons locaux et européens.

SUJET 53 | Les médias en France

ÉTUDE DE DOCUMENT

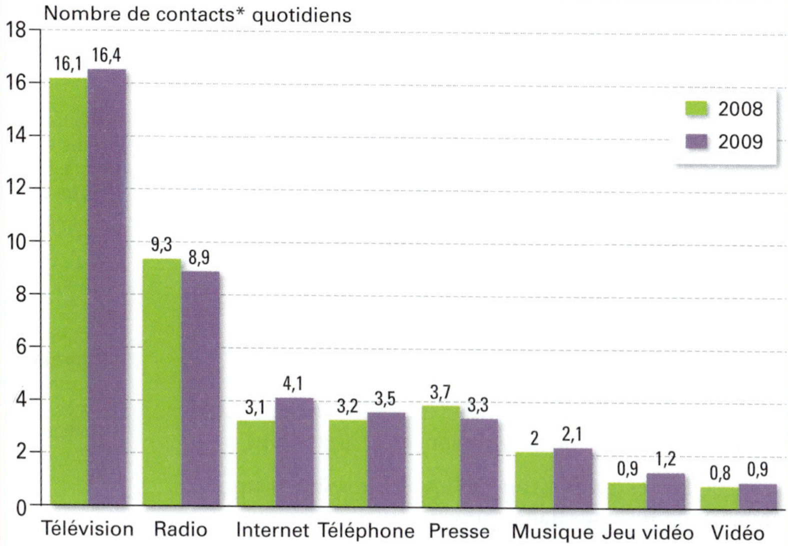

*Moments où la personne est confrontée aux médias en question, volontairement ou pas.

Source : marketing-professionnel.fr, juin 2009.

L'usage des médias en France

Les Français ont en moyenne 40,4 contacts par jour avec une activité média ou multimédia (hors ordinateur). Cette consommation tend à s'uniformiser quel que soit l'âge, révélant ainsi une nette progression chez les plus jeunes (13-17 ans). Les nouveaux supports et les loisirs numériques couvrent une population toujours plus importante en 2009.

1. Indiquez la nature du document.

2. Montrez avec quel média les Français sont le plus en contact. Pour quelles raisons selon vous ?

3. Quel média connaît la plus forte progression en valeur absolue. Vous donnerez les données brutes et les pourcentages.

4. Donnez des exemples de médias qui ne sont pas présentés dans ce document.

5. Expliquez en quoi les médias sont importants pour la démocratie.

CORRIGÉ

1. Le document est un histogramme ou diagramme en bâtons. Il représente les contacts quotidiens des Français avec leurs médias. Deux années consécutives sont étudiées : 2008 et 2009. La source est le site *marketing-professionnel.fr*. Les informations datent de 2009.

2. C'est avec la télévision que les Français sont le plus en contact. En 2008 et 2009, le nombre de contacts a progressé passant de 16,1 à 16,4, soit une hausse d'environ 2 %.
La télévision est le média dont les taux d'équipement sont les plus élevés. Il est fréquent de trouver deux télévisions par foyer. Ce média est aussi très présent dans l'espace public (cafés, grands magasins). Les « contacts » volontaires ou non sont d'autant plus importants.

Pour **quantifier une évolution**, il faut calculer un **taux de variation**.

$$\frac{\text{valeur d'arrivée-valeur de départ}}{\text{valeur de départ}} \times 100$$

$$= \frac{16{,}4-16{,}1}{16{,}1} \times 100$$

$$= 1{,}86\%.$$

Inutile de faire apparaître les calculs dans votre copie, indiquez le résultat.

3. Internet est le média qui connaît la plus forte progression. Il gagne un contact entier entre 2008 et 2009, ce qui en valeur relative revient ici à une progression de 32 % environ.

4. Le cinéma, les livres ou encore les affiches sont d'autres médias non présentés dans ce document.

5. La loi du 29 juillet 1881 en France met en place la liberté de la presse et par là même la liberté d'expression. C'est un droit fondamental en démocratie. Grâce aux médias, le citoyen peut se forger une opinion sur les grands débats de société. En rapportant les résultats des sondages, les médias indiquent les tendances de l'opinion publique, la façonnent aussi parfois. C'est pourquoi le citoyen doit exercer son esprit critique afin de ne pas se laisser dicter ses choix. Dans les régimes autoritaires, tels que la Syrie, la Chine, l'Iran, ou encore la Russie, les médias sont censurés ; médias et démocratie sont donc liés.

SUJET 54 | Les groupements d'intérêts

ÉTUDE DE DOCUMENT

Campagne de protestation appelant à signer une pétition en ligne
Capture d'écran du site de l'APF, Association des paralysés de France, 2011.
Une dérogation est une autorisation de ne pas appliquer une loi dans certains cas.

1. Identifiez la source du document et les différentes parties qui le composent.
2. Définissez la notion de « groupement d'intérêts ».
3. Donnez des exemples de groupements d'intérêts.
4. Expliquez quels groupements d'intérêts s'opposent ici.
5. Pour quelle raison l'APF est-elle insatisfaite ? Quels moyens d'action va-t-elle utiliser ?

CORRIGÉ

1. Ce document est extrait du site de l'association des paralysés de France (APF). Il est composé de trois parties ; à gauche, la photographie d'une jeune femme paralysée ; au centre un texte qui expose les motifs du mécontentement ; à droite, l'appel à pétition pour l'internaute.

2. Les groupements d'intérêts sont des associations, des syndicats, des groupes privés qui tentent d'obtenir des avantages ou qui souhaitent les maintenir s'ils sont remis en cause. On utilise aussi les expressions de lobbies ou de groupe de pression pour les désigner.

3. Les chasseurs et les pêcheurs constituent par exemple des groupes de pression. Les salariés d'une grande entreprise, les actionnaires d'un groupe comme Total constituent différents lobbies.

4. En défendant la loi Handicap de 2005, l'APF défend le droit à l'égalité et à l'accessibilité pour les personnes handicapées notamment. Elle s'oppose au lobby des promoteurs immobiliers qui veulent déroger à la loi pour des raisons de coûts financiers. Ils ont fait pression sur le pouvoir pour que la loi soit modifiée en leur faveur.

5. L'APF dénonce une loi, votée en première lecture par les parlementaires, qui autorise des promoteurs immobiliers à ne pas respecter la loi d'accessibilité pour tous, applicable d'ici 2015. Certains bâtiments pourraient ainsi ne pas être accessibles aux handicapés. Pour l'APF, c'est un « recul social » inacceptable. Pour agir, ce groupement d'intérêts appelle à signer une pétition en ligne.

La Défense et la paix

Des Casques bleus français en Libye en 2011

FICHES

BILAN

SUJETS CORRIGÉS

53 Recherche de la paix, sécurité collective, coopération internationale

Les questions vitales de paix et de sécurité ont accru le rôle de l'ONU, notamment depuis la fin de la guerre froide. Elle est souvent accompagnée dans cette tâche par des organisations non gouvernementales (ONG). Quelles sont leurs missions pour développer une sécurité collective et une coopération internationale ?

I L'ONU au cœur de la coopération internationale

1. Des missions anciennes et nouvelles

- Depuis sa création en **1945**, l'ONU a pour mission principale le **maintien de la paix** et de la **sécurité internationales**. Dans le cadre d'une coopération internationale, elle soutient le développement économique des États pauvres par des actions menées parfois avec des **ONG**.
- Elle promeut aussi de nouvelles missions liées à ses ***objectifs du millénaire***, en accordant une place croissante au développement durable. Ainsi, l'année 2012 a été décrétée « année internationale de l'énergie durable pour tous ».

2. Une justice internationale

- L'ONU a créé en 1993 un **Tribunal pénal international** (TPI) pour juger les criminels de guerre en ex-Yougoslavie. Un autre est créé au Rwanda en 1994, consacrant le droit d'ingérence humanitaire au nom des Droits de l'homme.
- Ce processus aboutit à la création d'une cour pénale internationale créée en juillet 2002 qui punit les crimes de guerre et les génocides.

Siégeant à **La Haye**, son pouvoir ne s'exerce que dans la mesure où les États s'avèrent défaillants à poursuivre les criminels. En 2011, 119 États sur 193 reconnaissent son autorité.

II La lutte des ONG pour un monde pacifié

1. Des actions diverses

- Les organisations non gouvernementales œuvrent pour une grande partie dans les domaines de la **solidarité** et de la **sécurité internationales**. Elles existent grâce aux dons et au dévouement des bénévoles : elles sont **indépendantes** des pouvoirs politiques, contrairement aux organismes de l'ONU.

La Croix Rouge coordonne ses actions avec le Haut Commissariat aux Réfugiés (HCR) qui dépend de l'ONU.

■ La Croix Rouge française est l'une des plus anciennes ONG. Présente dans 35 pays, elle aide chaque année près d'un million de personnes souffrant de la faim ou fuyant la guerre. D'autres ONG, comme Amnesty International, dénoncent les privations de liberté.

2. Problèmes et difficultés des ONG : l'exemple d'HRW

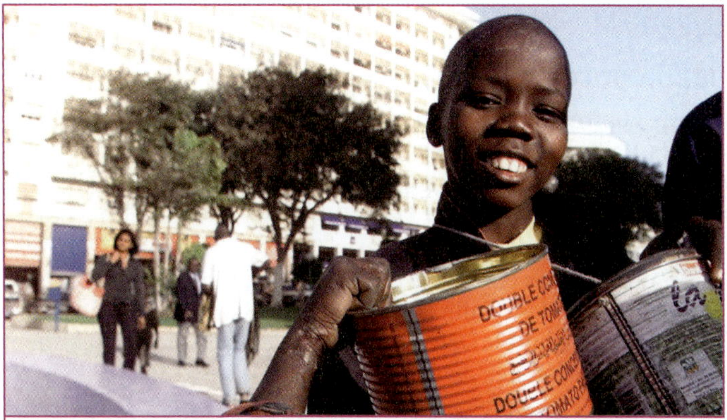

L'ONG Human Right Watch dénonce l'exploitation des talibés, les élèves des écoles coraniques forcés de mendier toute la journée (Dakar, Sénégal, 2003)

Exploités et maltraités, ils sont des milliers dans les rues à tendre leur canette vide dans l'espoir d'une aumône.

■ Les missions d'HRW sont surtout **politiques**. Fondée en 1988, elle siège à New York d'où elle maintient une veille permanente sur l'action des gouvernements. Son rôle est de dénoncer ceux qui vont à l'encontre de la **Déclaration universelle des Droits de l'homme de 1948** : exploitation du travail des enfants, trafic d'armes, etc. Son action et ses prises de position sont souvent relayées par les médias.

■ Au début de l'année 2012, HRW dénonce la répression féroce en Syrie contre les populations civiles et les journalistes. Elle révèle aussi l'impossibilité de travailler pour les organisations humanitaires sur place.

■ Les difficultés que rencontrent les ONG sont donc d'abord liées aux risques ou à la dangerosité des actions menées. En outre, elles doivent assurer leur fonctionnement financier et faire face aux attaques qui les accusent de parti pris. Le gouvernement israélien présente ainsi HRW comme une ONG pro-palestinienne ou à la solde du financier grec G. Soros dont elle a reçu 100 millions de dollars en 2010.

54 La Défense et l'action internationale de la France

L'armée française intervient en France comme à l'étranger. Elle a beaucoup évolué depuis la fin de la guerre froide. Qui sont les acteurs de cette Défense et quelles missions remplit-elle désormais?

I Nouveau contexte, nouvelles missions

- Les menaces de guerre nucléaire et d'invasions s'éloignent au début des années 1990 avec la **fin de la guerre froide**. En 1996, le président Jacques Chirac décide de réformer la Défense nationale en abandonnant la conscription et en professionnalisant les forces armées.

> Recrutement annuel des soldats organisé par classe d'âge (ancien service militaire).

- Mais de **nouveaux dangers** comme le terrorisme, la prolifération des trafics d'armes ou les conflits localisés constituent des menaces permanentes contre lesquelles lutte la Défense. Le plan **Vigipirate** tente notamment de prévenir la menace terroriste.
- La Défense veut aussi assurer la sécurité en parant aux **risques naturels** (avalanche, inondation...) ou aux **risques liés aux activités humaines** (risque technologique, pollution, etc.). En 2008, l'armée a ainsi organisé aux côtés de la sécurité civile les secours à Hautmont, dans le nord de la France, détruit par une tornade.

> Regroupe les sapeurs-pompiers, le Samu, les gendarmes, qui participent au sauvetage des personnes et à la sécurisation d'un site.

II Une défense globale

Type de défense	Ministère coordonnateur	Exemple de ministères concernés
Défense civile	Intérieur	Affaires sociales, Éducation nationale, Environnement, Santé...
Défense économique	Économie et finances	Agriculture, Équipement, Industrie...
Défense militaire *Effectifs :* *Terre : 140 000* *Gendarmerie : 106 000* *Marine : 54 600* *Air : 47 700*	La Défense et un chef d'État-major	Télécommunications, Transports, Intérieur (dont la gendarmerie), Affaires étrangères...

- **La Défense est globale** dans la mesure où elle associe des **acteurs multiples**, dont des élus du peuple, dans les différents ministères. La Constitution de 1958 précise que le président de la République est le chef des Armées, le Premier ministre responsable de la Défense nationale et que le Parlement peut voter la déclaration de guerre.
- En 2011, 800 000 garçons et filles d'au moins 16 ans ont participé à la **Journée Défense** et Citoyenneté (JDC). Cette journée permet de réfléchir et d'intervenir sur différents ateliers : présentation des missions et des métiers de la Défense, initiation au secourisme… mais aussi dépistage des difficultés scolaires par des tests de lecture.
- Le service national universel prévoit le recensement de chaque jeune à partir de 16 ans. Le retour sous les drapeaux est possible si les circonstances l'exigent.

III Les engagements de la Défense

1. En France et en Europe

- Il s'agit d'abord d'assurer la **sécurité** et l'**intégrité du territoire français**, ainsi que la **vie des populations** en toute circonstance et contre toute forme d'agression.
- Depuis le **traité de Maastricht** (1992), les troupes françaises interviennent à l'étranger dans le cadre de la PESD. Cette structure est dotée d'une force militaire depuis 2003, l'**EUFOR**, déployée pour des missions humanitaires et de maintien de la paix. En 2004, l'UE a pris ainsi la relève de l'OTAN en ex-Yougoslavie et a déployé 7 000 militaires en Bosnie, dont 400 soldats français dans le cadre de la mission Astrée.

> Politique européenne de sécurité et de défense.

2. Dans le monde

- Les soldats de l'armée française sont déployés pour remplir des missions très variées qui vont de la **prévention des crises** à la **gestion de conflits**.
- L'armée française est intervenue en 2006 à La Réunion : 300 militaires de métropoles ont décollé avec 6 tonnes de matériel et ont rejoint les 50 soldats sur place pour lutter contre le Chikungunya (maladie infectieuse transmise par un moustique).
- En **Afghanistan**, ils luttent depuis octobre 2001 contre les talibans qui veulent instaurer un État islamique. Le retrait des 3 600 soldats est programmé pour la fin de l'année 2013. En avril 2012, le nombre de militaires français tués en Afghanistan s'élève à 83.

Quiz express

Vérifiez que vous avez bien retenu les points importants **des fiches 53 et 54**.

La recherche de la paix, la sécurité collective, la coopération internationale

1 La mission principale de l'ONU est le maintien de la paix.

- ☐ a. Vrai
- ☐ b. Faux

2 Parmi les missions nouvelles de l'ONU, il faut considérer :

- ☐ a. la promotion du sport par équipe, notamment aux Jeux olympiques.
- ☐ b. la volonté d'accroître les échanges entre les nations.
- ☐ c. le développement durable comme une priorité inscrite dans les *objectifs du millénaire*.

3 La Cour pénale internationale est une cour qui permet :

- ☐ a. de traduire les États devant la justice.
- ☐ b. de poursuivre les criminels de guerre qui ne peuvent être jugés chez eux car ils ont échappé à leur justice.
- ☐ c. de poursuivre des criminels n'importe où dans le monde.

4 De ces quatre organisations, laquelle n'est pas une ONG ?

- ☐ a. L'ONU
- ☐ b. Amnesty International
- ☐ c. La Croix Rouge
- ☐ d. HRW

5 Une ONG est en principe une organisation :

- ☐ a. indépendante de toute forme de pouvoir.
- ☐ b. soumise à ceux qui la financent.
- ☐ c. à but lucratif.

6 L'action menée par HRW dénonçant l'exploitation des talibés au Sénégal permet :

- ☐ a. de faire pression sur les responsables politiques pour que cela cesse.
- ☐ b. d'inciter les Sénégalais à donner davantage.
- ☐ c. de protéger les touristes en les alertant.

La Défense et l'action internationale de la France

7 Pourquoi parle-t-on de nouveau contexte par rapport à la Défense ?

- ☐ **a.** Parce qu'on est entré dans le XXIe siècle et qu'on ne peut pas faire comme si de rien n'était.
- ☐ **b.** Parce que la guerre froide est finie, les menaces de guerre mondiale laissent place à d'autres dangers.
- ☐ **c.** Parce que désormais l'armée est ouverte aux garçons comme aux filles.

8 La défense globale est un concept qui explique que :

- ☐ **a.** le territoire est protégé par son aviation.
- ☐ **b.** toutes les forces militaires et civiles concourent à la défense du pays.
- ☐ **c.** l'armée défend globalement le pays.

9 À partir de son 16e anniversaire, il est possible de participer à la JDC. Il s'agit :

- ☐ **a.** de la Journée Défense et Citoyenneté.
- ☐ **b.** de la Journée Droit du Citoyen.
- ☐ **c.** de la Journée Devoir de Classe.

10 Les soldats français peuvent intervenir en Europe dans le cadre de structures militaires européennes comme :

- ☐ **a.** l'OTAN.
- ☐ **b.** l'EUFOR.
- ☐ **c.** le pacte de Varsovie.

11 Les soldats français sont présents dans le monde pour des missions :

- ☐ **a.** de gestion de crise sanitaire.
- ☐ **b.** de gestion de conflit.
- ☐ **c.** de gestion économique.

RÉPONSES

1. a • **2.** c • **3.** b (ne confondez pas Cour pénale internationale et Cour internationale de justice qui sert à régler les litiges ente États. Il n'est pas possible de poursuivre les criminels partout dans le monde, puisque quelque 80 États n'ont pas reconnu la CPI) • **4.** a • **5.** a • **6.** a • **7.** b • **8.** b • **9.** a • **10.** b (l'OTAN n'est pas une structure militaire européenne et le Pacte de Varsovie n'existe plus depuis 1991) • **11.** a et b

SUJET 55 | La Défense et la paix

QUESTION DE COURS

1. Dans sa lutte pour la paix et la sécurité internationales, l'ONU considère qu'il faut aussi lutter :

❐ **a.** contre la pauvreté et favoriser le développement des populations les plus en difficulté.

❐ **b.** contre les ONG qui font une partie de son travail et risquent de décrédibiliser son action.

❐ **c.** contre les populations qui ne font pas suffisamment d'efforts pour se développer.

2. Dans ses *objectifs du millénaire,* à quoi l'ONU accorde-t-elle une place grandissante ?

3. Devant quelle sorte de tribunal les criminels de guerre risquent-ils d'être jugés ?

4. Citez des acteurs différents de la coopération internationale qui œuvrent pour la paix.

CORRIGÉ

1. Réponse a.

2. Dans ses *objectifs du millénaire*, l'ONU précise ses missions et accorde une place de plus en plus grande au développement durable qui s'articule autour de trois volets : économie, social et environnement. Elle a décrété l'année 2012 comme année de l'énergie durable.

3. Les criminels de guerre risquent de comparaître devant la Cour pénale internationale instaurée depuis 2002.

4. L'ONU créée en 1945 est un des acteurs principaux œuvrant pour la paix sur la scène internationale. Les Casques bleus sont une force d'interposition envoyés pour protéger des populations ou séparer des groupes armés en conflit. L'ONU favorise le progrès social avec ses organes subsidiaires comme l'UNICEF qui défend et améliore la condition des enfants dans le monde. Les ONG sont d'autres acteurs qui veulent faire respecter les Droits de l'homme et défendent donc la paix. HRW, Amnesty International ou encore la Croix Rouge française mènent toutes des missions en ce sens, en lien parfois avec l'ONU.

SUJET 56 | La Défense globale

ÉTUDE DE DOCUMENT

> Aujourd'hui, chef des armées, garant de la défense des intérêts vitaux et stratégiques de notre pays, je porte la responsabilité du choix de la stratégie et des moyens dont la France a besoin pour aborder, lucidement et sereinement, les enjeux de sécurité de ce début de XXIe siècle. À ce titre, j'ai deux objectifs : celui que notre pays reste une puissance militaire et diplomatique majeure, prête à relever les défis que nous confèrent nos obligations internationales, et celui que l'État assure l'indépendance de la France et la protection de tous les Français.
>
> Nicolas Sarkozy, préface de la Défense et Sécurité nationale, le livre blanc, 2008.

1. Identifiez la nature de ce document.

2. Quelles fonctions liées à la défense les institutions de la Ve République donne-t-elle au président de la République ?

3. Quels sont les deux objectifs poursuivis par le président de la République associés à la sécurité de la France ?

4. Expliquez ce que signifie l'expression « Défense globale ».

CORRIGÉ

1. Il s'agit d'un texte extrait de la préface d'un ouvrage : *Défense et Sécurité nationale, le livre blanc.* Cette préface est rédigée en 2008 par le président de la République française, Nicolas Sarkozy.

2. D'après les institutions de la Ve République, le président de la République est le chef des Armées.

3. Nicolas Sarkozy souhaite que la France reste une grande puissance militaire pour pouvoir être présente sur différents théâtres d'opération dans le monde. L'État doit assurer l'indépendance de la France en assumant notamment la protection de sa population.

4. La Défense est dite globale dans la mesure où elle est assurée par différents acteurs et services au sein du pays. Le président est le chef des Armées, le Premier ministre est responsable de la Défense nationale, tandis que le Parlement peut voter la déclaration de guerre. Différents ministères sont impliqués en matière de défense. Le ministère de la Défense, les ministères des Transports ou encore celui de l'Intérieur. La Défense globale est aussi l'affaire des citoyens dans le cadre du service national universel, de la JDC, et si les circonstances l'exigent, de l'appel sous les drapeaux.

SUJET 57 | Les missions de l'armée française

ÉTUDE DE DOCUMENT

Un militaire français (au centre) patrouille en Afghanistan en compagnie de deux soldats américains en juillet 2009

1. Identifiez la nature du document.

2. D'après ce document, montrez que ces militaires effectuent une mission dangereuse.

3. Quelle journée est consacrée à rencontrer dans le cadre du collège ou du lycée des représentants de la Défense ?

4. Donnez des exemples de différents personnels appartenant à l'armée française.

5. Expliquez en quoi les engagements de l'armée française ne sont pas seulement liés à des conflits.

CORRIGÉ

1. Le document est une photographie datée de juillet 2009. Elle montre un militaire français qui effectue une patrouille avec deux soldats américains, devant et derrière lui.

2. Les soldats sur la photographie sont lourdement armés et semblent extrêmement attentifs à tout ce qui les entoure : on peut supposer qu'ils redoutent une attaque. Plusieurs soldats ont des jumelles : on peut en déduire qu'ils sont en mission d'observation. Les soldats français et américains sont engagés dans le conflit en Afghanistan contre les talibans, souvent en territoire ennemi ou non sécurisé.

N'hésitez pas à convoquer vos connaissances si elles éclairent le document et aident à répondre en servant votre argumentation.

3. La journée Défense et Citoyenneté est une rencontre sur un site de la Défense (Maison de l'Armée, caserne, quartier administratif) destinée aux jeunes garçons et filles de plus de 16 ans. C'est l'occasion pour eux de mieux connaître les métiers et les missions des militaires français, et pour chaque citoyen de comprendre qu'il est impliqué dans la Défense nationale.

4. Les soldats de l'armée de Terre font partie de l'armée française. Les gendarmes sont aussi des militaires, tout comme les soldats appartenant à la Marine ou à l'armée de l'Air.

5. L'armée française s'engage dans différentes sortes de missions dont une grande partie est liée à la protection de populations civiles. L'armée prête secours à des victimes de catastrophes naturelles. Elle participe alors à la sécurité civile aux côtés d'autres services (pompiers, équipes médicales) et peut permettre l'évacuation d'une zone inondée ou détruite par un séisme, en France comme à l'étranger. Une centaine de militaires étaient présents dans le nord de la France en 2008 après les dégâts causés par une tornade, 120 étaient au Japon en 2011 après le tsunami et la catastrophe de Fukushima.

Annexes

L'ÉPREUVE DU BREVET

REPÈRES CHRONOLOGIQUES

REPÈRES GÉOGRAPHIQUES

L'ÉPREUVE DU BREVET

L'épreuve dure 2 heures et comprend trois parties :

1. un exercice d'Histoire ; 2. un exercice de Géographie ; 3. un exercice d'Éducation civique ;

	Exercice	Détails de l'épreuve
1.	Histoire	• À travers une double série de questions, il s'agit d'évaluer les connaissances de l'élève sur : - les repères chronologiques du programme ; - les notions à connaître, les acteurs et les faits historiques essentiels. Ces questions appellent des réponses de longueur inégale, et l'une d'elles peut être l'objet d'un développement plus long et construit. • Un document en lien avec le programme est également fourni. À travers une consigne ou une série de questions, il faut savoir l'identifier, y prélever des informations, en dégager le sens et éventuellement, si on le demande, porter un regard critique.
2.	Géographie	• Il s'agit de localiser, sur un fond de carte, des repères du programme. • Des questions permettent de vérifier la connaissance des notions essentielles. Ces questions appellent des réponses de longueur inégale, et l'une d'elles peut être l'objet d'un développement plus long et construit. Éventuellement, il est demandé de réaliser une carte ou une légende simple. • Un document en lien avec le programme est également fourni. À travers une consigne ou une série de questions, il faut savoir l'identifier, y prélever des informations et en dégager le sens.
3.	Éducation civique	• Il s'agit de répondre à des questions portant sur les grandes notions du programme. • Un document se rapportant à un thème du programme est également fourni. À travers une consigne ou une série de questions, il faut savoir l'identifier, en dégager le sens, en rendant compte du problème politique et social qu'il illustre.

L'épreuve est notée sur 40 points :

13 points pour l'Histoire, **13 points** pour la Géographie, **10 points** pour l'Éducation civique et **4 points** pour la maîtrise de la langue.

REPÈRES 6E | Des mondes anciens au début du Moyen Âge

IIIe millénaire avant J.-C.	• Les premières civilisations en Mésopotamie, Chine, Inde, Égypte
VIIIe siècle avant J.-C.	• Homère, poète grec auteur de l'*Iliade* et l'*Odyssée* • Fondation de Rome en 753 av J.-C. • Début de l'écriture de la Bible
Ve siècle avant J.-C.	• Périclès, homme d'État athénien
52 avant J.-C.	• Victoire de César à Alésia • Vercingétorix se rend à César.
Ier siècle	• Début du christianisme
Ier et IIe siècles	• La « Paix romaine », *pax romana* : les légions assurent la sécurité de l'Empire.
800	• Couronnement de Charlemagne, empereur d'Occident et défenseur de la papauté

QUESTIONS

Les questions posées dans l'exercice de repérage au brevet peuvent amener à resituer un personnage ou un acteur dans son temps, à associer une date à un fait ou encore à préciser où et quand a eu lieu un événement.
Les exemples de questions ci-dessous portent exclusivement sur le programme de 6e. Le jour de l'examen, elles concerneront les repères de la 6e à la 3e.

1. Ce poète raconte les exploits des ancêtres des Grecs dans l'*Iliade* et l'*Odyssée*. Qui est-ce ?
2. Vainqueur à Alésia en 52 avant Jésus-Christ, ce grand général romain fit prisonnier Vercingétorix, le chef des Gaulois. Qui est-ce ?
3. Quel siècle correspond au début du christianisme ?
4. En quelle année l'empereur Charlemagne fut-il couronné ?

REPÈRES 5E | Du Moyen Âge aux Temps modernes

622	• L'Hégire : fuite du prophète Mahomet de La Mecque à Médine, début de l'islam
Xe-XIIe siècles	• L'âge des églises romanes
1096-1099	• La première croisade
XIIe-XVe siècles	• L'âge des églises gothiques
1492	• Premier voyage de Christophe Colomb
XVe-XVIe siècles	• La Renaissance
1598	• L'édit de Nantes imposé par Henri IV met fin aux guerres de religions en France en tolérant le culte protestant.
1661-1715	• Règne personnel de Louis XIV. Son château à Versailles est le reflet de l'art classique.

QUESTIONS

Les exemples de questions ci-dessous portent exclusivement sur le programme de 5e. Le jour de l'examen, elles concerneront les repères de la 6e à la 3e.

1. Quelle date marque le début de l'islam ?

2. Entre 1096 et 1099, le pape Urbain II lance depuis Clermont un appel aux chrétiens pour libérer les lieux saints. Quel nom porte le grand mouvement déclenché par cet appel ?

3. Ce marin génois naviguant pour les monarques d'Espagne découvre en 1492 ce que ses contemporains vont appeler Amérique. Qui est-ce ?

4. Comme se nomme cet édit qui autorise les protestants à pratiquer leur culte et de quelle année date-t-il ?

REPÈRES 4E | Du siècle des Lumières à l'âge industriel

Milieu du XVIIIe siècle	• *L'Encyclopédie*, écrite sous la direction de Diderot et d'Alembert fait la somme des connaissances de l'époque.
1789-1799	• La Révolution française
14 juillet 1789	• Prise de la Bastille à Paris
26 août 1789	• Déclaration des Droits de l'homme et du citoyen (DDHC) : les Français ne sont plus des sujets.
21 septembre 1792	• Proclamation de la Ire République
1799-1815	• Le Consulat et l'empire Napoléon Bonaparte, consul puis empereur, dirige la France.
1804	• Napoléon Ier devient empereur des Français.
1815	• Congrès de Vienne : les vainqueurs de Napoléon redessinent la carte de l'Europe.
1815- 1848	• Retour de la monarchie en France sous une forme constitutionnelle. D'abord avec la Restauration : monarchies successives des frères de Louis XVI ; Louis XVIII (1815-1824) puis Charles X (1824-1830), puis avec la monarchie de Juillet de Louis-Philippe (1830-1848)
1848-1852	• La Seconde République
1848	• Établissement du suffrage universel • Abolition de l'esclavage dans les colonies françaises
1852-1870	• Second Empire : Napoléon III est le nouvel empereur
1882	• Jules Ferry instaure des lois rendant l'école gratuite, laïque et obligatoire.
1894-1906	• L'affaire Dreyfus : un soldat français, le capitaine Dreyfus, d'origine juive et alsacienne, est accusé à tort d'espionnage au profit de l'Allemagne.
1905	• Loi de séparation des Églises et de l'État

QUESTIONS

Les exemples de questions ci-dessous portent exclusivement sur le programme de 4e. Le jour de l'examen, elles concerneront les repères de la 6e à la 3e.

1. Datez au jour près le texte qui donne aux sujets du royaume de France le statut de citoyens.

2. En quelle année Napoléon Bonaparte est-il devenu empereur des Français ?

3. Après la Révolution française, la monarchie revient en France sous une forme constitutionnelle. Durant quelle période ?

4. Ce jeune officier de l'armée française est condamné à tort pour intelligence avec l'Allemagne. De qui s'agit-il ?

REPÈRES 3E | Le monde depuis 1914

1914-1918	• La Première Guerre mondiale marquée par la violence de masse
1916	• Bataille de Verdun, durant 10 mois, pertes très importantes dans les camps français et allemands
1917	• Révolution russe : en octobre, les bolcheviks prennent le pouvoir.
11 novembre 1918	• Armistice de la Première Guerre mondiale
1924-1953	• Staline au pouvoir en URSS établit un régime totalitaire.
1933-1945	• Hitler au pouvoir soumet l'Allemagne à un régime totalitaire et fait basculer le monde dans la guerre.
1936	• Victoire électorale du Front populaire qui mène une politique favorable aux salariés.
1939-1945	• La Seconde Guerre mondiale, une guerre d'anéantissement
18 juin 1940	• Appel du général de Gaulle : de Londres, il appelle les Français à la résistance.
1940-1944	• Le régime de Vichy (ou État français) dirigé par Philippe Pétain est un régime autoritaire qui collabore avec l'Allemagne.

1944-1945	• Les armées alliées procèdent à la Libération de la France • Rétablissement de la République. Les femmes obtiennent le droit de vote en 1944. La sécurité sociale est créée en 1945.
8 mai 1945	• Fin de la Seconde Guerre mondiale en Europe
Août 1945	• Bombes atomiques sur Hiroshima et Nagasaki
1961-1989	• Le mur de Berlin, symbole de la guerre froide
1947-1962	• Principale phase de décolonisation, en Asie puis en Afrique
1957	• Les traités de Rome créent la Communauté économique européenne (CEE) et la Communauté européenne de l'énergie atomique (CEEA).
1958-1969	• Les années de Gaulle 1958 : fondation de la Ve République
1981-1995	• Les années Mitterrand
1992	• Le traité de Maastricht instaure l'Union européenne.
1995-2007	• Les années Chirac
2002	• L' euro devient la monnaie européenne.

QUESTIONS

Les exemples de questions ci-dessous portent exclusivement sur le programme de 3e. Le jour de l'examen, elles concerneront les repères de la 6e à la 3e.

1. Datez l'armistice qui met fin à la Première Guerre mondiale.
2. En quelle année le Front populaire accède-t-il au pouvoir ?
3. 1924-53 : il dirige l'URSS après y avoir établi un régime totalitaire. De qui s'agit-il ?
4. Entre 1947 et 1962, ce processus a permis l'apparition de nouveaux États dans le monde. De quoi s'agit-il ?

REPÈRES Le monde physique

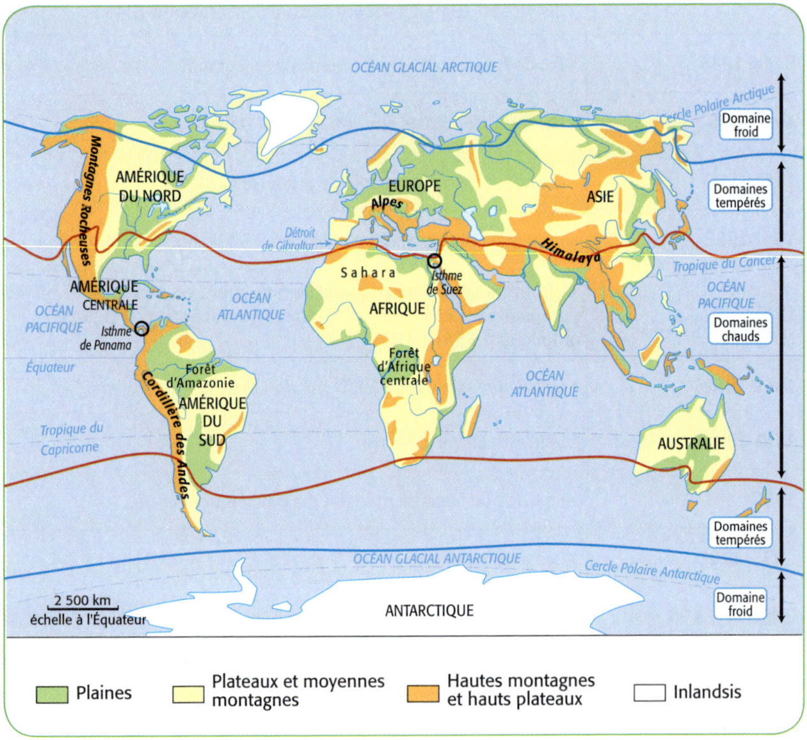

QUESTIONS

Attention ! Les questions proposées ici ne sont que des exemples.
D'autres questions sont possibles : apprenez donc bien les cartes de repérage.

Localisez et nommez ces éléments sur un fond de carte d'un planisphère.

1. Quel océan sépare l'Europe et l'Amérique ?
Localisez également ces deux continents.

2. Une fois franchi le canal de Panama, dans quel océan entrez-vous ?

3. Quels continents le canal de Suez relie-t-il ?

4. Quelle mer borde le sud de la France ?

REPÈRES Le monde humain

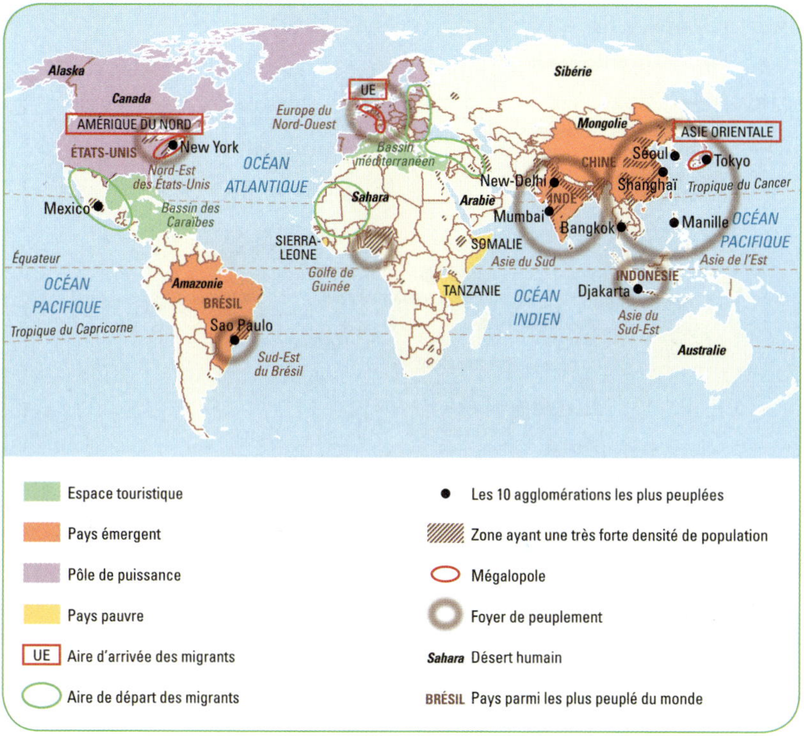

QUESTIONS

Attention ! Les questions proposées ici ne sont que des exemples. D'autres questions sont possibles : apprenez donc bien les cartes de repérage.

Localisez et nommez ces éléments sur le fond de carte d'un planisphère.

1. Quelle est la plus grande ville des États-Unis ?
2. Dans quel grand ensemble urbain est-elle située ?
3. Quelle est la principale ville du Brésil ?
4. Quelle est la capitale du Japon ?
5. De quel pays émergent Shanghai est-elle la principale métropole ?
6. De quel pays émergent Mumbai est-elle la principale métropole ?

REPÈRES L'Europe

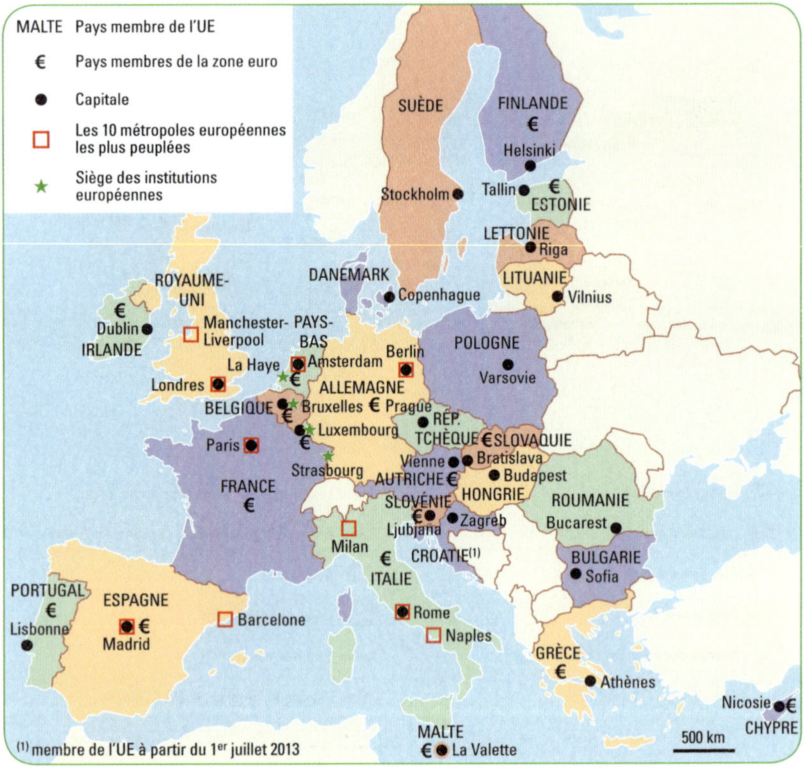

QUESTIONS

Attention ! Les questions proposées ici ne sont que des exemples. D'autres questions sont possibles : apprenez donc bien les cartes de repérage.

Localisez et nommez ces éléments sur le fond de carte de l'Europe.

1. Dans quelle ville siège le Parlement européen ?
2. Dans quelle ville siège la Commission européenne ?
3. Localisez trois États méditerranéens membres de la zone euro.
4. Localisez un pays membre de l'UE qui n'est pas membre de la zone euro.
5. Quelle est la capitale de l'Allemagne ?

REPÈRES Les climats en France

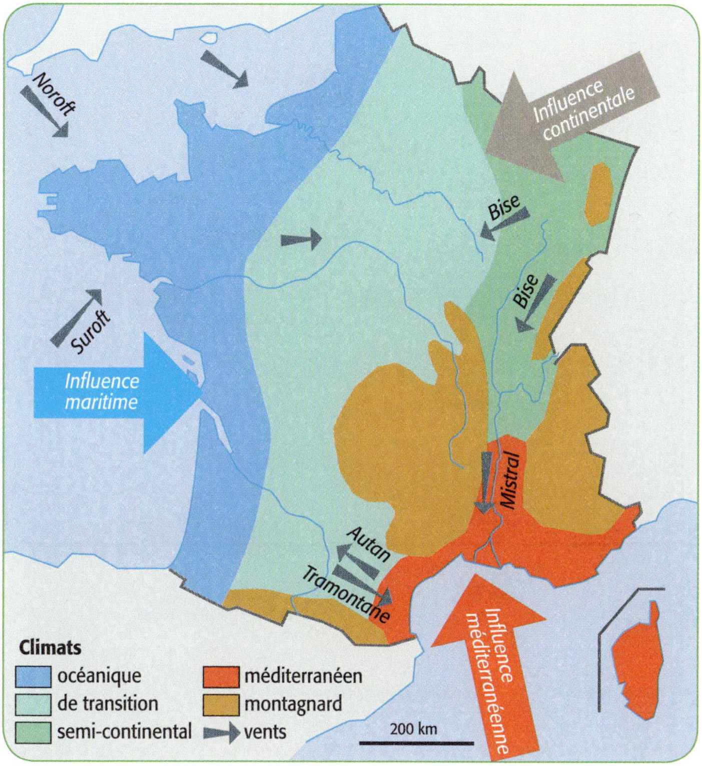

QUESTIONS

Attention ! Les questions proposées à titre d'exemples pour cette carte se trouvent page suivante.

REPÈRES Les régions en France

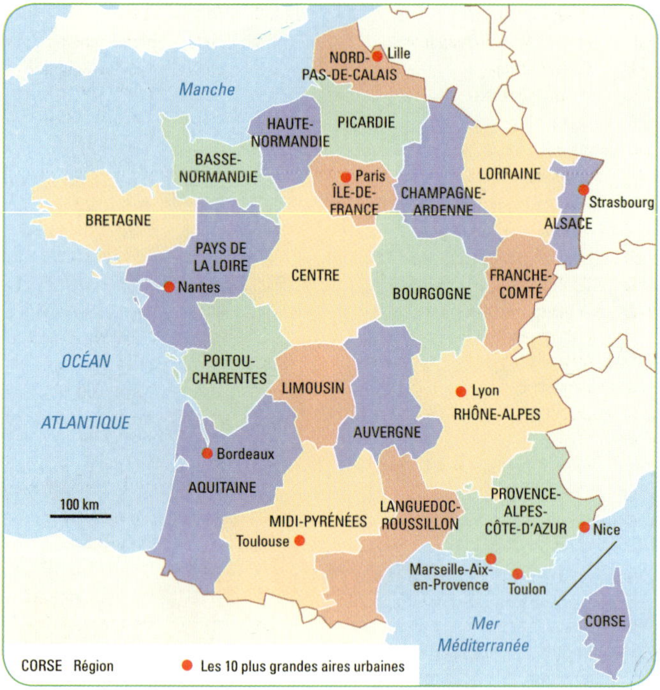

QUESTIONS

Attention ! Les questions proposées ici ne sont que des exemples. D'autres questions sont possibles : apprenez donc bien les cartes de repérage.

Localisez et nommez ces éléments sur un fond de carte de la France.

1. Quelle ville est la capitale régionale de Rhône-Alpes ?
2. Quel grand massif montagneux se trouve à la frontière franco-espagnole ?
3. Comment appelle-t-on le climat du sud de la France ?
4. Quelle région s'avance le plus à l'ouest de la France, dans l'océan Atlantique ?
5. Quel fleuve coule à Paris ?
6. Citez un grand fleuve français qui se jette dans l'océan Atlantique.

able d'illustrations

9	ph ©	Josse / Leemage
13	Coll.	Perrin / Kharbine-Tapabor
21	ph ©	Costa / Leemage
25	ph ©	Stefano Bianchetti / Leemage
33	ph ©	Josse / Leemage
37	Coll.	Alain Gesgon / Cirip
38	Coll.	Snark / Edimedia
43	ph ©	FineArtImages / Leemage
47	ph ©	Tal / Rue des Archives
50	ph ©	Akg-Images
55	ph ©	Ria-Novosti / Akg-Images
59	ph ©	Suddeutsche Zeitung / Rue des Archives
66	ph ©	Archiv Peter Rühe / Akg-Images
73	ph ©	Keystone / Gamma - Rapho
75	ph ©	Erich Lessing / Akg-Images
77	ph ©	Akg-Images
79	©	Banque de France
89	ph ©	STR New / Reuters
95	ph ©	L'Illustration
97	ph ©	Tal / Rue des Archives
99	ph ©	Roger-Viollet
100	ph ©	Henri Martinie / Roger-Viollet
100	ph ©	Ullstein Bild / Roger-Viollet
100	ph ©	Imagno / Akg-Images
105	©	Pol Ferjac / DR
107	ph ©	Bridgeman Art Library
111	ph ©	Ullstein bild / Akg-Images
113	ph ©	Robert Doisneau / Gamma - Rapho
117	ph ©	Josse / Leemage
119	doc.	Archives Hatier
121	ph ©	Gilbert Uzan / Gamma - Rapho
123	ph ©	Jacques Boissay / Akg-Images
124	ph ©	Agip / Rue des Archives
126	ph ©	Bossu-Brucelle / Sygma / Corbis
133	©	Plantu
159	ph ©	photo-aerienne-france.fr
173	ph ©	Philippe.Guignard / air-images.net
187	ph © ©	Guido Alberto Rossi / Tips / Photononstop Pyramide du Louvre, arch. I. M. Pei. Musée du Louvre
201	ph ©	Peter and Georgina Bowater / Tips / Photononstop
209	ph ©	Georges Bartoli / REA
219	ph ©	JM Guillon / AP / Sipa Press
221	ph ©	Denis Allard / REA
235	ph ©	R. Zeboulon / Zapa
237	Ph ©	Selva/Leemage
237	ph ©	Delphimages / Fotolia.com
237	ph ©	Jean-Michel Leclercq / Fotolia.com
238	ph ©	Préfecture de Police - Service de la Communication
247	ph ©	Hamilton / REA
249	©	Le Parisien
251	ph ©	Thomas Samson / Pool / REA
251	ph ©	Kenzo Tribouillard / AFP
251	ph ©	Bertrand Guay / AFP
251	ph ©	Alfred / Sipa Press
251	ph ©	Lionel Bonaventure / AFP
251	ph ©	Joël Saget / AFP
253	ph ©	Ian Hanning / REA
255	ph ©	Khaled Desouki / AFP
261	©	Lisa Carletta / APF
263	ph ©	Mohammed Zaatari / AP / Sipa Press
265	ph ©	Seyllou / AFP
272	ph ©	Shamil Zhumatov / Reuters

Iconographie : Hatier Illustration

Achevé d'imprimer par BONA à Turin – Italie
Dépôt légal : 96241-7/02- Février 2013